国家社科基金项目、宁夏"十三五"特色优势学科建设项目

基于网络的政治社会化问题研究

李　斌◎著

人 民 出 版 社

目　录

绪　论

一、研究缘起

　　选择基于网络的政治社会化问题进行研究，是出于对现实与理论的双重考量，更是信息时代网络对现实社会政治生活所产生的变革性影响所引发的客观要求。在现实社会生活中，随着网络的普及和网络虚拟社会的兴起，网络正以前所未有的方式变革着人类社会的生存方式、生产方式、生存环境，网络社会生活已成为后现代社会的全新发展趋势。随着网络的飞速发展，虚拟与现实之间的边界变得日渐模糊，一方面，虚拟的网络空间反映着客观现实的存在，延展着客观现实空间，另一方面，客观现实又在网络媒介的联系下融入网络虚拟空间，映射于网络空间，呈现出虚拟与现实的必然联系，两者之间互为关联、彼此融合、相互影响，表现为全新的发展样态。

　　在社会政治生活领域，网络产生的影响日益凸显。网络信息、网络舆论对现实社会的政治文化、政治稳定、政治发展、政治合法性、政治动员、政治参与、公共管理及社会稳定等方面产生着的重大影响，并彰显出与日俱增的趋势。人们不但离不开网络，而且日益依赖网络。显然，网络对现实社会的影响并非"网络"仅仅作为工具理性的效力，更是政治主体的利益诉求、权利主张、意见聚集和表达的倍增效应的突出反映，是蕴含于网民群体内心深处的利益诉求表达而呈现的汇聚压力。作为政治信息载体，网络承载了多元化的利益诉求和价值判断；作为政治信息传播媒介，网络加速和拓展了信息传播速度、载体和传播空间；作为政治主体参与社会政治生活的有效途

1

径，网络强化了政治主体意识、参与意识，创新了政治主体的参与方式与渠道；作为政治文化传承平台，网络提供了多元政治文化交融，激荡的广阔空间成为意识形态斗争的新阵地；作为政治生态环境，网络融合了现实与虚拟空间的政治元素，呈现日益复杂的政治生态。总之，网络产生的虚拟而又真实的新型场域，正在不断强化着其独特的政治文化传承创新、政治社会化功能，并将释放出更为深层的政治变革动力。

如果说网络在社会政治生活中扮演着越来越重要的角色，那么网络在政治文化传承创新、政治社会化进程中，将产生怎样的深远影响？这就涉及一系列重大的理论问题和现实问题。例如，什么是网络政治社会化？网络政治社会化的特点有哪些？网络政治社会化的功能与机理（规律）是什么？影响网络政治社会化的主要因素有哪些？网络政治社会化与社会政治发展、政治稳定、民主政治以及政治文明建设等重大政治问题的关系怎样？如何运用网络政治社会化实现个体政治社会化的顺利实施和维护社会政治稳定与发展等一系列理论和实践问题就摆在我们面前。事实上，从已有理论研究和实践探索看，上述问题并未被我们完全认识清楚，迫切要求我们进行系统深入的探究。

从目前已有的研究成果看，目前国内对网络政治社会化研究尚处于起步阶段。学术界关注的重点主要集中在网络政治参与、网络舆论、网络反腐、网络文化、网络治理、网络安全、网络意识形态、网络思想政治教育等方面，对网络政治社会化这一深层次影响社会政治稳定和政治发展的关键问题研究尚不够充分系统，关注度不高。一个不容忽视的问题是，任何一个政治体系的政治稳定与政治发展，既取决于政治发展理念、政治主体行为、政治稳定价值取向、体系中成员政治素质乃至社会政治文化综合作用的效果，以及政治生态环境的影响，也深受社会成员对政治体系所倡导的政治发展理念、政治价值取向、政治运行规则的认知和认同影响，特别是社会成员的政治素养显得尤为重要。换言之，没有社会成员政治素质的整体提升、没有社会政治文化的良性发展，也就没有社会政治稳定与政治发展。政治学理论的研究表明，社会成员政治素质提升和政治文化传承，与社会成员的政治社会化水平密切相关。为此，本书出于对现实社会政治稳定、政治发展，社会成员"自由而全面发展"，促进中国特色社会主义政治发展等多重维度的关照，力求对网络政治社会化的内涵、形成过程、特征、类型、影响及中国网络政治社会化进程中存在的问题及其原因和对策探析等方面，进行较为全面系统的分析，以期与时俱进地推进政治文化理论的创新发展，为网络意识形态建设、网络政治学、网络传播学，特别是网络思想政治教育研究提供具有理论和实践价值的学理支撑和现实实践参考。没有理论上的清醒就没有行动上的自觉，关注基于网络的政治社会化问题，不仅是信息时代政治学理论发展的要求，也是实践发展新境遇的必然要求。

二、国内外研究综述

政治社会化是政治学理论研究中的重要概念和基本理论问题，也是现实社会政治生活中的重要现实问题。国内外的政治学研究者对政治社会化问题给予了极大的关注，并形成了广泛的基本共识。这是因为，一个国家公民的政治社会化水平的高低将直接影响这个国家的政治稳定、政治发展和政治文明建设，也关系到社会成员政治权力、政治利益的实现及其自身的全面发展。

（一）国外研究综述

政治社会化的概念最早由美国政治学家伊斯顿（David Easton）于1958年提出。经过60多年的发展，已经成为西方政治学理论中比较有影响力的分支学科，代表性的著作有赫伯特·海曼（Herbert Hyman）的《政治社会化：政治行为之心理研究》、R.D. 赫斯（Hess R.D）和 J.V. 托尼（Toney J.V）的《儿童政治发展的态度》、R.E. 道森（Dawson R.E）和肯尼思·普鲁伊特（Kenneth Prewitt）的《政治社会化》、戴维·伊斯顿和杰克·丹尼斯的《政治系统中的儿童》等。① 为政治社会化问题研究奠定了基础，但基于网络的政治社会化问题研究尚不够系统和深入。

目前，国外学界同时涉及网络和政治现象的研究重点集中于研究网络政治现象本身。主要涉及网络对社会政治生活及其发展等方面的影响，重在研究网络对政治制度、政治生活、政治参与、政治过程的影响，也包括对国际政治的影响等方面。但将网络与政治社会化结合起来的研究尚显不足。已有的学术成果主要体现在两个方面：一是宏观层面的研究。主要代表人物和成果有：(1) 从网络与社会发展关系的角度开展研究。较具代表性的著作有西班牙裔美国著名学者曼纽尔·卡斯特（Manuel Castells）的"信息社会三部曲"：《网络社会的崛起》②《认同的力量》《千年终结》，以及《网络社会：跨文化的视角》③ 等，为人们认识网络社会发展趋势作出了积极贡献，也产生了广泛影响。(2) 从学科发展的角度进行研究分析。如美国佛罗里达国际大学凯文·希尔（Kevin Hill）和蒙玛斯大学的约翰·休斯（John Hughes）于 1998 年合作出版的《网络政治学》、美国著名未来学家阿尔温·托夫勒（Alvin Toffler）1983年出版的《信息政治学》、克里斯·图卢兹（ChrisTonlous）和蒂莫西·卢克（Timothy Luke）1998 年合著的《网络空间的政治学》、澳大利亚学者大卫·福尔摩斯（David Holmes）的《虚拟政治学》等。学者们敏锐地捕捉到基于现代信息技术而产生的互联网络对社会政治生活产生的重要影响，力求从学科发展的角度创建一个新兴学科——"网络政治学"，应当说，这是有创新意识和积极意义的。(3) 从网络政治参与的角度开展研究。如美国学者格雷姆·布朗宁（Graeme Browning）于 1996 年出版的《电子民主：运用因特网改革美国政

---

① 马振清：《当代西方政治社会化主要代表人物及其主要观点》，《哈尔滨工业大学学报（社会科学版）》2000 年第 3 期。

② ［美］曼纽尔·卡斯特：《网络社会的崛起》，夏铸九、王志弘等译，社会科学文献出版社 2006 年版。

③ ［美］曼纽尔·卡斯特主编：《网络社会：跨文化的视角》，周凯译，社会科学出版社 2009 年版。

治》、英国学者罗萨·提斯卡洛斯（Roza Tsagarous）于 1998 年出版的《网络民主——技术、城市与城市网络》等，国外学者通过对网络技术对民主政治的直接作用，提出了"电子民主""网络民主"等概念，丰富和发展了现代民主政治的实现形式和手段。（4）从网络对政治制度、政治过程影响的角度进行研究。如美国学者维尼·拉什（Wyene Rash）于 1997 年出版的《网络政治学：互联网对政治过程的影响》和理查德·戴维斯（Richard Davis）于 1999 年出版的《网络政治学：因特网对美国政治系统的影响》等，这些研究成果借助于网络政治活动的实践，阐释了网络技术本身对社会国家生活的影响，进入了实操阶段的研究，具有一定的现实意义。（4）从政府治理的角度进行研究。主要有美国政府技术中心于 1998 年 10 月组织专家共同研究后发布的报告《为 21 世纪构建数字化政府》，以及英国国会科学与技术办公室于 1999 年发布的报告《电子化政府：公民与信息技术》。学者们已经将网络从工具层面上升为治理理念和治理手段，顺应了网络技术发展以及社会治理需求的发展趋势，使"电子治理"的理念深入人心，并得到世界各国的广泛重视和推广。二是从微观层面研究网络对政治的影响。主要研究的对象是网络空间中与政治有关的具体问题，网络民主、网络治理、网络社会中的权力分配与制衡等。代表著述有：美国学者劳伦斯·克罗斯曼（L.Crossman）所著的《电子共和国：重塑信息时代的民主》①、蒂姆·乔丹（T.Jordan）所著的《网络权力：网络空间与互联网的文化与政治》②和布赖恩·洛德（B. Loader）所著的《网络空间的治理》③等。④

---

① L. Crossman. The *lectronic Republic:Reshaping Democracyinthe Information Age*，Penguin USA，1996.
② T.Jordan.Cyberpower: *The Culture and Politics of Cyberspace and the Internet*，Routkeldge，1999.
③ B. Loader.*The Governance of the Cyberspace*，Routledge，1999.
④ 对国外网络政治的研究概况，本书主要借鉴了国内学术杂志上公开发表的几篇文章，如刘文富：《国外学者对网络政治的研究》，载《政治学研究》2001 年第 2 期；田作高：《国外网络政治研究现状》，载《上海社会科学院学术季刊》2002 年第 1 期；《网络时代的政治学和网络政治学》，载《学海》2000 年第 2 期。

综上所述，国外学界虽论及网络政治现象，但对网络政治社会化问题的专题研究并不集中且不够系统和深入，专门把网络和政治社会化理论结合起来研究的成果相对较少，一般只是从某一方面展开论述，这也为本书的研究留下了空间。

（二）国内研究综述

相比较而言，我国关于网络政治文化以及政治社会化问题研究起步较晚，前期主要以译介国外研究成果为主，但随着国内学者关注并开展国内政治文化建设的研究，逐步将政治社会化作为政治文化传播的重要路径，也出现了一些比较有代表性的人物和著作。如王沪宁的《比较政治学分析》、高洪涛的《政治文化论》、王惠岩的《当代政治学基本理论》、赵渭荣的《转型期的中国政治社会化研究》、高峰的《美国政治社会化研究》、匡和平的《从农民到公民：中国农民政治社会化问题研究》等。特别是以政治社会化的主体或客体（媒介）作为研究重点。应当说，这些研究成果更多的是关注政治文化的传承与发展，为后期研究提供了基本研究思路和一定的研究范式。

相对于传统意义上政治文化传承以及政治社会化问题研究而言，国内学者在网络与政治相结合方面的研究较国外相对滞后，研究成果也较为鲜见。但随着网络对社会政治生活影响的日益显著，国内学者也敏锐地捕捉到相关研究发展趋势，开展了一些宏观视角的初步研究，也产出了结合我国网络政治发展实际的部分研究专著和学术论文。但多为译介国外研究成果和和概述性学术成果，为我国开展相关研究提供了可资借鉴的基本文献。如：刘文富的《网络政治：网络社会与国家治理》（商务印书馆 2002 年版），主要探讨网络社会与国家治理的关系；袁峰、顾铮铮、孙珏等合著的《网络社会的政府与政治：网络技术在现代社会中的政治效应分析》（北京大学出版社 2006年版），主要分析了网络技术在现代社会中的政治效应；李斌的《网络政治学导论》（中国社会科学出版社 2016 年版）、《网络参政》（中国社会科学出版社 2009 年版），主要从网络政治学学科建设以及网络政治参与的角度分析网络政治现象及其基本规律；张昆《大众媒介的政治社会化功能》（武汉大学出版社 2003 年版），主要阐述大众媒介在政治社会化过程中的作用及发生机理；苏振芳的《网络文化研究》（中国言实出版社 2006 年版），主要探讨互联网与青年社会化的关系；蔡翠红的《信息网络与国家政治》（学林出版社 2003 年版），黄少华、翟本瑞的《网络社会学：学科定位与议题》（中国社会科学出版社 2006 年版）、何精华的《网络空间的政府治理》（上海社会科学院出版 2006 年版），胡键的《网络与国家安全》（贵州人民出版社 2002 年版）、金太军的《网络与政府管理》（贵州人民出版社 2002 年版）、段伟文的《网络空间的伦理反思》（江苏人民出版社 2002 年版）、鲍宗豪主编的《数字化与人文精神》等，主要探讨了网络与政府管理以及网络伦理等问题。除了专著成果外，与网络背景下我国政治发展相关且较有代表性的论文有：李永刚的《网络扩张对后发展国家政治生活的潜在影响》、张啸尘的《论网络技术对政治社会化的影响》、韩志磊的《中国"网络民主"发展现状、问题与对策研究》、杨佚蜻的《论大众传媒的政治社会化功能》、吕玉辉的《影响公民政治社会化的大众传播媒介因素分析》、黄永炎的《21 世纪网络技术对中国政治参与的影响》、王秀娟的《政治社会化与政治参与》、姜胜洪的《中国网络舆情的现状及引导对策研究》、沈远新的《信息化条件下的社会政治保存》、金太军的《论政府的网上责任》、郑芸《网络政治视野中的公民政治参与》、王卫国的《网络社会的政治思维及其现实走向》、彭湘蓉的《大众传媒在政治社会化中的作用》和刘戈、张耀灿的《网络政治中现代公民人格的建构》等，从不同视角关注网络政治问题。

国内学者关于网络政治社会化的研究认为，网络的拓扑结构带来了政治社会化的范式转变，即政治社会化的途径由单向线性的硬性灌输向互动多维的潜移默化和主动参与转变、时空定位角度由有限的点对点到交叉混合架构、目标及内容由传统政治人向现代网络政治人转变。[①] 在这一过程中，网

---

① 王全印：《网络社会的青年政治社会化新范式》，《中国青年研究》2007 年第 5 期。

络对政治社会化产生了双重作用：一方面，互联网的开放性、即时性、交互性和平等性有助于政治知识的加速传播，形成新的政治文化，为政治社会化开辟了新的空间；另一方面，网络的虚拟性易导致政治社会化的复杂性和不稳定性，弱化国家对个体政治思想和行为的影响，冲击青年对主导政治文化的认同，也可能导致其价值观念的混乱、政治角色的认同危机和政治践行的缺失。因此，要以积极的态度适应和推动互联网的发展，加强政府对网络信息传播的监管力度，构建健康的网络政治社会化环境；优化高校思想政治课的政治社会化功能；[①]加强当代青年尤其是社会成员的社会实践锻炼并构建青少年网络伦理规范体系，[②]实现互联网与青年政治社会化的良性互动。[③]

虽然随着网络和网络技术得到迅速普及和发展，学界也普遍认识到网络对于社会政治生活、政治文化传播、公民的政治社会化具有重要影响，但有关网络政治社会化的研究仍相对薄弱。总的来说，国内对此问题的研究主要呈现出三个方面的趋势：（1）侧重宏观论述，较多关注理论层面宏观意义上政治社会化意义阐释；（2）触及了网络时代基本特征，鉴于网络对社会政治生活影响的发展性，理论创新滞后于网络政治实践探索；（3）借鉴了传统政治社会化一般规律性总结并有所拓展，但尚未实现网络政治社会化理论创新的突破，尚未涉及规律性乃至开始上升至学理性层面的研究，特别是对当代我国网络与政治社会化发展的具体情况及其新问题、新现象、新挑战的分析研究相对较少，对实践的指导性有待不断提升。

---

① 贾亚君：《自媒体语境下优化高校思政课政治社会化功能的对策探讨》，《现代教育科学》2014 年第 1 期。

② 刘晓苏、曹雅丽：《互联网对青少年政治社会化的消极影响》，《中国青年研究》2013 年第 12 期。

③ 苗红娜：《国内政治社会化研究三十年述论》，《教学与研究》2014 年第 12 期。

三、研究思路

为了更为清晰地阐述基于网络的政治社会化问题，我们将采用比较分析法、推理演绎法、文献引用法、案例分析法等多样性的研究手段，力求通过理论与实践相结合、虚拟与现实相结合的方法，既应用政治社会化的一般理论分析网络政治社会化问题，又紧密结合网络作为新型政治社会化媒介的特点来认识问题、分析问题。既从理论上厘清网络政治社会化的基本概念、内容、方法和机理，又要从网络政治社会化的实践层面出发，阐释其特点、现状、影响因素及其调适策略，使研究不仅仅停留理论层面上，更关注网络政治社会化的时代特征、网络信息传播规律和实际效果，特别是要将网络政治社会化置于网络政治文化的传承与创新、主流意识形态的建构等背景下进行考察，以便对基于网络的政治社会化健康发展提供可供参考的依据和具有可操作性的建议。

注重将虚拟与现实相结合进行研究。这是由网络空间的基本特征和网络政治社会化主客体之间的特殊性所决定的。因为网络政治社会化本身是基于网络的，网络既创设了新型的政治社会化环境、载体、途径和手段，也赋予了政治社会化对象虚拟与现实两种身份的交互转换。与此同时，网络政治文化的传播和互动呈现出许多新的特征，网络对传统政治文化的内容体系、传播方式的全新解构与重构。网络空间、网络主体、网络政治现象的虚拟性与现实性交织融合深刻影响着社会政治系统和个体的政治社会化进程。从表面看来，网络政治互动的主体不是完全意义上实在的人，而是以网民身份出现、映射现实社会存在的实在个体身份和基本特征的，代表参与主体的身份符号是虚拟的，网络社会中的人似乎也是虚拟的，但是，公民对网络社会政治生活的参与却是现实的。更重要的是，网络中的政治实践活动所关注的仍然是现实社会政治生活中的问题，因此虚拟的网络政治实践活动必然是影响现实社会中的政治实践活动结果的。因而，不能简单地将虚拟和现实割裂开来，而必须将两者有机统一起来进行研究。

运用网络研究网络政治社会化问题，应当成为基本方法之一。这是由研究内容的规定性所决定的。本书的主题在于基于网络的政治社会化问题研究，一个基本的逻辑就在于实现"网络＋政治社会化"的有机融合。事实上，网络不但是信息时代政治社会化的重要载体和途径，而且也是实现政治社会化目标的基本方法和手段。在信息时代，任何人都不可避免地受到网络技术的影响，学术研究亦然。网络不仅仅带来了海量信息，也带来了大数据技术所产生的高效化、精准化，网络更多的是为科学研究带来了研究理念和思维方式的变革。也就是说，网络本身的工具性特征，有利于提升研究效率，同时，网络本身的变革性，有助于促进研究视域与理念的新突破。因此，离开网络去研究政治社会化问题是无意义的。利用网络研究分析问题，借助网络技术创新手段研究分析问题应当成为一种必然的选择。

政治社会化研究的定位应当是传播学、政治学、政治心理学、政治社会学和政治文化学等多学科的综合体，而网络的政治社会化功能又属于网络政治学的研究范畴，因而本书是一个综合运用政治学、心理学、社会学、教育学、传播学等理论的研究经验和研究方法，探索公民个体、社会政治体系与政治实践的互动关系，为社会政治稳定和政治发展服务的政治学理论分支学科，或者说是构建现代意义上网络政治学学科的重要组成部分。基于以上认识，本书拟从社会政治理论、网络政治理论、政治文化理论和社会传播理论等交叉学科的学术探索出发，采用多元研究手段和交叉学科理论相结合的方法展开论述。

四、研究重点与难点、创新点与基本观点

网络政治社会化涉及的影响因素众多，时代、网络、载体、形式、手段、特征等影响广泛，必须系统性研究网络政治化进程中的影响因素、基本规律和特点，探究网络政治社会的问题、实践、途径、方式等基本规律。

（一）研究重点难点

本书内容主要包括三个方面，即网络政治社会化的基本理论、网络政治社会化的实践、网络政治社会化的调适策略。具体包括以下一些具体内容：（1）网络政治社会化的基本概念和主要特点；（2）网络政治社会化的基本功能；（3）网络政治社会化的基本机理（规律）；（4）网络政治社会化的价值取向；（5）网络政治社会化的基本形式和途径；（6）影响网络政治社会化的主要因素；（7）网络对公民政治社会化的影响；（8）网络政治社会化的相关关系；（9）网络政治社会化面临的机遇和挑战；（10）网络政治社会化的调适策略，等等。力求通过较为系统的研究，重点厘清网络政治社会化"是什么""为什么""怎么办"等基本理论和实践问题，以便对网络政治社会化问题有一个相对系统的认识。本书的难点在于建构网络政治社会化的概念体系和学科体系，特别是由于随着现代信息技术的发展，网络对于社会政治生活的影响仍将处于不断发展变化之中，各种新载体、新工具、新手段层出不穷，符合准确把握并顺应时代发展变化要求是极具挑战性的，也是研究的难点所在。

（二）研究创新点与基本观点

本书的理论创新点在于针对网络时代背景下，互联网络对政治社会化的深刻影响，系统分析我国网络政治社会化理论发展的现状及网络政治社会化的特点，探析在网络发展条件下，如何利用网络实施有效的政治社会化，培养符合时代发展和政治体系要求的政治人。力求从理论上和实践上，比较系统地研究我国网络时代背景下政治社会化问题。力求对我国网络政治学的学科建设做一些工作。研究对于丰富我国网络政治学的研究内容，建构具有中国特色的网络政治学学科体系、理论体系、话语体系，进而为国家制定相应的政策提供建设性的参考意见，应当说是有一定理论价值和实际应用价值的。在研究方法方面，充分利用网络研究网络政治社会化问题，综合运用社会学、心理学、教育学、传播学等学科的理论与方法开展，使其成为本书的基本研究方法。从研究视角看,较之传统的政治社会化问题研究,研究主要关注网络发展背景下的政治社会化问题,将政治社会化置于飞速发展的网络时代,置于纷繁复杂的网络社会发展视域之中,充分认识到网络在人的政治社会化进程中的重要作用,具有一定的创新性和现实意义。

研究形成以下一些基本观点:

(1)网络与政治社会化是密切相关的。其相关性表现在信息时代政治社会化的全部过程之中。网络既是政治社会化的全新载体和形式,也是实现新形势下政治社会化目标不可或缺的基本途径,甚至在一定程度上说,网络政治社会化在人的发展进程中的地位和作用将更加重要并不断凸显。

(2)关于网络政治社会化的基本内涵。网络政治社会化是社会成员在现实社会和网络社会的政治互动中,通过网络接受政治文化教化,学习政治知识、掌握政治技能、内化政治规范、形成政治态度、完善政治人格的辩证过程;是社会政治体系的自我延续机制和功能运行机制。在网络时代,网络具有重要的政治社会化的功能。

(3)网络社会来自现实社会,是实现社会的延伸和扩展;网络社会具有其特质,又有别于现实社会,对现实社会产生一定的作用。网络政治源于现实社会的政治生活,又相对独立于现实社会的政治生活,因此研究网络政治现象既要注意虚拟社会(网络社会)与现实社会的政治现象相联系,又要充分认识到网络社会的特点,顺应网络社会发展的基本规律。

(4)现实社会与网络社会共同构成一个复杂系统,它们的相互作用,共同促进人类社会的政治进步和政治发展,共同作用于人的政治社会化进程。社会系统内各子系统之间相互协调或相互匹配是社会发展的基础和动力机制。现实社会与网络社会之间在社会活力和发展建设上的差异主要就是由于社会子系统之间相互协调的程度不同所致的。因而实现政治社会化目标必须实现现实社会与网络社会的协调发展。

(5)关于网络政治社会化的基本机理。网络政治社会化是新形势下实现人的政治社会化的重要组成部分,既表现出一般意义上政治社会化的一般规律，又具有独特的运行机制。主要表现为：利益追求是网络政治社会化的基本动力；信息传播是网络政治社会化的前提基础；政治文化是网络政治社会化的持续动力；网络互动是网络政治社会化的实现机制；虚拟实践是网络政治社会化的有效途径；网络媒介是网络政治社会化的有形载体；政治认同是网络政治社会化的核心价值；自由而全面地发展是网络政治社会化的终极目标。

（6）网络政治社会化的特点主要表现为：空间拓展性、信息交互性、过程复杂性、成效非稳定性、互动有效性、方式"在线化"等。实施有效的网络政治社会化必须顺应网络政治社会化的基本规律和主要特点。

（7）网络政治社会化具有显著的价值取向，既是现实社会政治社会化价值取向的反映，也是承载虚拟世界价值取向与现实社会价值取向相互统一的结合体，表现出一元性与多元性、虚拟性与现实性、适应性与冲突性、自我性与从众性、解构性与重构性、主动性与制约性有机统一的显著特征。其中政治认同培育是网络政治社会化核心价值取向。

（8）网络政治社会化作为信息时代的新生事物，尽管有其特质，但并不能脱离现实社会政治生活而独立存在，也必然与特定历史时期的政治文化、意识形态、社会思潮、政治参与、政治稳定、政治发展密切相关。具体而言：网络政治社会化关乎政治文化的解构与重构；意识形态建设体现网络政治社会化价值实现的应然与实然；社会思潮引发网络政治社会化价值冲突与制约；政治参与成为网络政治社会化的实践途径；网络政治社会化构成政治稳定的基本条件。

（9）影响网络政治社会化的因素是多方面的，既有宏观层面的因素，也有微观层面的因素。宏观因素主要表现在政治、经济、文化等方面；微观因素具体体现在网络政治文化、网络共同体、网络信息媒介以及网络虚拟政治实践等方面。

（10）网络政治社会化理论与实践正在面临新的机遇与挑战。机遇主要表现在网络政治社会化有利于构建政治社会化新时空，带来政治社会化新契机，拓展政治社会化新途径，发挥政治社会化新作用，提升政治社会化新效果，培养政治主体的政治理性。与此同时，网络政治社会化也面临着新的挑战，表现为传统政治文化体系面临重构新境遇，主流意识形态传播与弘扬面临新挑战，面临价值选择性困境、规范性缺失、权威性弱化等问题。

（11）关于网络政治社会化的调适策略。一是需要构建全新网络政治文化体系。即坚持科学性，体现时代性；强调普遍性，契合需求性；体现开放性，彰显先进性的基本原则，将构建全新的网络政治文化体系作为实现网络政治社会化目标的重要基础。二是需要构建网络政治社会化平台。网络政治社会化必须依托于社会化平台作为有形载体，平台建设必须创新学习、价值、服务、传播、教育和实践理念，体现网络政治社会化平台建设的规律性；必须主动占领网络意识形态建设主阵地，凸显主导性；必须突出平台建设的安全性，牢牢把握主动权；必须拓展"微途径"，体现渗透性；必须应用"大数据"技术，提升网络政治社会化精准性和针对性。三是需要创新中国特色网络政治文化话语体系。话语体系构建要坚持正确政治方向，强化主流价值观引领；要顺应网络信息传播特点，创新话语体系；要倡导话语转换，提升教育实效。四是需要规制异质网络政治文化传播。要强化主流主导，正视网络政治文化多元并存格局；强化舆情引导，突出核心价值导向；强化依法治网，规范网络行为；完善法制体系，保障网络安全。五是需要强化"虚""实"政治实践融合。实现虚实政治实践的有机统一，保证两者相得益彰；实现虚实实践并举，互融共治；创新虚拟实践载体与形式，力求取得实效。六是需要保障网络时代文化安全。要高度重视文化安全；牢固树立"四个自信"；全面加强网络文化建设。

（12）构建具有中国特色的网络政治社会化学术体系、学科体系、话语体系是加强相关问题研究的重大理论问题。

第一章　网络政治社会化的基本理论

在信息时代，随着网络的不断普及和发展，网络已不再是简单的大众交流交往工具和一般意义上的信息传播媒介。当网络与政治连线时，网络已经开始，并且正在深刻地影响着人类社会的政治生活。网络正在成为人们参与社会政治生活的工具和重要媒介，同时，也正在成为政治社会化的重要途径和工具。网络所具有的政治社会化功能正在为人们所认知和重视，时代赋予了网络政治社会化新的内涵。

第一节　网络政治社会化的涵义

探讨网络时代的政治社会化问题，需要建立在一般意义上政治社会化基本规律的认识和探索基础之上，需要正确把握现实与虚拟、一般与特殊等辩证统一基本规律，需要关注虚拟与现实社会政治生活的联系和区别、网络与政治社会化的关系，准确分析其内涵，这也是我们分析问题的前提和基础。

一、政治社会化的基本概念

纵观国内外学者关于政治社会化内涵的研究，总体上体现了多学科交叉性特点，因而也就形成了其内涵的多样性特征。较具代表性的研究视角和观点主要包括：（1）社会学视角。社会学视角的研究主要将政治社会化视为社会化的政治方面，将政治社会化视为个体在接受社会政治生活的改造以及在反馈社会政治的相互作用中形成政治角色的过程。（2）心理学视角。心理学视角的研究认为个体的政治社会化与心理学尤其是发展心理学和认知心理学密切相关，并利用皮亚杰的认知发生理论将政治社会化的心理过程划分为顺从、认同和内化三个阶段。①（3）政治学视角。更加强调政治社会化是在政治文化形成、维持和改变的过程中，维护政治系统的稳定、发展与统一。显然，政治文化的传承与发展成为其核心内涵和基本要义。（4）教育学视角。认为政治社会化是一个人通过社会环境教化其基本政治态度的过程。特别强调教育在人的发展中的重要作用及其意义。这也是在我国特别强调思想政治教育在人的政治社会化进程中的重要原因所在。（5）传播学视角。强调政治社会化就是社会政治机构为了影响社会大众的心理而不停地传播具有倾向性的政治信息的过程，进而强调大众传播媒介在政治社会化进程中的重要作用。总体来看，大多数学者的研究是选取上述的某些视角提出理解政治社会化的多个维度。如政治社会化是政治体系对人们进行政治训练和教育以及个人通过学习形成政治意识和政治行为模式的双重过程。② 李元书根据学者的不同研究角度，将政治社会化归纳为五种观点，即社会教化论、个体学习论、文化传承论、政治传播论和社会环境论，③ 形成了中国学界关于政治社会化内涵的基本共识。

笔者认为，对政治社会化内涵不能从单一的角度来界定，需要跨越学科研究的边界和视角，体现综合性。从已有研究看，社会学强调个体学习与社会教化的互动性；心理学和教育学则从微观个体角度讨论个体政治态度和价值观念的习得过程；政治学和传播学则从宏观政治系统稳定和发展

---

① 袁振国、朱永新：《试谈个体政治社会化的意义及过程》，《社会学研究》1988 年第 1 期。

② 徐勇、黄百炼：《政治社会化与民主政治建设》，《福建论坛（经济社会版）》1988 年第 4 期。

③ 李元书：《政治社会化：涵义、特征、功能》，《政治学研究》1998 年第 2 期。

角度来界定政治社会化。应当说，政治社会化归根结底是研究个体与政治体系的关系，也就是个体习得政治系统的规范的过程，同时也是政治体系对其成员进行观念和技能的教育过程，其主要目的在于培养社会成员对政治体系的认同和支持，以及形成政治人格、习得政治技能、提升政治素养的过程，以便使政治体系获得基本的合法性基础、最小化其治理成本，获得更为广泛的政治支持，在这个双向互动过程中，本质上蕴含着政治信息的传播和个体政治心理的发展，特别是对主流政治文化的认知和认同。

可见，政治社会化是社会个体在社会政治互动中接受社会政治文化教化、学习政治知识、掌握政治技能、内化政治规范、形成政治态度、完善政治人格的辩证过程；是社会政治体系的自我延续机制和功能运行机制。[①] 政治社会化是社会与个体的政治互动过程，在社会与个体的互动过程中，政治文化的传播、政治信息的传递都需要一定的渠道、载体、方式和媒介。传统的政治社会化理论认为，家庭、学校、同辈群体、工作场所、大众传播媒介、政治活动、社会组织等均是政治社会化的重要载体和有效途径。政治社会化贯穿于人的一生，在人生的不同时期，政治社会化表现出不同的特征。在儿童时期，家庭和学校教育是主要途径；在青年时期，青年接受政治体系教化、参与社会政治实践成为获得政治知识和经验的重要途径；在成年阶段，个体的价值观念和政治态度基本成型，政治社会化主要通过社会政治生活、大众传媒、政治实践来实现。学者们基于不同视角关于政治社会化内涵的探究和认识，基本上反映了政治社会化的一般规律。其中所蕴含的基本共识就在于，政治社会化是伴随人们一生的，政治社会化离不开承载政治文化的载体及传播途径。只不过在人的政治社会化历程中，政治社会化的内容各有侧重，载体各有不同而已，但任何时候，作为政治文化的载体及媒介都是不可或缺的。

---

① 李元书：《政治社会化：涵义、特征、功能》，《政治学研究》1998 年第 2 期。

二、网络与政治社会化

探讨基于网络的政治社会化问题，最为基本的问题就在于网络与政治社会化是否相关，为什么相关，怎样相关。这也是探究网络政治社会化问题的前提和基础。

从前面关于政治社会化内涵的一般理解及其基本规律的概述我们可以得出一个基本结论，那就是政治社会化必须依托于一定的载体和媒介才能实现。不论是家庭、学校、同辈群体、工作场所，还是政治活动、社会组织、大众传播媒介皆如此，网络政治社会化亦然。

网络与政治社会化密切相关，其基本表现在于网络是信息时代政治社会化的基本途径、载体和媒介。网络既具有传统媒体的一般功能，例如强大的信息传播功能，也具有有别于传统媒介的独特优势，例如强大的信息承载功能和强大的信息互动功能。网络作为新型的大众媒介，与传统的报纸、广播、电视等媒介相比，呈现出诸多特质。一是传播方式的双向乃至多向交互性。"网络与以往的传播媒体的根本不同在于，以往的媒体只能硬邦邦地单向输出信息，而网络将做到随时随地地与人对话、交流。语言本来是用于交流的，传统媒体却砍去了它的半壁江山，网络，只有网络才完整地与语言相符合。"① 在网络时代，层出不穷的信息传播方式、载体不断强化着信息互动。信息的多向互动是网络信息传播方式区别于传统媒介最为显著的特性之一。二是信息传播手段的多媒体化。网络整合了传统媒体文字、图像、音频、视频等传播手段，实现了综合化、融合化的多媒体传播手段。三是信息传播空间的拓展化。信息的传播空间突破了传统意义上的物理空间，正在向虚拟空间延展。互联网络对于社会政治生活的意义远非信息传播媒介那样简单，就其性质而言，已经成为上层建筑的一部分，属于意识形态范畴，是政治文化传播的阵地，也是维护政治统治的重要工具，具有强大的政治功能。

---

① 陈卫星主编：《网络传播与社会发展》，北京广播学院出版社 2001 年版，第 33 页。

网络的政治功能主要体现在政治参与功能、议程设置功能、舆论监督功能、政治沟通功能、政治控制功能等方面。[①] 当然，也具有重要的政治社会化功能。网络在政治文化传承、政治知识习得、政治人格塑造、政治价值建构、政治体系维持等方面的作用和影响日益凸显。这是由于网络所具有的政治社会化功能是与其突出的政治功能密切相关的。在网络时代，政治参与不仅是公民政治社会化的主要途径之一，而且在许多情况下政治参与还需要借助于网络媒介才能得以实现，或者说网络政治参与正在成为全新的政治参与形式和手段。议程设置则直接关系公众关注什么样的社会政治话题，及其能否设置、如何选择的问题，它直接影响着公众的关注点。网络媒介强大的互动功能使政治沟通具有更多的可能和机会，强化着政治社会化互动影响。舆论监督一方面强化了公民的政治主体意识，另一方面又训练着公民的政治参与技能。与此同时，网络还建构了政治社会化的全新环境，承载着丰富多样的政治文化，深刻地改变着政治文化传承与创新形式和手段。由此可见，网络与政治社会化不但相关，而且密切联系，正在成为网络时代不容忽视、不可或缺的政治社会化载体和媒介。

三、网络政治社会化的基本内涵

在信息时代，网络已渗透在人们社会生活的方方面面，贯穿于人类生存与发展的各个阶段。网络正在以前所未有的方式，深刻地改变着人们的生活方式、生产方式、思维方式、文化交往方式，甚至对社会的经济发展、政治发展、文化发展产生了极其深刻的影响。同样，作为一种新型的信息传播媒介，网络也在深刻地影响着人们的政治社会化进程。

有鉴于此，我们必须高度关注网络对政治社会化的影响。为了充分体现对网络这一新型文化载体和传播媒介所具有的政治社会化功能，也为了便于

---

① 张昆：《大众媒介的政治社会化功能》，武汉大学出版社 2003 年版，第 140 页。

区别于传统意义上的政治社会化概念，我们不妨用"网络政治社会化"这一概念予以描述。顾名思义，我们可以将"网络政治社会化"理解为"利用网络来进行人的政治社会化""网络媒介中的政治社会化""网络被用于政治社会化""基于网络的政治社会化""网络＋政治社会化"，或者简言之"网络政治社会化"。其基本内涵在于：一是必须高度关注网络的政治社会化功能；二是必须高度关注网络这个政治社会化的特殊载体和重要途径；三是必须高度关注网络的政治社会化的特点。显然，网络政治社会化并不是将网络与"政治社会化"的简单叠加，而是一种全新的融合。从这个意义上说，网络政治社会化是一个复合概念，承载着网络的基本特征和政治社会化的核心内涵，网络既是政治社会化的载体，又具有特殊的政治社会化功能；信息时代政治社会化已离不开网络这个工具。由此，我们认为，网络政治社会化是作为社会成员的个体，在与现实社会和虚拟社会的政治互动中，通过网络进行政治信息交流，接受政治文化教化，学习政治知识、参与政治实践、掌握政治技能、内化政治规范、形成政治态度、完善政治人格的辩证过程，是社会政治体系运用网络媒介实现的自我延续机制和功能运行机制。

网络政治社会化是以社会经济的变化和新的信息技术发展为基础的，即信息技术内在的特性和技术之外的政治社会条件，共同构成了对社会个体施加影响的基本要素。网络本身既是社会政治信息、政治文化传播的平台，也是实现政治文化传承的有效载体，更是信息时代伴随人的政治社会化进程不容忽视和不可或缺的重要途径。忽略或者忽视网络所具备的政治社会化功能，是非现实的；回避或曲解网络政治社会的意义则是非理性的。

第二节　网络政治社会化的基本特点

考察一般意义上的政治社会化过程，人们发现，政治社会化的过程，是政治性和社会性、内化和外化、能动性和受动性、阶段性和连续性、共同性和差异性相统一的过程。政治社会化是一个"自然人"转变为一个"社会人"，进而成为一个"政治人"的过程，是维系现代社会政治系统稳定与发展的前提和基础；社会个体只有主动适应社会发展要求，并接受社会政治系统的教化与培养，才能成为一个合格的政治人，实现自身自由而全面的发展，进而推动社会的政治发展。换言之，社会政治稳定与发展离不开全面发展的"政治人"，离不开网络政治社会化功能的发挥。而在人们寻求自身全面发展的进程中，又表现出发展过程中不同阶段的相对特征和政治态度形成的渐进性和连续性。渐进性表现在政治社会化的全过程之中，需要针对不同阶段个体成长的特点实施具有针对性的社会化实践，连续性则表明政治社会化伴随个体成长，不可能一蹴而就、一劳永逸。社会个体事实上存在的差异既不能脱离同一性的政治体系而独立存在，也不能实现完全的一致，表现出个体的差异性。显然上述政治社会化过程中所表现出的诸多特征，在信息时代依然存在。但由于网络本身所具有的网络结构的去中心性、网络空间和网络实践的虚拟性、信息传播的便捷性、信息资源的共享性、主体地位的平等性、信息交流的互动性等一系列特征，必然导致网络政治社会化既延续着传统政治社会化的一般特征，又表现出其独特的内涵与特点。具体表现为：

一、空间拓展性

现代信息技术的发展，极大地拓展了人类生存的空间，使人类社会生活由传统的、物质的"三维"空间，向"四维"，甚至是"多维"空间延伸。网络空间正在成为人们生活不可或缺的重要组成部分。表面上看，网络空间是虚拟的、非现实（或超现实）的，但如果我们用发展的马克思主义基本原理的观点分析，就不难发现，"虚拟空间"并不是绝对独立的，而恰恰是与现实社会紧密联系在一起的。

"虚拟社会"既是现实社会的反映，又是现实社会的延伸和发展。网络社会来自现实社会，是现实社会的延伸和拓展。现实社会的各种现象虚拟社会有之，现实社会看似"虚无缥缈"的社会现象，在"虚拟社会"中又客观"存在"，两者之间，既相互联系，又相互作用，表现出显著的联系、对立、统一特征。"在信息社会里虚拟现实是沟通物质世界与意识实践的绝妙方式，是促使事物转化的有效媒介。"[①] 信息网络技术所创设出的"虚拟空间"，一方面反映着现实社会的客观存在，另一方面又能动地影响着现实社会的发展。同理，政治社会化现象概莫能外。在信息时代，人类社会的政治生活、经济生活、文化生活均可以在网络空间中得以再现、发展和拓展，政治社会化的空间也日益在网络空间中拓展，并且，随着政治社会化空间的不断拓展，其影响将不断深化。

二、信息交互性

从一定意义上说，政治社会化的过程本质上就是政治文化的传播、普及和延续的过程。但网络政治社会化又具有其特质，一是政治文化的传播过程首先是数字化的信息传播过程。这是网络和现代信息技术自身的特点所决定的。网络中的信息都是以数字化的形式在网络中传播的，社会个体接受信息、表达感悟也是以数字化的信息形式呈现的。网络通过将各种政治文化信息变成由"0"和"1"组成的数字信息在网间传递，又通过数字信号转变为文字、图像、声音、动画（表情）等信息展现在政治系统和社会成员面前，形成了信息流，并进而左右人们政治价值观的形成和内化。二是政治文化信息传播的交互性。交互是网络信息传播的特质，也是网络政治社会化能否取得实效的基本要求。政治文化传承本身就是主体与客体之间的信息交互过程，相互影响与作用的过程。网络为个体之间、个体与社会之间开辟了信息交流的新空间，同时也为信息的共享与互动奠定了基础。换言之，没有政治

---

① 张青兰、刘泰民：《虚拟现实：辩证唯物主义的新视野——关于信息网络技术的哲学思考》，《理论与改革》2002年第5期。

文化信息在网间的共享与互动，也就没有社会政治文化的传承与内化，也就无所谓网络政治社会化的实效。

三、过程复杂性

网络在给人类带来信息互动的同时，其负面影响也是有目共睹的。由于网络的虚拟性特征，网络给社会个体政治社会化带来的影响也是多方面的，具有显著的复杂性特征。主要表现在：首先，网络带来了"爆炸式"的信息传播，使受众面对纷繁复杂的信息"轰炸"，公众特别是对政治文化缺乏认知与判断的青少年往往表现出无所适从，更加"难以抉择"；其次，网络中的虚拟政治实践，可能培养"不切实际"的民主和自由理念，当个体在网络虚拟政治实践中获得的政治知识和政治技能与现实社会所倡导和要求的主流政治文化理念相左时，个体或者迷惑，或者逃避现实，沉溺于网络的虚拟空间中寻求心理平衡，或者产生对现实社会政治体系的认同危机乃至抵触情绪；最后，网络可能带来政治社会化成果的反复性，由于网络与现实社会既相互联系又存在显著差异，可能导致虚拟与现实之间的反差直接影响政治社会化效果，两者之间的交互影响可能使政治认同出现反复。应当说，这些并不是政治社会化的真正目的，也是任何一个现实政治体系所不愿看到的。因此，充分认识网络政治社会化的复杂性，扬善避恶，成为我们必须重视的问题。

四、成效非稳定性

政治社会化本身是一个长期的、动态的过程，是一定社会主流政治文化的传承过程。政治社会化过程及其成果本身也是呈"螺旋式"上升趋势的，并非简单的、线性发展的，既有上升也有反复，呈现出可变性与可塑性的辩证统一。网络政治社会化的成效具有不稳定性，既是其过程复杂性的结果，也是网络结构、性质及其信息传播特点的呈现。目前，由于相对稳定的网络政治文化尚未形成，各种政治文化在网络中相互激荡，仍处于转型、整合、发展之中，政治文化的不稳定性必然导致政治社会化结果的不稳定。一方面我们要正视网络政治社会化的可变性，也即非稳定性，毕竟政治社会化的完成是伴随社会个体一生的，既受网络政治信息传播的影响，又受现实社会政治生活环境的左右；另一方面又由于政治社会化本身非线性发展的规律，并非一蹴而就也非不可调适，具有一定的可塑性，因此必须给予足够的重视，把握网络政治文化的发展方向，促使网络政治社会化沿着健康的轨道发展，使主流政治文化成为相对稳定的价值取向，成为伴随人们一生的自觉追求。

五、互动有效性

政治社会化本身是"多维"而非"单向"、"主观能动"而非"消极被动"的政治文化传承和影响过程，是社会政治系统、社会个体，以及社会成员之间相互作用、相互影响的过程，在这一过程中"互动"是产生影响的前提和基础。换言之，没有网络政治文化传播的"互动"也就没有网络政治社会化的实效。网络政治社会化的互动有效性，一方面表现为政治文化信息传播的互动交流性，另一方面表现为作为社会成员在网络空间相互之间的交互影响性。由于网络空间涵纳了海量的政治文化信息，加之各种政治文化信息传播的便捷性，使得网间政治文化信息交流变得更加频繁和通畅，正是政治文化信息传播的互动交流性，强化了网络政治社会化的影响力，使受众能够在纷繁的政治信息交流中接受政治教化、提升认知能力、塑造政治人格。与此同时，网络媒体的"自媒体"特征，又为社会成员交流政治信息提供了便利条件，网民之间的信息交流产生的影响是交互性的，更加容易产生信息"共振"效应，进而强化政治文化认知，内化为政治认同和共识，从而增强政治社会化的效能。

六、方式"在线化"

传统的政治社会化理论认为，初级群体、次级群体是人的社会化的基本环境，是塑造人的社会性最初的桥梁，它强调通过特定家庭、阶层、职业群体给予人们塑造的主流价值观。就微观层面而言，信息时代，家庭政治社会化的功能正在震荡中受到削弱。信息社会的主流文化是创新性的文化，特别是对青少年网民来说，他们所接触的政治文化与其父辈所拥有的传统政治文化已经表现出很大的差异性。代际之间的冲突在网络虚拟空间表现得十分尖锐，甚至出现了同辈群体之间亲和力加强，不同辈团体之间逐渐疏远的趋势。父辈群体在传播政治文化过程中基本上呈现出势弱的状态，传统政治文化中某些优秀的观念因子可能就此消弭，由此传统政治文化的承袭面临断裂的窘况。在信息网络时代，网络成为日益重要的"第四媒体"，担负着传播政治文化、发布政治信息、引导政治实践、进行利益表达的功能。所有这些都是社会个体在政治社会化过程中不可或缺的。网民在网络上可以在第一时间获得世界各地发生的政治事件动态的报道，了解政治事件发生发展的全过程，再加上个体对事件的认识和评价，在不知不觉中实现外化和内化的统一。随着信息网络技术的不断发展，网络将更加凸现出在政治社会化中的独特作用，成为政治社会化的重要媒介。我们甚至可以预言，网络将成为继传统政治社会化媒介后的，处于核心地位的政治社会化的媒介之一。这也是为什么世界各国倾力发展信息技术，主动占领网络阵地，不断强化网络政治社会化功能的原因所在。

第三节　网络政治社会化的功能

网络政治社会化是对传统政治社会化的延续、延伸、拓展乃至创新。受网络政治文化、网络传媒、"网络共同体"以及虚拟政治实践等因素的影响，其环境、载体、主体、手段、管控等要素较之于传统的政治社会化均表现出显著的差异性。置身于网络时代，网络政治社会化所具有的独特功能不可小觑。

网络政治社会化功能，是指网络通过其强大的数字化信息沟通渠道和媒介影响力，以网络为中介，将社会主流政治文化向社会成员传播和灌输，达到"人"的政治成长、社会政治稳定以及国家统治稳固永续的目的。由于网络政治社会化过程涉及政治文化传播环境以及现实社会政治生活的方方面面，伴随着社会成员发展的全过程，影响着社会政治生活的诸多领域，因而其功能亦具有多元性。概括起来，主要表现在个体、政治体系和政治文化三个层面。具体而言，网络政治社会化的功能则体现在政治人格的塑造与发展、政治体系的维持与变革、政治文化的解构与重构等方面。

一、塑造与发展政治人格

政治社会化过程中的核心主体是"人"，人的发展具有开放性、非确定性和可完善性等基本特征，这就使得社会成员个体政治社会化成为可能。个体的政治社会化过程本质上就是人的政治人格塑造与发展过程，政治社会化对人的发展的影响是通过个体认知与适应、内化与超越、外化与表达来实现的[①]，主要包括对社会成员政治态度、政治人格、政治技能以及政治行为的影响过程。

（一）政治态度的形成与嬗变

一般认为，政治态度是指"政治人"对政治系统、政治思想、政治理论、政治实践、政治现象或政治结果等所持有的较为稳固的认知、情感、意向以及行为倾向。政治心理学的研究表明，政治态度的形成与变化首先是一

---

① 黄丹：《马克思政治社会化思想研究》，复旦大学出版社 2014 年版，第 79 页。

个复杂的心理过程，是政治主体受一定的信念和观念体系的制约对政治现象的评价和行为倾向，是由政治认知、政治情感和政治行为等要素组成的。作为一种政治认知、情感和行为倾向，虽然并非意味着实际的政治行为，但毋庸置疑的是政治态度与政治行为之间有着非常紧密的联系，而一定的信念和观念体系本质上则是政治文化的基本内涵。根据行为主义的理论，政治态度的形成是学习和强化的结果，是个体在家庭、学校和社会中，通过交往接受他人的示范、指导和教育而逐步形成的对政治系统的稳定评价倾向，实质上就是政治文化的传承过程，或者说是政治社会化的结果。通过政治社会化引导人们形成符合社会需要的政治思想、政治观念、政治意识、政治人格等。事实上，政治态度的形成与发展并非固定不变，而是随着人们的政治成长以及受外界的刺激而发生相应的变化。在不同的发展时期，政治态度的形成与发展影响因素不同、方式效果各异，但均离不开政治文化传播的基本载体和手段，呈现出特有的规律，也就是认知、认同、内化、强化和外化过程，这一过程周而复始，螺旋上升，持续伴随社会成员成长与发展的全过程。

政治社会化的过程可以使社会成员通过学习与实践，能动地获取政治知识，产生基本认知，以形成正确的政治态度，修正和改变错误的政治观念。在这个过程中，大众传媒发挥着重要作用。英克尔斯和史密斯在研究中发现，"人们受传播工具的影响确实是各种现代态度的一个重要来源"[①]。在信息时代，网络媒介通过明示或暗示的方式不断地向人们传递着有关政治理想、政治信仰、政治思想、政治价值观等政治知识与信息，而社会成员在这些观念和信息的反复刺激下，逐渐形成个体的政治认知和政治情感，从而最终形成自己的政治态度，并升华为个体的政治人格。也就是说，网络媒介在人的政治社会化进程中发挥着重要的作用。在信息时代，网络作为一种日益重要的大众传媒，在人们政治态度的形成和发展中具有不容忽视的独特作

---

① 王邦佐：《新政治学概要》，复旦大学出版社1998年版，第112页。

用。此外，网络媒介是群体和组织为个人提供社会期待的重要源泉之一，它通过描述各种群体或组织的情况，间接地对个人意见的形成产生影响。当个人就某一政治问题表明立场时，他人的期待和可能的反应、个人在组织中所处的地位以及社会上流行的观念都会在瞬间成为他态度形成的观照物[①]。网络独特的结构，使得群体或组织的形成更加便捷，最为显著的表现在于网络共同体对个体网民政治态度将产生不容忽视的影响。

政治态度的形成与变化，受诸多因素影响。在信息时代，作为新兴媒介的网络，对个人政治态度的形成与嬗变具有最直接的影响。除此之外，由于网络的适时性、信息共享性、交互性等特征，使得网民可以自主地、便捷地、直接地参与到政治生活中，表达自己的政治期望，维护自己的合法权益，实现自己的利益诉求等。通过网络政治实践，网民置身网络之中，能够从现实主义的立场来认知政治、理解政治、参与政治。随着网络政治实践的发展，孕育塑造出一种新型的网络政治文化，即参与型政治文化。长此以往，网民在这种文化的熏陶、感染下，其权利义务意识、民主意识、民主习惯以及民主素质等在这一过程中可以得到进一步巩固和提高，包括政治参与效能感的提高、政治信任感的增强、政治责任感的培养等。显然，网络政治实践是引发政治态度嬗变的重要因素之一，正所谓"实践出真知"，政治态度的形成并非一成不变，需要通过政治实践活动加以内化、强化或者改变，这也恰恰是网络政治社会化的特点所在。

（二）政治人格的塑造与完善

政治人格是现代政治学的一个重要范畴，但由于研究角度和方法的不同，在政治学领域，人们对政治人格也有不同看法，大致有以下几种：第一种观点认为，政治人格就是政治与人格的简单相加，是人格的政治化。有学者认为，"政治人格是一种特殊的社会意识，它通过影响政治主体的政治行

---

① 张志明、曹钰：《"电子民主"剖析》，《学术论坛》2001年第1期。

为，从而对政治行为的指向——社会存在，发挥能动作用"①。显然，这种观点是在运用社会意识对社会存在具有反作用的原理来理解政治人格。人们在日常生活中也常常在这个意义上用"政治人格"一词。第二种观点认为，政治人格的实质是个体的一系列心理特征的总和。这种观点把政治人格归于政治心理的研究范畴，有的学者认为，"政治人格，是指在遗传和环境的双重影响下，逐渐发展起来的一系列心理构成，是这些心理构成所体现的外在的政治行为的内在的动力系统"②。明确地把政治人格作为政治心理的一个组成部分，更加强调"心理构成"。第三种观点从政治文化学的角度来定义政治人格。有学者认为，"政治人格是指通过政治社会化而内化入社会个体人格系统中成为其有机组成部分的政治理想、政治道德和政治准则等诸要素的复合体，这一复合体中诸要素的关系状态直接决定该个体在政治生活中的基本风貌"③。这种界定从政治文化学的角度强调了政治人格的形成过程，强调了政治文化对于政治人格形成的重要作用，并分析了政治人格的内在组成部分。

如果从政治社会化角度分析政治人格问题，学界更倾向于从政治文化的视角认识来分析政治人格问题。这是因为，政治人格内含着相应的政治理想、政治道德和政治准则特质及其价值构成，形成了模式化的人格表征。也可以说，政治价值观念是个体政治人格的支柱和灵魂，表现为某种文化现象，并带有明显的群体或集团的共性特征。④ 研究表明，政治人格的形成主要受两个方面因素的影响，一是生理遗传的先天因素，它是具备行为政治人的基本生理条件；二是社会客观环境的后天因素，包括政治环境、政治制度、政治文化、政治信仰以及政治关系等影响，同时，政治人格也会随着社会成员个体的政治成长发生变化并不断趋于完善。

---

① 周亚权：《政治人格题解》，《探索》2007 年第 2 期。
② 王慧然：《中国传统社会中的政治人格解析》，《黑龙江社会科学》2001 年第 1 期。
③ 展明锋、陈勇：《政治人格新论》，《福建政法管理干部学院学报》2004 年第 2 期。
④ 周亚权：《政治人格题解》，《探索》2007 年第 2 期。

在信息时代，网络在对社会成员个体政治人格塑造与完善方面扮演着重要角色，施加着重要影响。主要表现在两个方面：一是网络作为信息时代政治文化传播的载体施加影响。"大众媒介作为人民获知信息的基本来源，作为人民认识世界的主要工具，作为追求真理的基本渠道，不仅影响到人们的认知、情感和意向，而且还直接地影响到人们的个性特质和行为倾向，关系到主体政治人格的形成与演变。"①网络中丰富多彩的政治信息传播不断拓展着个体政治知识的来源，影响着社会成员的政治认知和政治认同。二是网络作为政治事件的载体和途径施加影响。网络中多样化的政治实践活动促进着政治人格的构建，网络中充分的互动交流推动着政治价值判断选择，人们在现实社会和网络空间的交替转换中，不断塑造着健全的政治人格，矫正着歪曲的政治人格。因此，充分发挥网络政治社会化对社会成员政治人格的塑造与完善功能具有重大意义。比如在我国，随着经济的发展以及信息技术的进步，尤其是网络参政、网络民主的逐渐发展，传统的"伦理型"人格逐渐向现代的"法治型"人格转变，人们更加注重追求平等、民主、法治、人权、公正、参与、自主、自由、自强、自尊、自立、自信等价值观取向。

（三）政治技能的训练与提升

政治技能是指人们参与政治生活所掌握的政治技术和能力，包括对政治知识、政治参与技巧的掌握以及政治经验的积累。社会成员政治技能的训练与提高一般有两种途径：一是通过专门的政治技能培训。比如组织化的组织活动、专业培训、思想政治教育等，使人们获得政治生活的一般知识和技能。二是通过直接或间接的政治参与实践，使个体在实践中领会和掌握政治技能，并积累政治经验。其中参与政治活动对提高成员个体的政治技能比宣传灌输效果更佳，这是因为，"政治实践比起其他政治社会化的途径，具有根本性意义"，"在实践中亲身体验直接获得的知识，要比学习间接获得的认

---

① 张昆：《大众媒介的政治社会化功能》，武汉大学出版社2003年版，第217页。

识深刻得多"。①

个体政治技能的训练与提高实质上是个不断学习与实践的过程，要实现终身学习的教育目标，无所不在的网络可以长期承担这个责任。一方面，传统的政治社会化途径只是个体学习过程的一个阶段，而网络则可以实现学习的惯常化，使终身学习成为可能。通过网络，将政治体系的结构和运行程序、运行方式和参与途径等以图文、动画、视频等形象的方式广泛传播给网民；也可以通过网络进行专门的网络技能培训、远程教育、具体操作程序的指导等方式实现。以此使网民接受、学习、掌握政治知识更加便捷、有效、持久。另一方面，网民可以通过网络选举、网络参政议政等形式，通过网络论坛、网络结社以及政府门户网站等途径，间接或直接参与社会政治生活。在政治参与实践的活动过程中，网民可以对政治现象、发展决策、政治动态、大政方针等发表自己的见解和意见，习得政治参与技能。还可以通过网络参政的虚拟实践锻炼，提升网民信息素养、积累政治知识、拓宽政治视野、提升参政能力。

（四）政治行为的引导与矫正

政治行为是个体的政治认知、情感、意志等综合性的外在表现，是在政治生活和教育中经过反复实践和锻炼的结果。政治行为和政治行为习惯是衡量一个人政治社会化程度的重要尺度和标志。由于社会成员个体的政治成长的程度不同，表现出的政治行为会有所差异，与社会主流价值取向不一致的行为就需要进行引导与矫正。对个体政治行为的引导与矫正可以通过多种途径实现，在网络时代，网络政治社会化是最为重要的途径之一。网络政治社会化对于个体政治行为的引导和矫正主要是通过网络政治参与活动实现的。

网络参政既是政治参与的过程，也是网络政治社会化的过程。相对于传统意义上的政治参与，网络政治参与更能体现参与型的政治文化特征，这种

---

① 本书编写组：《政治学概论》，高等教育出版社、人民出版社 2011 年版，第 214 页。

参与型民主政治比传统的民主政治更具有包容性，更能尊重和保护少数派、弱势者的权利，从而激发人们的政治主体意识和参与社会政治生活的热情。同时，由于网络的去中心化、语言内容的碎片化、信息传播的自由化等特征可能对政治权威造成一定威胁，从而可能诱使个体政治行为发生越轨，也即个体的政治行为偏离或违反既定的政治规范。例如网络政治犯罪、虚假网络政治信息传播等。因此，在网络政治活动中，为了使网民的政治参与行为适度、有序，必须通过制度建构和政治社会化途径实现。在网民的政治参与活动过程中可以适时、适度地对其行为施加引导和矫正，通过网络政治社会化培养网民良好的政治行为习惯、引导其端正网民政治行为动机、矫正网民政治行为趋向，保证网民政治行为与政治系统的价值目标相符合、相接近、相统一。

二、维持与变革政治体系

研究表明，政治社会化本身具有维持或变革政治体系的重要作用。主要表现在个体和社会两个层面。

对个体来说，政治社会化是社会成员特有的政治态度、政治情感、政治价值观和政治认知模式的形成过程。它不仅使社会成员形成了特有的政治观念，而且对社会成员参与政治的行为有决定性的影响。它使社会成员学习和掌握在一定政治系统中担任特定政治角色的知识、技能和行为模式。从这个意义上说，政治社会化同时是社会成员"政治入伍"的过程。就政治文化的形成而言，政治社会化在个体的一生中所起的作用有所不同。个体的政治社会化层次与水平直接影响其在现实社会政治生活中的行为，直接影响其对政治体系认同的态度、情感、价值判断。培养合格的"政治人"有利于维系政治体系的存在和发展，稳定的政治体系需要具有健全政治人格、完备政治素养的"政治人"支撑。

对社会来说，政治社会化是一定政治文化传播和延续的过程。不同的社会有不同的政治社会化模式，它决定了该社会政治文化的总体性质。如西方学者认为，参与型的社会化过程往往导致民主的政治文化，被动型的社会化过程导致专制的政治文化。同一社会中也存在着不同方式的政治社会化过程，它使一个社会产生了各种"亚政治文化"。因此，政治社会化影响一个社会的分化或聚合，造成区域、团体、阶层性的政治歧异，决定一个社会的多元性或终极性。

网络政治社会化在维持与变革政治体系中所呈现的功能主要表现在政治认同的培育与重构、政治秩序的维持与治理、政治舆论的疏导与控制等方面。

（一）政治认同的培育与重构

政治认同，是政治建设的重要范畴，也是政治稳定和政治发展的重要前提。社会成员只有在产生相对稳定的政治认同的基础上，才能对一个政治体系或一种政治信念表现出更为笃定的热忱和忠诚。政治认同的相关理论研究和实践探索表明，政治认同的形成和发展有其独特的规律。政治认同表现为认同主客体之间从相互感应到相互认知再到达成共识的辩证统一过程。"在个体层面上，认同是指个人对自我的社会角度或身份的理性确认，它是个人社会行为的持久动力。""在社会层面上，认同则是指社会共同体成员对一定信仰和情感的共有和分享，它是维系社会共同体的内在凝聚力。"[①] 这就说明，政治认同的产生与发展是个体与社会共同体之间相互作用的过程。一般认为，政治认同形成和发展遵循着认知—认同—内化—外化—实践的循环往复、螺旋上升的有机统一规律。在这一过程之中，除了认同主体自身的影响因素外，环境、载体、手段、方式等外在因素也直接制约着政治认同的产生和发展。

随着现代信息技术的迅猛发展，人类社会进入了前景广阔的信息时代，

---

① 汪信砚：《全球化中的价值认同与价值观冲突》，《哲学研究》2002 年第 11 期。

网络正在以前所未有的方式改变着人类社会的政治生活图景。网络政治社会化与政治认同培育与重构之间产生了千丝万缕的联系，直接影响政治体系的维持与变革。

网络为政治认同培育提供有效载体。政治认同形成与发展的前提和基础在于社会成员对社会政治体系及其所倡导的主流政治文化的"认知"。认知是对作用于人的感觉器官的外界事物进行信息加工的过程。它包括感觉、知觉、记忆、思维、想象、言语，是指人们认识活动的过程，即个体对感觉信号接收、检测、转换、简约、合成、编码、储存、提取、重建、概念形成、判断和问题解决的信息加工处理过程。在心理学中是指通过形成概念、知觉、判断或想象等心理活动来获取知识的过程。也就是说，没有认知就没有认同。对政治认知而言，政治信息的有效传播和接受就成为基本前提和基础。

在信息时代，网络已成为政治信息传播的重要载体，正在成为人们获取知识信息和培育政治认同的重要途径。一方面，网络以其独特的信息承载和传递方式为社会成员提供更为丰富的政治信息来源，为政治认同培育提供了认知基础；另一方面，网络所特有的交互性、共享性和开放性特征，极大地拓展着政治文化的认知途径，作用于认知活动的全过程之中。与此同时，网络已成为政治认同主客体之间互动交流的桥梁和纽带，成为作为政治认知基础的政治信息传播的有形载体。作为政治认同培育的具体活动形式，网络载体是政治认同培育各个要素相互联系、相互作用的有效方式。政治认同的网络载体为政治认同培育过程中信息的传播、主体与广大受众之间的互动交流、信息共享创造了新的条件和平台。在网络环境下，信息整合输出与信息接收反馈，使教育与自我教育相互补充、相互促进，进而引导广大受众理解、接受政治认同培育的基本内容和价值理念，进而逐步形成政治认同。

政治认同引领网络信息传播价值取向。任何思想文化所包含的价值观，上升到意识形态领域，不仅能够反映社会生活的功能，而且也具备引领社会生活价值取向的功能。网络信息传播所投射的价值取向，也必然具备上述功能。网络信息传播融入价值内涵与价值引领是提高政治认同效果的应然要求。在高度开放的互联网信息世界里，既存在着巩固强化政治认同培育的正面信息，当然也存在着解构、弱化政治认同的负面信息。但政治认同培育的本质要求必然是前者始终处于主流地位，发挥主导性作用，后者处于非主流地位和非主导性作用，这是由政治认同的核心价值目标所决定的。政治认同的本质规定性决定了网络信息传播价值取向的应然状态。这就要求网络信息传播必须始终掌控政治认同的主动权和话语权，以认知为基础，以价值判断为关键，以实现政治认同为目标，对网络媒体的信息输入进行必要的"过滤"和"整合"，从而保证引领网络信息传播的价值取向，实现从"认知"到"认同"的飞跃。

政治认同培育依托网络会产生倍增效应。政治认同的产生与发展并非一劳永逸、一成不变，是伴随人生全过程且需要不断强化的，或者说需要内化于心，外化于行。这一过程既需要持续的培育，也需要在不断实践中获得"真知"，使其得以"固化"和发展。也就是说，需要持续的政治文化信息"输入""判断""认同"和"内化"。网络本身所具有的互动性强、即时传播、扩散范围广泛的优势无疑可以在这一过程中发挥"倍增器"的作用。网络政治信息传播的强势性介入持续刺激着个体感知器官，网络虚拟实践活动弥补了现实社会政治生活实践途径的局限，网络共同体成员之间的相互支持和"点赞"激励着个体认同动力，政治认同培育表现为依托网络产生的倍增效应。这种倍增效益主要体现在量的倍增和质的丰富两个方面。从量的倍增层面看，通过网络信息传播的"倍增效应"，使信息传播数量倍增，而且涉及信息事件的背景、发生、过程以及看法等层面，使受众获得的信息更加全面、视野更广，有助于扩大政治认同培育的覆盖面，增强新媒体技术与政治认同培育有机结合的影响力。从质的丰富角度说，多元信息的价值判断考量，训练着个体的政治认同价值选择能力，强化着政治认同培育的效果。当然，值得注意的是这种"倍增效应"有时未必始终是"正效应"，也可能出现网络信息传播过程中的"变异"，出现倍增的"负效应"，必须引起足够重视。

（二）政治秩序的维持与治理

政治秩序是指政治系统依据政策、法规、政治共识以及伦理道德等所维持的一种连续、合范、稳定、可控和有序的政治运行状态，这意味着政治治理的有序和有效。政治秩序的稳固与延续对政治系统来说是政治生活的大事，"人类可以无自由而有秩序，但不能无秩序而有自由"[①]。一个稳固而长久的政治秩序，必然是治理与维持的结果，网络政治社会化正是网络时代实现此功能的重要手段，也是基本目标之一。政治社会化的基本目的在于培养社会政治体系所期望的合格政治人，只有当社会成员形成和具备被现有政治体系所接受和认可的态度和信念时，才能奠定社会政治体系存在的合法性基础，进而提供保持社会政治稳定的重要前提。如果社会成员对现有政治体系及其所主导的政治文化没有基本的认同和接受，甚至离心离德，就会对社会政治稳定构成威胁。因此任何政治体系要想维护社会政治稳定，就必须对社会成员实施有效的政治社会化，使社会成员能够自觉地接受主流政治文化所倡导的社会价值标准，承担其应当承担的责任和义务，进而维护社会政治稳定。

网络政治社会化的基本价值目标在于培育社会成员对政治体系及其所主导政治文化的价值认同。网络政治社会化的基本途径表现在两个方面，其一是通过互联互通、四通发达的网络媒体传播政治信息，特别是网络政治文化信息，以不间断、所见即所得的方式持续不断地向网络用户传播政治文化信息，使网民沉浸于无所不在的"政治信息场域"之中，从而在不知不觉中接受政治体系对社会成员所进行的政治价值观、政治信念、政治态度以及政治行为方式等方面的引导和教化，发挥信息时代极其重要且不可或缺的教化作用。其二是贯穿于现实与网络空间的政治实践活动。网络不仅带来了更多的政治参与活动的机会和可能，同时也强化着社会成员的政治主体意识，提供

[①] ［美］塞缪尔·亨廷顿：《变革社会中的政治秩序》，李盛平等译，华夏出版社 1988年版，第 376 页。

了更为丰富的政治参与实践活动的途径和方式。网络政治实践最大的特点之一就是参与，这种参与型政治意味着政治治理模式的变革，它是传统的政治统治向现代政治治理的转变过程，也是善治精神的体现。从政治发展的意义上说，参与型政治有利于调动社会成员对社会政治生活的关注度，也是政治现代化的基本表现和发展趋势。然而，在参与过程中，由于共同的关注、共同的利益或者受情绪的感染，就可能产生一种无结构、难控制的"集体行为"，甚至演变为"越轨行为"，进而对社会秩序的稳定造成冲击。因此，网络政治社会化过程中，通过适度的网络控制和网络整合，进行参与资格的限定、程序规则的设计、政治资源的调配使用等，以此实现对网民政治行为动机、政治行为趋向等的监测、调控、引导、矫正，保证参与程度与制度化水平基本保持一致，以实现政治秩序的稳定与延续。

（三）政治舆论的疏导与控制

疏导本义原指使淤塞的水流或道路畅通，在社会政治生活领域可引申为开导、引导人的思想。政治舆论对政治社会化进程具有重大影响，往往会影响政治社会化的成效。在政治社会化过程中，需要通过大众传媒或者其他途径，对政治舆论进行疏导。同时，对那些严重威胁政治系统安全的政治舆论，就必须使用刚性的管控手段，对政治舆论进行控制。从而保证政治社会化处于健康的舆论氛围之中，进而促进政治社会化有序进行。

网络政治社会化进程中，政治体系面对网络空间持续存在的海量、强大的网络民意和政治舆论，能否正确处理"疏"与"控"的关系，将直接影响政治社会化的过程和效果。相对于传统媒体而言，"报刊最适当的使命就是向公众介绍当前形势，研究变革的条件，讨论改良的方法，形成舆论，给共同意志指出一个正确的方向"[①]。这充分说明传播媒介的重要使命在于引导社会舆论发展方向。毫无疑问，政治社会化过程中，作为现代传媒的网络，相

[①]《马克思恩格斯全集》第 43 卷，人民出版社 1982 年版，第 488 页。

比报刊在传递政治信息、引导政治舆论走向方面发挥的作用更加不容低估。从我国目前的网络政治实践和网络信息技术的发展水平来看，对网络政治舆论进行"硬"引导是必需的，因为我们的话语权、舆论力量以及意识形态还处于被敌对势力威胁和干扰的境遇。同时，由于网络行为的重要特征是自愿、自为、自主以及自觉等，对网上舆论的硬性引导、强制压制等容易引起网民的厌恶、抵触，甚至成为敌对势力攻击我们政治制度与意识形态的口实。因此，实施有效的网络政治社会化，需要正确处理"疏导"与"控制"的关系，实现"疏""控"有度、有方、有机结合。运用网络技术进行舆论引导，牢牢把握互联网的舆论导向，充分发挥主流媒体网站对网上舆论的软性引导功能，引导政治舆论走向、疏导网络民意，充分发挥网络的矛盾缓冲带功能，对于维护政治体系的稳定与发展，引导政治社会化发展方向具有十分重要的意义。

三、传承与创新政治文化

阿尔蒙德认为："政治文化是一个民族在特定时期流行的一套政治态度、信仰和感情。这种政治文化是在该民族的历史和现在社会经济、政治活动进程中形成的。人们在过去的经历中所形成的态度类型对未来的政治行为有着重要的制约作用。政治文化影响各个担任政治角色者的行为、他们的政治要求内容和对法律的反应。"[①] 政治文化对社会政治系统和政治生活有十分重要的作用。它赋予政治制度以规则，给予个体行为以社会意义、政治意义，使政治体系引导政治价值取向，维护和保证政治体系的运转。但是，"政治文化的巨大作用又是通过政治社会化方式来实现的。社会内部的政治取向和社会模式的学习、融合和代际传播的过程，也是一个

---

① ［美］加布里埃尔·A.阿尔蒙德等：《比较政治学：体系、过程和政策》，曹沛霖等译，译文出版社 1987 年版，第 91 页。

政治共同体内部传播政治文化的过程，只有通过政治社会化，政治文化才能得以维持、传播、继承、和发展、改造"①。可见，"政治文化是政治社会化运行过程的目标，政治社会化是政治文化的形成和传播过程；政治文化是政治社会化的目的，政治社会化是传播政治文化的手段"②。政治社会化对社会领域的影响包括对政治文化、政治价值、政治舆论以及政治秩序等的影响。在信息时代，网络政治社会化在这些方面的功能显得更为突出。

（一）政治文化的传承与创新

政治文化以政治社会化为存在方式并得以延续，政治社会化实质上就是政治文化在代际、群际的传承与变迁过程，政治社会化本身就具有传承政治文化的功能。在传统意义的政治社会化过程中，政治文化的传承需要通过一定的媒介或者场域，其中包括家庭、学校、传媒、工作场所以及其他组织团体。

显然，网络政治社会化的过程并不局限于一般意义上政治文化的传承，更重要的意义在于对传统意义上政治文化的创新和重构。这是由政治文化的基本特点所决定的，政治文化具有延续性和变迁性特征。一方面，政治文化是一种观念形态，它具有延续性和相对稳定性。即使一定国家或区域的政治、经济、文化发生变更，原有的政治文化的内涵也还会继续存留在人们的观念深处，不可能完全消失或者根本就不会消失。政治文化不仅会使文化的内涵延续下去，而且会持续影响政治活动，使之表现出一定的特色。另一方面，政治文化又不是一成不变的，它总是处于不断的变革过程中，一定历史阶段内政治、经济、文化和社会领域的变化会对政治文化产生影响，导致政治文化发生一定的变迁。简言之，政治文化变迁就是随着时间推移和环境变

---

① ［美］加布里埃尔·A.阿尔蒙德等：《比较政治学：体系、过程和政策》，曹沛霖等译，译文出版社 1987 年版，第 29 页。

② 王惠岩主编：《政治学原理》，高等教育出版社 1999 年版，第 242—243 页。

化，在各种社会因素影响下政治文化的要素将发生变化。

网络政治社会化过程中，作为现代传媒的网络对政治文化的传承体现着得天独厚的优势。网络可以将政治文化以数字化信息为载体，通过文字、动画、音像、数据以及它们之间的互相结合体为形式传播，呈现给网民，同时，网民也可以通过信息存储技术、信息交流软件等途径将这些信息、数据等进行拷贝、存储、选择、检索、上传、分享甚至创造，这是对政治文化传播的完整结构形态。可以说是实现了政治文化的迅速、即时、同步以及共享等，这就大大提高了政治文化信息的传播效率，也为政治文化的代际或群际传承创造了适时的环境和便捷的条件。同时，在网络政治社会化进程中，网民可以通过互联网实现代际、群际以及代际和群际之间政治文化的交流、切磋以及不同政治文化之间的碰撞与融合。在此过程中，就会产生新的政治文化观念和政治文化价值取向，既实现了政治文化的传承，也有助于推动政治文化内涵、结构、传播形式的创新与发展。

（二）政治价值的解构与建构

政治社会化不仅是传承政治文化的过程，也是建构公民政治价值的过程。政治价值即政治价值判断，是人们根据自身的利益关系对政治现象和政治活动作出的价值判断和评价。政治价值判断与个体的政治认知、政治态度及政治行为密切相关。简言之，与个体的政治社会化水平密切相关，直接影响社会政治系统的运行。在政治社会化过程中，无论是政治文化的传承还是成员个体"政治人"的成长，任何对政治文化的选择和取向都带有既定的政治价值评判乃至政治价值建构意义。

网络政治实践证明，网络信息技术进入政治领域，影响着人们的政治参与形式、政治交往方式、政治价值观、政治文化结构以及整个政治系统的运作，进而会影响人们对政治价值的判断与评价。作为新媒体的网络，颠覆、消解着传统的思维和价值观，并发挥着思想引导与政治控制的功能，"大众媒介乍看是一种传播信息和提供娱乐的工具，但实质上不发挥思想引导和政治控制等功能的大众媒介在现代社会是不存在的"①。网络的无中心、无边界、共享性等特点，为人们的政治价值判断和评价打开了对外的窗口，网民可以通过网络，跨越国家、地域以及意识形态等的隔阂，了解多元化的政治价值观，在对比甄别中能动地做出政治价值评判并建构起新的政治价值观。

网络政治社会化对于政治价值观的解构与建构，并不意味着对传统政治价值观的简单否定，而是建立在传统政治价值观基础之上，适应网络时代发展趋势的新的超越，或者说传统政治价值观向现代政治价值观发展的必然要求。两者之间既有相同相容的部分，也有不同甚至相互排斥的内容。作为传统政治价值观的精华，爱国主义、国家统一、政治稳定等基本价值追求也是现代政治价值观的基本内容，但网络带给人类社会的新变化，又建构着现代政治价值观的新内涵，集中体现在富强、民主、文明、和谐、自由、平等、公正、法治、爱国、共享等政治价值的追求上。总的说来，网络政治社会化对政治价值具有解构与重构功能。

（三）政治舆论的引导与整合

舆论是"社会上值得注意的相当数量的人对一个特定问题表示的个人意见、态度和信念的汇集"②。它是社会评价的一种，是社会心理的反映。政治舆论则是社会成员关于社会政治生活态度、评价及心理趋向的反映，是社会政治生活的"晴雨表"，政治舆论总是承载着社会成员一定的政治价值标准和判断，体现着政治社会化的成果，左右着人们的政治态度、价值判断和行为方式。特别是当人类社会进入全新的网络时代，网络舆论、网络政治舆论对于网络政治社会化的影响就更加凸显，反之，网络政治社会化对于网络政治舆论的影响亦不容小觑。

---

① ［德］马尔库塞：《单向度的人》，张峰等译，重庆出版社1993年版，第9页。
② 《简明不列颠百科全书》第九卷，中国大百科全书出版社1985年版，第228页。

网络政治社会化在一定程度上也是网络政治文化传播与内化的过程，而网络政治文化又与网络舆论密切相关，是网络时代政治舆论在网络空间中的集中表现。"网络政治舆论是指网民个体对现实或虚拟的政治问题的意见，在网络空间中自由表达、充分交流与互动过程中形成的较为一致的群体性政治态度的聚合。"①网络政治舆论一方面体现了社会成员通过政治社会化形成政治认知、政治价值观、政治情感、政治技能对社会政治生活所持态度的表达，另一方面又在政治态度的表达中参与政治实践，获得进一步的政治社会化体验。"网络政治舆论的主体是网民，更精确地说应该是关注政治问题的网民，不再是广泛意义上的公众，客体是与政治相关的一切事件，包括网络政治与现实政治两大领域，载体则是以博客、微博、论坛等形式为主的虚拟的网络空间平台。""网络政治舆论既是网络政治文化的外化，又是塑造后者的因素之一，而网络政治文化既是网络政治舆论产生的内在价值支撑，又是后者积淀的固化，两者互为表里、相互影响，表现出内在统一的关系。"②由此可见，网络政治社会化直接关乎网络政治舆论，对于政治舆论的发生和发展具有重要影响。这种影响可以表现为正向和负向两个方面。

从正向影响看，当符合社会政治系统主导的网络政治舆论占主流地位时，会产生网络政治社会化的正能量，有利于激发政治主体的政治参与意识和对政治体系的认同感，促进个体政治社会化的健康发展，进而促进社会的政治发展。从负面影响看，当非主流的或者负面的网络政治舆论充斥网络空间时，网络空间的互动性又会影响个体的政治价值判断，产生对现存政治体系所倡导的主流政治文化及其制度的质疑，进而影响个体政治社会化进程以及社会的政治稳定。从这个意义上说，政治舆论的引导和整合对于网络政治社会化具有重要意义。

---

① 张博、王树亮：《试论网络政治舆论与网络政治文化的异同与联系》，《甘肃社会科学》2012年第5期。

② 张博、王树亮：《试论网络政治舆论与网络政治文化的异同与联系》，《甘肃社会科学》2012年第5期。

第四节　网络政治社会化的价值取向

不同的时代背景，政治社会化具有显著的时代特征。在信息时代，网络不仅作为一种新型的信息传播媒体，呈现出有别于传统媒体的显著特征，也是政治社会化进程中新型的重要载体和媒介，发挥着独特的政治社会化功能。政治社会化的价值取向是政治社会化的核心。政治社会化的价值取向关系政治体系的价值引领，关系社会成员的政治信仰、政治认同与价值追求，左右着社会成员的政治行为，引导着社会成员政治社会化和社会政治发展的方向。人类已处在前所未有的信息网络时代，研究网络时代背景下政治社会化的价值取向问题，对于促进人的政治社会化进程健康发展，进而促进社会的政治进步与发展，无疑具有非常重要的意义。

一、网络政治社会化价值取向的基本内涵

政治社会化是"社会个体在社会政治互动中接受社会政治文化教化，学习政治知识、掌握政治技能、内化政治规范、形成政治态度、完善政治人格的辩证过程；是社会政治体系的自我延续机制和功能运行机制"[①]。其基本目标在于维系政治系统的延续，本质在于社会政治系统所主导的主流政治文化的传承和发展。

价值取向是指社会政治体系以及社会成员基于基本价值观念和价值目标选择，在面对或处理各种社会政治关系时所持的基本价值立场、价值态度以及所表现出来的基本价值倾向，是社会主流政治价值观成为相对稳定的政治文化选择、判断、认同的优势观念形态，也是社会成员普遍认同与尊崇的政治人格结构中的核心部分，具有普遍性意义的价值评价、态度倾

---

① 李元书：《政治社会化：涵义、特征、功能》，《政治学研究》1982 年第 2 期。

向、价值引领和行为调节的定向功能，价值取向具有普遍性、引领性、倾向性等特征。

在社会成员的政治社会化进程中，政治社会化的价值取向居于核心地位。考察政治社会化的价值取向问题，至少可以从社会、个体、环境三个维度展开。这是因为，政治社会化的价值取向，从来都是在社会个体和社会政治体系的互动中获得自身质的规定性的。从社会政治体系的角度看，政治社会化本身就是社会政治体系所推崇和倡导的政治文化价值取向传播过程；从作为社会成员个体的角度看，政治社会化就是个体与社会政治系统互动过程中逐步形成认知、认同、内化、传承、践行社会主流政治价值的过程，是社会与个体之间的共同作用的有机整体。与此同时，政治社会化进程并不能脱离人类社会的历史背景、生存环境、信息交互环境而独立存在，必须借助于一定的交互环境或媒介才能实现，也就是说，政治社会化价值取向是与主客体所处的环境密切相关的。按照马克思主义理论的基本观点，经济基础决定上层建筑，作为上层建筑领域的意识形态的表现形式之一，社会主流政治文化是由经济基础所决定的。也就是说，政治社会化的价值取向，是由社会的经济基础决定的，其中起主要作用的是建立在市场经济基础上的社会利益结构。离开了社会经济基础，社会政治文化也就失去了存在的基础。由此，我们可以对政治社会化的价值取向作这样的释义：所谓政治社会化的价值取向，是特定主体在特定的历史背景下，建立在一定的社会经济基础之上，借助于必要的环境中介，在社会政治体系与社会个体之间相互作用的辩证过程中所持有的基本政治价值立场、政治价值态度以及所表现出来的基本价值倾向和特定的价值方向。它是由个体政治社会化的价值取向和社会总体政治社会化的价值取向这两个相互联系的基本方向构成的动态有机整体。既体现了社会政治体系的政治价值目标，也体现了个体对社会政治体系的认同和追求，以及个体价值的实现，是主体、客体、环体相互作用的结果。

在网络时代背景下，社会政治经济发展较传统社会有了很大的变化，政治社会化的价值取向也随之出现了新的特点和内涵。这是因为，网络本身已不再简简单单是一种中性的信息载体和工具，而是成为具有社会、政治、经济、文化蕴含的融合了思维模式、价值观念、生产方式的政治社会化载体和介体。"技术工具从来就不是中性的，而是永远具有社会、政治的蕴含。技术反映了其制造者、拥有者和使用者的目的、利益、标准与价值。每一部机器—用马克思·韦伯（Max Weber）的表达方式来说——都是'凝结的精神'（solidified spirit）。"①网络的开放性、平等性、共享性等特征赋予政治社会化的价值取向相应的时代特征和新的价值内涵。具体表现为个体价值取向与社会价值取向的有机统一和虚拟性与现实性的有机结合。个体的政治社会化价值取向是根据自身利益及需要，受自身能力和条件以及环境的制约，所进行的价值选择和价值决策的内在心理倾向和外在的行为倾向。总体政治社会化的价值取向是社会政治体系为实现一定的目标或价值而形成的对特定理性和道德的追求②，其结合点就在于实现两者的有机统一。虚拟性既表现为网络空间中政治社会化主体身份的虚拟性，也表现为政治社会化载体的虚拟性，现实性则表现在个体与社会存在的现实性，以及政治社会化价值取向目标的现实性，两者之间有机结合的基本立足点在于作为虚拟和现实共生的存在，基于网络的政治社会化是现实生活世界中的人在虚拟技术工具作用下的衍生和嬗变，"虚"是"实"的表征，而"实"是"虚"的根基，③两者之间存在着必然的联系性和结合点。因此，基于网络的政治社会化价值取向既是现实社会政治社会化价值取向的反映，也是承载虚拟世界价值取向与现实社会价值取向的结合体，表现出有别于传统政治社会化价值取向的显著特征。

---

① ［荷兰］约翰·德·穆尔：《赛博空间的奥德赛》，麦永雄译，广西师范大学出版社2007年版，第35—36页。

② 林尚立：《当代中国政治形态研究》，天津人民出版社2000年版，第221页。

③ 何明升、白淑英：《论"在线"生存》，《哲学研究》2004年第12期。

二、网络政治社会化价值取向的主要特征

基于网络的政治社会化的价值取向，由于政治社会化的载体、途径、媒介所表现出的新的特点，使得政治社会化价值取向呈现现出有别于传统意义上政治社会化价值取向的新特征。具体表现在以下一系列矛盾运动之中。

（一）一元性与多元性的统一

在传统社会中，政治体系总是期待通过构建占据主导地位的核心价值体系领社会价值取向，这种核心价值体系呈现为社会的"元规范"，由社会制度、教育、宣传、文化系统等来支撑，社会成员共享着这些基本的意义和规范框架，具有显著的主导性和一元性特征。但是随着社会经济生活的变革，社会结构和利益关系的调整，同时伴随着信息技术的深刻介入，基于不同生活领域、利益链条和价值立场，使得社会呈现出高度分化的特征。网络空间是一个开放的无中心、无边界的空间，无中心、无边界的特殊离散结构，使网络失去了严格意义上的管理控制中心，导致了各种类型的文化、意识形态、价值观念、生活准则、道德规范均可在网络空间找到立足之地，并且可以便捷流动和传播。网络成为多元文化的交汇处，多元文化之间相互影响。其影响的直接表现在于价值取向发生着由一元到多元的改变。网络造就了天生的平等派和自由思想精神，这为人的个性自由的充分、平等、发展，为个人实现自身价值提供了新的生存环境。同时，市场经济作为一种多元主体经济，它以经济活动的主体，价值主体的多层次、多样化、多元化为前提，全方位的社会变革，打破了原有的价值观念体系，不同价值主体意识的强化，形成了一种价值取向多元化格局。"一元"与"多元"的价值取向看似是一对矛盾，但如果我们辩证地去分析，就会发现两者之间并非不可调和。这是因为：首先对于社会政治稳定与发展而言，主导的、主流的价值取向不可或缺、不容置疑；其次强调主流与主导并不是对非主流与非主导的绝对排斥和抹杀；其三，多元并非必然导致主流与主导的缺失，社会体系仍然

需要主流与主导，其发展的必然则是要实现"一元主导"与"多元并存"的辩证统一。

（二）虚拟性与现实性的统一

网络空间的虚拟性是其基本特征，但这并不意味着虚拟是对现实的简单超越或者超脱，从某种意义上说，虚拟与现实之间存在着必然的联系，现实是虚拟产生的本源，虚拟是现实的反映和延伸。对于基于网络的政治社会化而言，其价值取向并未脱离现实而独立存在，事实上也不可能脱离现实而存在，而是体现着现实社会政治体系核心价值规定性以及个体存在于现实社会生活的基本价值需求，否则就是无源之水、无本之木，也就没有什么现实意义可言。因此，无论是网络空间所承载的政治社会化功能，还是现实社会中的政治社会化价值追求，最终都要实现政治社会化的基本目标，也就是实现从"自然人"向"政治人"的转化。其主要区别在于在网络中"自然人"往往是以网民的身份出现的，其身份具有显著的双重性特征，是虚拟与现实的有机统一体，本质上依然是现实人的存在，并无法离开现实社会而独立存在。因此，基于网络的政治社会化价值取向是虚拟性与现实性的有机统一。

（三）适应性与冲突性的统一

基于网络的政治社会化本身具有空间拓展性、信息交互性、过程复杂性、成效非稳定性、互动有效性、方式"在线化"等显著特征。[①] 网络政治社会化的价值选择与追求既要适应网络空间的政治文化传播的基本特征，又要正视网络空间与现实社会的适应性和冲突性。其适应性表现为两个方面：一方面，网络政治社会化必须适应互联网络自身发展的基本特点，顺应网络政治社会化的基本规律；另一方面，网络政治社会化又必须遵循社会成员政

---

① 李斌：《网络政治社会化的涵义、特点及影响因素》，《理论导刊》2014 年第 4 期。

治社会化进程中的一般规律。与此同时，由于网络政治社会化主体地位的平等性、自主性和虚拟性，以及网络空间的开放性等特征，将导致网络政治社会化价值取向与现实政治体系所期待的政治社会化价值目标的差异性，有时甚至可能是相互冲突的。例如现实社会中所追求的公共利益最大化、维护社会公平、培育高尚政治人格与网络空间中追求的个性化、自由化等价值追求，必将产生矛盾与冲突。这种冲突在网络政治社会化进程中往往表现为异质意识形态与主流政治文化的冲突和对立，最终导致网络成为意识形态斗争"没有硝烟的战场"。但是，事物发展总是在矛盾运动中不断获得适应性的。因此，牢牢把握意识形态战场主动权，实现适应性与冲突性的辩证统一就显得尤为重要。

（四）自我性与从众性的统一

基于网络的政治社会化价值选择的自主性和自我性是不言而喻的，这与网络自身的结构特征密切相关。网络赋予了主体天然的主体地位，"人人都是麦克风"、"我的地盘我做主"，每一个网络主体都是自我需要追求和个体利益诉求的直接表达着，现实社会中的种种自我隐秘均可以在网络中得以体现，如同带上"面具"现身于网络空间中一样，可以摒弃在现实社会中的种种"顾虑"和"忌惮"，在互联网的大墙上"任意涂鸦"，彰显了价值选择与追求的自我性和自主性。与此同时，网络本身最显著的特征在于共享和互动，共享与互动一方面扩大了网络主体的信息来源和途径，似乎表现出无可争议的平等性；但另一方面，共享与互动又并非是完全自主、自觉的。掌握更多信息资源的网络主体又总是处于"信息强势"地位，当价值取向与判断面临信息选择困境时，处于"信息强势"地位的网络主体总是会引领网络舆论导向左右舆论倾向，或者出现"群体极化"现象，或者出现从众行为。特别是在政治社会化价值取向选择面临"举棋不定"时，各种信息"大咖"的言行将直接影响受众的价值选择。网络政治社会化价值取向正是在自我性与从众性矛盾运动中不断向前发展的。

（五）解构性与重构性的统一

从一定意义上说，政治社会化实质上就是政治文化的传承与创新过程。网络对于政治社会化价值取向的影响直接表现为对政治文化的解构与重构。网络构建了一个全新的符号化、影像化、超文本化的虚拟实在，改变着传统意义上语言的呈现方式及其表达方式，开启了新的交往模式、社区群落和政治文化生态。网络解构着传统政治文化的内容体系、传播方式、信息载体、传播途径以及价值形成逻辑。通过网络媒介所传播的数字化的概念和符号，受众可以便捷地获取现实社会的政治文化信息并据此产生新的价值判断，网络政治主体间的互动交流愈加频繁，价值取向差异性愈加显著，客观上造成政治文化结构体系、内容体系、价值体系等产生新的变化。然而，这种解构性的变化并不意味着终结，而是面临着一种全新的政治文化体系的重构。正所谓"不破不立"，破为破中立，立为立中破，网络在解构传统政治文化结构体系的同时，意味着一种全新的网络政治文化体系重构与转型进程的开启，重构与重构的基本方向在于建构起"一元主导"与"多元并存"式的"和而不同"的政治文化价值体系。

（六）主动性与制约性的统一

政治社会化总是个体行为趋向于满足一定的价值需要（价值判断、价值追求）为出发点和基本动力的，离开了政治价值需要，政治社会化本身也就失去了目标和动力。正如马斯洛的需求层次理论所指出的，个体成长发展的内在力量是动机，而动机则是由多种不同性质的需要所组成的，各种需要之间，有先后顺序与高低层次之分，每一层次的需要与满足，将决定个体人格发展的境界或程度。在生理需求、安全需求、社交需求、尊重需求、自我实现需求五个层次的需求中，自我实现需求为最高层次的需求，也可以理解为价值实现的根本要求，这种价值实现的需求反映为个体政治社会化的主动性和能动性根源。由于网络赋予社会成员以平等、自主的特性，社会成员的自主性意识得以彰显，对于自身社会化进程中的价值需求表现出显著的独立自主特征。只是在网络空间，这种价值追求内涵更为丰富，形式更为多样，方式更为便捷。例如对"精神价值"的追求、对"技术型"政治权力的追求、对实现社会公平正义的价值追求等。但是，在实现个体价值需要和追求的过程中，个体并非是为所欲为和毫无限制的，人作为社会人，必须受到社会环境和制度的制约。即使是在貌似"虚拟""自由""平等"的网络空间也概莫能外。简言之，"自由"与"平等"并不意味着盲目或为所欲为，归根结底源自是对自我实现价值的追求。网络政治社会化的价值取向又具有显著的社会制约性。一方面，个体政治社会化的价值取向总是受到一定社会的生产关系和生产力发展水平的制约，同时也受到社会政治经济制度、文化传统等其他因素的制约，受到社会环境以及社会与个体间关系、性质、制度等方面的制约，这种制约是客观存在的且影响政治个体社会化全过程。政治、经济制度决定政治社会化的性质，决定着政治社会化的方向，体现着社会政治体系乃至整个社会的总体价值取向。另一方面，网络本身是现实社会的拓展和延伸，网络本身具有显著的"公域"特征，并非"法外之地"，必然要受到现实社会基本规则的制约。基于网络的政治社会化过程就是个体政治价值选择与社会政治价值取向的辩证统一过程。因此，只有把握政治社会化的基本规律，并结合网络时代政治社会化的特性，才能有效促进政治社会化的健康发展。

总之，信息时代，网络作为政治社会化的价值取向传播载体和中介，将日益凸显其独特作用。基于网络的政治社会化价值取向既是现实社会政治社会化价值取向的反映，也是承载虚拟世界价值取向与现实社会价值取向的结合体，表现出有别于传统政治社会化价值取向的显著特征。具体表现为主导性与多元性、虚拟性与现实性、适应性与冲突性、自我性与从众性、解构性与重构性、主动性与制约性的辩证统一。

三、政治认同：网络政治社会化核心价值取向

政治认同是人们在社会政治生活中产生的一种感情和意识上的归属感，

是把人们组织在一起的重要凝聚力量[①]，政治认同与社会以及个体的价值取向密切相关。一方面，政治认同的价值取向本质上是由社会政治体系所主导的一系列价值观念和思想体系的集中反映，体现了社会共同的政治价值目标、标准与评价；另一方面，政治认同的本质是作为社会成员的个体在政治认知基础上，对所属政治体系及其所倡导主流政治文化的认可和支持、归属和依附，并由此产生的对政治系统和政治生活的价值判断和行为表现，是社会成员心理活动过程，也是社会成员参与社会实践的过程及结果。

社会成员之所以会对特定的政治体系及其所主导的政治文化产生认同感，究其原因就在于政治体系的设计与运行所体现和蕴含的基本价值目标。例如公正、正义、平等、自由等价值目标，以及政治制度、道路、理论、文化的价值判断和追求。体现了一般意义上的政治社会化价值取向，以及对特定历史、国家、社会政治社会化的价值目标追求，具有显著的普遍性与特殊性有机统一的历史必然性。

基于网络的政治社会化进程虽然存在历史背景、实现途径、依托载体等特殊性，但依然遵循政治社会化的普遍规律性和适应性。主要表现在政治认同是政治社会化的核心价值取向。从社会政治体系的角度看，政治认同本身就是社会政治体系所推崇和倡导的政治文化价值取向传播过程；从社会成员个体角度看，政治认同就是个体与社会政治系统互动过程中认知、认同、内化、传承、践行社会主流政治价值观的过程，是两者之间共同作用的有机整体。显而易见，政治认同契合社会政治体系的政治价值目标，体现了个体对社会政治体系的认同和追求，以及个体价值取向与社会价值取向目标的有机统一。尽管基于网络的政治社会化主体、载体、形式、方式表现出一些新的特点，但其核心价值取向值的规定性始终如一，是主体、客体、环体相互作用的结果。

政治认同与政治社会化相伴而行。在信息时代，人们通过对网络政治信

[①]　《中国大百科全书·政治学》，中国大百科全书出版社1992年版，第501页。

息的接收、认知和积累，逐步形成对政治系统所倡导的主流政治文化价值认知、选择、判断，并在此基础上，形成对政治系统相应的评价规范和标准接纳、认同、内化，进而实现主观见之于客观的对象性活动，借助观念形态达成预设行为的目标，最终完成从"自然人"向"政治人"角色的转化过程。当个体逐步形成政治人格，完成"政治人"的转化后，仍需要持续不断的再社会化过程，不断地接受与更新个体已有的价值取向。个体通过政治认同不断深化价值取向，在与社会政治体系的互动中修正和改造个体的价值内容。① 在信息时代，在推进"自然人"向"政治人"的转化过程中，网络政治社会化无疑具有十分重要的社会教化功能和信息引导功能，促进着社会成员对主流政治价值观的认同，维系着社会政治统治系统的稳定与发展。也可以说，基于网络的政治社会化过程，体现了现实社会政治体系核心价值规定性与个体存在于现实社会生活的基本价值需求的统一，是主客体政治关系的双向演进和发展过程。

政治认同是基于网络的政治社会化核心价值取向。政治社会化价值取向具有多层次、全方位、立体化内涵，既有个体层面、社会层面的价值目标，亦有宏观层次、中观层次、微观层次的价值追求，还有纵向体系和横向体系之间的价值选择。但由于政治社会化本身质的规定性，一个极为重要的核心价值就在于"政治认同"。离开了政治认同，政治社会化就会成为"无本之木"，这也是由政治社会化根本任务和目标所决定的。从这个意义上说，没有形成政治认同的网络政治社会化是没有实际意义的政治社会化，实施网络政治社会化的核心目标在于确立坚定的政治认同。

这是因为，政治社会化的基本要义在于通过社会教化，使社会成员对社会政治系统所主导的主流政治文化产生理性认识，并反映在社会成员所持有的政治价值立场、价值态度以及所表现出来的基本价值倾向和特定价值方向等一系列价值选择行为中。网络作为政治社会化的价值取向传播载体和不可

---

① 王梅：《社会转型与政治社会化的价值取向》，《宁夏社会科学》2007 年第 2 期。

或缺的中介，为社会成员构建了一个更为广阔的政治价值观的认同空间，一旦社会成员在政治观念的内化过程中认同了某种政治文化价值，就会遵循其内容规范，并在各种实践活动中保持行为与政治文化价值规范的一致性，进而维系政治体系的稳定与发展。即使是在自我性与主动性存在差异的网络时代，如果缺乏具有普遍意义的理性价值约束和引导，依然可能面临选择性困境、从众性干扰、规范性缺失和权威性弱化等无序状态，这是任何一个政治体系所难以接受的。当主体价值选择呈现多元化，而政治体系又缺乏及时的价值导向时，多元化的个体价值选择就可能被网络上某一时期出现的某种错误观念和选择所左右，"价值失范"也就随之出现。

政治认同是理性约束和价值引导的统一体。政治认同中的价值取向反映了社会的共同价值理念和社会成员的政治诉求，从根本上决定着公众的价值认同状态，在唤起民众对政治体系的认同、支持和服从中起至关重要的作用。政治认同价值本质规定性决定了必须保持主流价值观主导地位。因此，通过政治认同，可以使社会成员聚集在主流政治价值观的旗帜下，发挥统一和整合效应，在整体利益及政治价值认知的基础上，展示社会成员命运与共的政治价值追求。

政治社会化的基本目标在于维系政治统治系统的延续。在网络信息时代，新旧政治价值观处于"破"与"立"的矛盾运动之中，主流政治价值观的确立只有通过各种政治社会化途径在社会成员中达到广泛的支持、认可与认同，才能够在信息网络时代总体上统摄社会成员的价值取向，使个体的价值目标达到政治系统所倡导的一致性，对个体的政治思想观念和行为方式产生一定的导向性和约束力，进而促进社会政治的稳定和发展。如何正确处理价值取向的"一元主导"与"多元并存"的关系问题，就成为能否真正实现政治认同目标的关键所在。

因而，基于网络的政治社会化价值取向，必须以政治认同为核心着力点和基本目标。只有在认同社会政治体系及其所倡导的主流政治文化的基础上，实现社会价值取向和个人价值取向的统一，自觉内化为社会成员的内心统一价值，外化为社会成员的行为习惯养成，在政治社会化实践中不断发展，才能有效维系政治统治系统的延续。

总之，信息时代，网络作为政治社会化的价值取向传播载体和中介，将日益凸显其独特作用。基于网络的政治社会化价值取向既是现实社会政治社会化价值取向的反映，也是承载虚拟世界价值取向与现实社会价值取向的结合体，表现出有别于传统政治社会化价值取向的显著特征。具体表现为主导性与多元性、虚拟性与现实性、适应性与冲突性、自我性与从众性、解构性与重构性、主动性与制约性的辩证统一。培育笃定且持久的政治认同是基于网络的政治社会化的核心价值取向。

第五节　网络政治社会化的机理

网络政治社会化的机理是指基于网络的政治社会化进程中各要素之间的相互关系、运行过程及其形成的综合效应和运行原理，反映了网络政治社会化的基本规律。探讨机理问题是实现网络政治社会化健康发展的关键所在。客观地说，网络政治社会化既具有一般意义上政治社会化的基本规律，同时又表现出适应网络时代特征的独特内涵。

一、利益追求：网络政治社会化的基本动力

政治社会化过程是实现社会教化与个人内化对立统一的过程。社会教化和个人内化既对立又统一，构成动态的社会政治互动过程，存在于社会与个人的交互作用之中。[①] 没有社会的教化，便谈不上个体内化；没有个体的内化，社会教化也就不可能实现。同理，网络政治社会化的基本动力蕴含于社

---

① 李元书、杨海龙：《政治社会化的动力机制》，《北方论丛》1998 年第 4 期。

会政治互动过程中的一系列矛盾运动之中，作为政治社会化的重要方式之一，基于网络的社会政治互动贯穿政治社会化过程始终，其中社会政治体系的整体价值追求和社会成员个体的利益追求成为网络政治社会化的基本矛盾，是网络政治社会化的基本动力。

从社会教化的角度看，政治社会化是社会政治体系将国家、社会所倡导的政治文化以群体价值为取向的形式在社会成员中传播的过程，其主要目的在于维持特定的政治体系或者建立新的政治体系。政治社会化从根本上说是统治阶级为了维护其政治统治在特定的理论指导下通过一定的渠道将其政治文化传授给其社会成员的过程。其本质是政治体系包括国家、政党、政治社团等有目的地将该政治体系所确认的政治思想、观念、意识、行为方式等传授给社会成员，使他们形成特定的政治心理、政治信念、政治价值观，并使他们产生政治共识，规范政治行为。显然，维护政治统治、形成政治认同、维持政治稳定就成为政治体系的基本价值取向和根本利益追求。在信息时代，尽管政治社会化的途径、手段、载体、形式、环境等发生了新的变化，但其基本价值取向并未发生变化。

从社会成员个体层面看，政治社会化是个体通过学习和实践获得有关政治体系的知识、价值、规则和规范的过程。通过这种学习和实践，使一个自然的人转变成为一个具有一定政治认知、政治情感、政治态度和政治倾向的社会"政治人"的过程。马克思主义的政治参与观认为，人们之所以参与政治，是建立在切实的物质利益基础之上的，"人们奋斗所争取的一切都同他们的利益有关"。"利益"不但包括通常意义上的物质利益和经济利益，还包括对公共权力的追求和对"私权力"的追求，以及对"精神"利益和"技术型"政治权力的追求。特别是在网络时代，网络政治参与主体主要由网民和网络共同体构成，网络赋予网民和网络共同体以更多自主、自由地维护和表达自身利益诉求的机会，客观上"鼓励"着网络政治参与主体的政治参与行为，甚至，在某些时候，即使其参政目标未必与自身利益"直接"相关，他们也将不会因此而放过网络给予他们的参政机会，积极参与社会政治生活。

"精神"追求表现尤为突出。网络本身具有虚拟和实在两重性，一方面网络空间具有虚拟性，不是实实在在的物理空间，它"看不见，摸不着"；另一方面它又是现实空间的延伸和反映，网络成为联系现实空间和虚拟空间"实实在在"的桥梁和纽带。网络自身的特殊性，导致了网络政治参与凸现"精神"追求的特征。我们经常可以在网络中看到，网民在网络上的参政行为表现为对"精神"愉悦和满足的追求，即使网民的参政行为未必引起参政客体或其他网民的广泛关注和支持，依然不能扼杀其对"精神"满足的追求。这种"精神"追求产生的参政效果可能有两种结果，一种是淹没在网络空间浩瀚的信息海洋中，无声无息地消失；另一种可能是引起广大网民的支持和共鸣，汇聚成一股信息巨浪，直接影响现实社会的政治生活和人们的政治行为。不论是前者，还是后者，网络政治参与动机中，对"精神"的追求均表现得尤为突出。

二、信息传播：网络政治社会化的前提基础

从本质上说，政治社会化是政治文化信息的传承过程。在政治文化的传承过程中，从个体层面，表现为对主流政治文化的认知、认同、内化与外化，从社会层面，表现为对主流政治文化的传播、强化与灌输。其前提和基础在于政治文化信息的传播与认知。简言之，均需要将大量的各种各样的政治文化信息传递给每个社会成员，并经其筛选、判断、处理，然后内化为社会成员的情感、态度和信仰，最终实现政治社会化的终极目标。因此，从一定意义上说，没有政治文化信息的传播也就没有政治社会化成效的实现。

在信息时代，网络媒体的宣传是政治文化信息传播的重要途径，网络不仅可以传播政治文化，使民众形成主流政治意识，而且在改造和趋同政治文化等方面具有独特的功能。政治文化的传播是通过一定的政治社会化媒体发挥作用的方式来实现的。大众传媒是承担这一功能的重要角色。大众传媒传播政治文化包含了横向传播和纵向传播两个方面。从横向传播来看，大众传

媒向整个社会范围传播一定的政治文化。一般说来，同辈群体、职业群体主要是在群体范围内传播一定的政治亚文化，而大众传媒主要是向全社会传播主流的政治文化。从纵向传播来看，大众传媒总是通过各种方式不断地向下一代传播、灌输政治文化，以实现政治文化的代际传递，保持政治文化的延续性。新的一代也正是通过接受政治文化而进入政治体系，成为政治体系的一员。在此过程中，政治文化信息的传播构成了政治社会化的前提和基础。网络对于政治文化信息的"超级"传播能量不言而喻。

三、政治文化：网络政治社会化的持续动力

政治社会化本身就是政治文化的传承与创新过程。伴随网络社会的兴起和社会结构的转型，新的政治现象层出不穷。一方面，网络承载着传播新型政治信息、政治文化的功能，在政治文化的传承过程中潜移默化地影响着个体的政治社会化进程；另一方面，网络空间成为各种政治文化的交汇点，各种异质的政治文化在网络空间中相互激荡、碰撞、交融，其结果是实现了各种政治文化的整合和转型。网络政治社会化正是在政治文化传播、整合、改造、创新中实现发展的。换言之，政治文化的传播、整合、改造、创新为网络政治社会化提供了源源不断的动力。

首先，网络作为一种新型大众传媒具有强大的传播、整合、改造乃至创新政治文化的功能。尽管从一般意义上说，一种政治文化一经形成就具有相对稳定性，但这并不意味着政治文化本身是一成不变；相反，政治文化也会随着社会历史进程的变迁实现新的发展。在发展迅速、变化显著的信息时代，新的政治文化因素的生成十分明显，尤其是在巨大的社会变革的情况下，新的政治文化因素的生成显得尤为突出，甚至日新月异。这些适应于社会变化的新政治文化因素都会通过网络这个新型且作用日趋增强的政治社会化媒介而得到广泛传播。一旦新的政治文化因素被人们接受并具有一定程度的普遍性时，它就演变成为一种全新的政治文化体系，形成对传统政治文化

的解构和重构。特别是当一个新的政治体系取代一个旧的政治体系以后，新的政治体系总要对原有的政治文化进行革故鼎新，通过各种政治社会化媒介，改造旧的政治文化，传播新的政治文化，培养支持新政治体系的政治人格，实现政治文化的全面创新。即使在同一政治体系内，政治体系要实现自我调整也必须通过政治社会化媒介改造原有的政治文化，实现政治文化的一定程度的创新。

其次，网络政治文化是网络时代政治文化创新与发展的结果。显然，网络政治文化更加贴近信息时代网民的网络生活，更加容易为网民所接受。在这一过程中，新型的网络政治文化逐步反映了广大网民对网络政治生活的需求，网民在网络政治生活中逐步接受新型网络政治文化的熏陶，客观上促使网民在掌握尽可能多的信息的情况下，综合各种政治文化，对自身的政治观念和政治行为做出理性判断和调整，进而促进政治认同培育的持续进行。

最后，网络还具有融合各种异质政治文化的功能。由于社会、地域、语言等因素的影响，在同一政治文化体系中，形成了不同结构的政治文化，即形形色色的亚政治文化。无论一个社会多么发达或多么落后，其政治文化都不可能是清一色的，特别是网络时代，政治社会化本身并不能脱离政治文化发展变化的趋势，而必须主动适应政治文化内涵及结构的变化，网络为政治文化的变化创设了新的环境，提供了更为广阔的空间，也注入了源源不断的动力。政治社会化是贯穿个体的整个生命周期的持续不断的发展过程。社会成员只有不断完善自己的政治知识结构，树立政治价值标准和行为规范，才能适应不断发展中的政治环境。

四、网络互动：网络政治社会化的实现机制

政治社会化本身就是主体与客体之间相互作用的过程。这种互动既表现为各层次主体之间的互动，即网民之间、网民与网络共同体之间、网络共同

体之间的互动，其互动的目的在于通过便捷及时的互动交流达成共识，形成"舆论场"，再指向客体；也表现在主体与客体之间的互动，也就是网民、网络共同体与社会政治体系之间的互动。互动的结果一方面强化了主体与客体之间的联系，另一方面也强化了政治社会化的效果。从一定意义上说，网络互动的有效性直接关系政治社会化的成效。网络特有的信息互动与信息共享方式，可以有效提升信息交流的效率和水平，离开了网络互动，基于网络的政治社会化的作用和效果就会减弱，而实现充分的网络互动，政治社会化的效果就会倍增，网络互动成为政治社会化形成的"助推器"。由此可见，互动既是网络空间信息交流的最显著特征之一，也是网络政治社会化目标得以实现的基本机制。

五、虚拟实践：网络政治社会化的有效途径

正所谓"实践出真知"，实践是认识的来源，是认识发展的动力，是认识的最终目的，也是检验认识正确与否的唯一标准。政治社会化的实际效果，在很大程度上来自社会成员的政治实践，也必须从实践中得到并到实践中去检验。网络给网民提供了更为广泛的政治实践平台和更多的政治实践机会。例如利益表达、网络选举、网上投票、网上论坛等，使网民可以"足不出户"领略政治参与的过程和心理感受，体会畅所欲言的民主氛围。网民还可以通过电子政府，以及电子政务平台与政府及其工作人员进行"政治接触"，评价政府工作，从而在线上与线下的政治实践中习得政治技能。相对于传统意义上的政治实践，网络政治实践的平等性、自主性更加突出。从一定意义上说，网络上的政治实践活动有利于政治社会化水平的提高，也有利于强化政治社会化的效果。

值得注意的是，由于网络的虚拟性特征，网络上的政治实践活动往往带有虚拟政治实践的性质，具体表现为实现主体的虚拟性和实践场域的虚拟性乃至实践方式的虚拟性等。网络中的虚拟政治实践，既有实实

在在政治实践的影子，又深深地打上了虚拟的烙印。虚拟政治实践所取得的政治经验也许未必符合主流政治文化的发展方向和社会政治体系所期望的政治社会化目标，从而可能导致有悖于政治社会化主导价值取向的真正目的。但是，对于参与政治实践的机会、途径相对有限的公众而言，网络所提供的政治实践机会是更为广泛且平等的，参与的"获得感"也是"所见即所得的"，网络上的虚拟政治实践无疑成为网民政治社会化的有效途径。

六、网络媒介：网络政治社会化的有形载体

作为一种全新的大众传播媒介，网络具有传统传媒无法比拟的优势，发挥着传统媒体不可替代的作用。实时互动、异步传输的技术结构实现了低成本大范围信息便捷化的传递，信息传播从单向到交互的质变，创造了崭新、平等、自主、弱中心的信息空间。信息数量的急剧增长使网络能够广泛而强烈地影响当今社会，影响人们的思想和行为。

网络在传播政治信息、营造政治环境、进行政治实践，促进公民政治社会化进程中发挥着极其重要的作用。网络能够直接地、迅速地把各种政治信息、政治活动与政治事件传播给受众，成为公众重要的政治信息来源之一。这些政治信息中所包含的许多直接的或间接的政治内容就潜移默化地给公民政治社会化以深刻的影响。这种影响一方面是通过网络上广为传播的重要政治事件、政治信息吸引公众的注意力，强化他们的关注度来影响公众，引导社会成员政治心理的发展方向；另一方面是通过占据相对强势的地位，符合政治系统政治价值取向的政治文化引导和左右网络舆论，从而影响和塑造人们的政治情感、政治认知、政治态度、政治评价与政治抉择。这种对于社会公众的"信息灌输"常常使人们自觉或不自觉地接受下来，形成某种特定的政治倾向和政治态度，使网络媒介成为网络政治社会化不可或缺的有形载体。

七、政治认同：网络政治社会化的价值目标

政治社会化的核心价值目标在于使社会成员树立牢固的政治认同。这是由于政治认同的价值取向观念反映了社会的共同理念和社会成员的政治诉求，从根本上决定着公众的价值认同状态，是政治社会化的价值认同资源，在唤起民众对政治体系的认同、支持和服从中起至关重要的作用，也是政治社会化的核心目标和意义内核。政治认同的价值取向，从来都是在社会个体和社会政治体系的互动中获得自身质的规定性的。从社会政治体系的角度看，政治认同本身就是社会政治体系所推崇和倡导的政治文化价值取向传播过程；从个体看，政治认同就是个体与社会政治系统互动过程中认知、认同、内化、传承、践行社会主流政治价值的过程，是两者之间的共同作用的有机整体。政治认同的价值取向是由社会政治体系所主导的一系列价值观念和思想体系构成的，体现了社会共同的政治价值目标。在网络时代，由于网络的开放性直接导致网络空间的价值取向多元性，但政治认同的核心价值的本质规定性决定了必须保持其主导地位，也必然成为政治认同的逻辑核心。如何正确处理价值取向的"一元主导"与"多元并存"的关系问题，就成为能否真正实现政治认同培育目标的关键问题。

八、自由全面发展：网络政治社会化的终极目标

人的自由全面发展是社会发展的核心和最高目标。这是马克思主义关于人的本质、人与社会的关系以及人类社会发展目标的科学概括。马克思在《关于费尔巴哈的提纲》中写道："人的本质不是单个人所固有的抽象物，在其现实性上，它是一切社会关系的总和。"[①]在马克思主义看来，社会发展的核心是人的发展，离开了人的发展就谈不上社会的发展，不可能有离开人

----

① 《马克思恩格斯选集》第 1 卷，人民出版社 1995 年版，第 18 页。

的、与人相对立的、外在于人的社会。正如马克思所说的那样:"人们的社会历史始终只是他们个体发展的历史,而不管他们是否意识到这一点。他们的物质关系形成他们的一切关系的基础,这些物质关系不过是他们的物质的和个体的果冻所借以实现的必然形式罢了。"① 显然,马克思、恩格斯所论述的人的全面发展问题并不是一个空洞孤立的问题,而是与社会经济发展相统一的过程。人类社会的历史是自己创造的。离开了人的活动,就不可能有社会发展的历史。人既是社会存在和发展的前提,也是社会发展的目的;人既是社会历史活动的主体,也是社会历史活动的客体,是主客体的统一。马克思主义发展观是以人的解放和全面、自由地发展为最高理想的。人的全面发展,就是符合人的本质和需要的发展,就是让每个人的创造能力和价值得到充分的体现。这正是马克思、恩格斯所描述的未来共产主义社会的基本特征。马克思主义强调人的发展与社会发展的统一,认为社会发展的最高目标是人的全面发展。

马克思主义关于人的全面发展学说为我们正确认识网络政治社会化问题提供了科学理论遵循,它给予我们的一个基本启示和结论就是实现人的全面自由发展是网络政治社会化的终极目标,这是因为实现社会发展的核心在于实现人的自由而全面的发展,人既是社会存在和发展的前提,也是社会发展的目的,人的全面自由发展是衡量社会发展的最高标准。换言之,网络政治社会化的根本目标就在于实现人的自由而全面发展。但是,人的全面发展并非自然而然,离不开一以贯之的社会实践,也离不开有目的的社会化活动。也就是说,实现人的全面发展又离不开政治社会化进程,政治社会化是实现人的全面发展的基本路径之一。

人的自由全面发展是人生存发展的理想状态。人的自由而全面的发展实际上就是人的社会关系的全面发展。它包含两个层面的含义:就整个人类社会而言,人的全面发展实质上强调的是人的社会化程度,即整个人类社会在

---

① 《马克思恩格斯选集》第 4 卷,人民出版社 1995 年版,第 321 页。

经济、政治、文化各方面的全面发展，社会物质文明和精神文明的高度而又协调的发展。作为个体的人而言，强调的是人在各方面的全面发展，物质生活和精神生活的全面而协调的发展，世界观、人生观、价值观的全面发展，身体素质和心理素质的全面发展，人格、智力、能力、体力和创造力的全面发展，等等。当然也应当包括人的政治发展能力。从政治社会化的目标看，政治社会化本身就是致力于培养合格的政治人，奠定人的政治发展能力和基础，从社会发展的价值取向看，实现社会发展的目的就在于实现人的全面发展，并通过人的全面发展促进社会的发展。从这个意义上说，人的全面发展与社会的发展是有机统一的。这里需要指出的是，人的发展和社会发展同任何事物一样，是一个永无止境的过程，发展无止境，政治社会化亦无止境。

第二章　网络政治社会化相关关系及影响

政治社会化伴随着社会政治进程和人的发展全过程，必然与社会政治生活产生密切联系。网络政治社会化作为信息时代的新生事物，尽管有其特质，但并不能脱离现实社会政治生活而独立存在，也必然与特定历史时期的政治文化、意识形态、社会思潮、政治参与、政治稳定、政治发展密切相关，深入分析它们之间的关系及影响，对于我们深入理解网络政治社会化问题具有重要价值。

第一节　政治文化与网络政治社会化

政治社会化与政治文化的密切联系是不言而喻的，一方面政治社会化本身就是政治文化的传承过程和存在方式，另一方面政治文化是政治社会化的核心内容，政治社会化是政治文化传承与发展的外在表现方式，政治文化的功能也是通过政治社会化来实现的。

一、政治文化与网络政治社会化的关系分析

政治社会化过程总是在一定的社会政治文化基础上进行的。政治社会化过程本身就是政治文化传承的过程。阿尔蒙德和小 G. 宾厄姆·鲍威尔认为："政治社会化是政治文化形成、维持和改变的过程。每个政治体系都有某些执行政治社会化功能的结构，它们影响政治态度，灌输政治价值观念，把政

治技能传授给公民和精英人物。"① 在社会成员政治社会化的过程中，政治信息的传递、政治文化的传播都需要一定的渠道和媒介。例如家庭、学校、社会团体、工作场所、大众传播媒介、选举和其他政治活动场合、民间组织等等。一定程度上可以说，政治社会化的过程就是政治文化传承与延续的过程，特定的政治社会化媒介形成特定的政治文化环境，并承载着特定的政治文化要素。政治社会化的基本目标在于传承政治体系所倡导的政治价值、政治思想、政治信念、政治规则规范和政治行为模式。正是通过政治社会化，政治文化才能得以维持和延续。可见，政治社会化与政治文化密切相关。

一方面，从社会成员个体的角度讲，网络政治社会化是社会成员通过在现实社会和网络空间交互式、穿越式的互动中学习和实践获得有关政治体系的知识、价值、规则和规范的过程，通过这种学习和实践，一个自然的人转变成为一个具有一定政治认知、政治情感、政治态度和政治倾向的社会政治人；另一方面，从社会整体的角度讲，网络政治社会化是一个社会将政治文化（普遍的政治知识、价值、规则和规范等）通过网络媒介途径广泛传播的过程，通过这种网络传播，社会成员之间以独具网络特质的方式将所承载的政治认知、政治情感、政治态度和政治倾向传递社会成员。可见，网络政治社会化过程本质上也就是政治文化的传播、维持和发展的过程，政治文化的传承与发展则是网络政治社会化的基本目标，实质上是一个问题的两个方面，两者密不可分。

二、网络政治社会化：政治文化的解构与重构

互联网作为一种全新的、与传统媒介完全不同的政治社会化媒介、载体，引发了网络政治社会化新模式的突现，不仅解构着传统政治文化的基本

---

① ［美］加布里埃尔·A.阿尔蒙德、小 G.宾厄姆·鲍威尔：《比较政治学——体系、过程和政策》，曹沛霖等译，东方出版社 2007 年版，第 83 页。

要素，也在不同层面上重构着政治文化创新发展的崭新图景，政治文化面临着解构与重构的有机融合，使得政治社会化朝着"现实社会化"与"虚拟社会化"有机结合的方向发展。面对"现实"与"虚拟"两种社会化间的相互影响，将导致政治文化环境、思维、民主观、发展观、治理模式等要素的解构和重构，进而建构起一种功能完整与体系完备的新型社会化整合机制，实现两种社会化相互协调和有效对接，促进社会成员政治社会化在"现实"与"虚拟"互动中实现全面发展的新路径。

（一）政治文化发展环境的解构与重构

政治文化的传承与发展总是以一定的社会经济发展为基础的。正如马克思主义基本原理所指出的经济基础决定上层建筑，上层建筑反作用于经济基础。作为由政治意识形态、政治价值观、政治心理等要素构成的政治文化属于上层建筑的范畴，必然由一定的社会经济基础所决定。人类社会发展的历史阶段不同，经济发展的状况必然有所不同。随着世界经济全球化、社会信息化、网络开放化步伐的不断加快，经济增长方式、结构调整步入新常态，信息技术的广泛应用，推动了生产、管理和营销模式变革，重塑了产业链、供应链、价值链，改造和提升着经济发展的传统动能，使其焕发出新的生机与活力。经济增长方式的新变革必然在上层建筑领域有所体现，其中一个重要的方面就在于对政治文化、政治社会化产生深刻影响。这种影响的首要表现就在于政治文化发展环境的解构与重构。

网络对于政治文化发展环境的影响可以从国际和国内两个视角来分析。从国际环境看，经济全球化、社会信息化、网络开放化带来的直接影响是国际政治格局的新变化。首先是国际政治特征的新变化。由工业时代国家权力基础为主向国家实力为主演进、由霸权主义向民主化潮流演进等。其次是国际政治结构的新变化。由个别国家试图主导世界政治向平等化、多极化演进，国际政治结构日趋丰富多彩，国家实力结构、文化软实力军事实力结构和国际地位结构正在发生新变化。最后是国际政治互动的新变化。既有以权力和利益为基础的国际政治互动，也有更为广泛的冲突与合作交互影响，体现出国际政治互动的多层次性特点，国际政治互动的强权政治和分散化趋势同时存在。从国内环境看，最为突出的表现在于改革进入"深水区"，政治改革朝着全面深化改革、全面依法治国、全面从严治党，实现国家治理体系与治理能力现代化的方向发展。网络带来的直接影响表现在社会政治主体意识的不断强化，政治信息交流互动空间的进一步拓展，以及政治参与方式的更加多元，政治文化交融更加多样化与激荡更加频繁。

国际国内发展环境和信息时代的新变化在政治文化方面的表现主要是：解构着传统政治文化一元化发展格局，重构着一元主导向多元并存转化发展格局；解构着传统政治文化传单向传播为主途径，重构着多向互动转播转化途径；解构着传统政治文化从属型特征，重构着参与型导向转化特征；解构着政治社会化"现实社会化"方式，重构着"现实社会化"与"虚拟社会化"有机结合转化方式；解构着政治文化发展相对封闭、被动环境，重构着更加开放、主动的发展环境和空间。

（二）政治认同的解构与重构

政治认同是人们在社会政治生活中产生的一种感情和意识上的归属感，是政治价值取向的集中反映，也是政治文化的核心内容之一。政治认同的培育和养成、政治文化的传承和创新又离不开政治社会化的进程。但是，在信息时代，由于网络政治社会化的独特功能和机理，改变着政治认同的产生和培养方式、逻辑和展现方式，解构和重构着政治认同的基本结构和内涵。

政治认同与人们的心理活动、所处的政治环境、政治社会化的进程等密切相关，是人们在一定的社会联系中确定自己的身份、归属、行为倾向的表现，体现了社会成员关于国家、社会、民族相对稳定的共同的价值取向。例如，将自己看作是某一国家的公民、某一政党的成员、某一政治过程的参与者或某一政治信念的追求者等，并自觉地以其组织及过程来规范自己的政治行为。显然，认同关乎心理，关乎行为。政治认同在社会政治生活中有着十分重要的作用。对体制方面的认同，有助于政治组织及其制度获得合法性；对政策方面的认同，可以使政治组织的政策、方针得到支持、贯彻和落实；对政治理论和政治思想方面的认同，有助于政治组织成员树立共同的目标，激发为共同事业奋斗的激情和信心；对政治制度方面的认同，有助于社会的政治稳定和政治发展。在现代社会，特别是由于信息化和网络化的不断发展，新的生产方式必然带来社会文化的整体变迁。一方面现代化要求相应的政治认同作为其政治制度稳定性的保证；另一方面新的社会发展模式又给社会带来新的变化和新的影响。网络媒介技术对传统意义的国家、权力、权威、信息控制乃至政治认同具有解构与重构的深刻影响。

对国家、政府权威认同的解构与重构。现代政治体系的结构是国家。国家在一定的疆域内拥有至高无上的主权，国家的地位首先必然要以全体国民对它的认同为基础。对国家的认同表现在作为一国公民的归属感，国民之间的同胞感，以及作为本国国民具有的自信力、自尊心和自豪感。而在网络时代，没有传统地理意义上"国界"的网络空间、虚拟的"网民"身份、现实社会与网络社会中的显著反差，都可能造成人们已有的国家认同感发生"迁徙""缺失"乃至"嬗变"。政府作为国家权力的有形载体，以政府权威维系着社会稳定和秩序，要求国民必须对政府权威保持高度的认同。但网络结构本身"去中心化""分权化"的特征，客观上又创设了一种自由、自主、平等、开放、共享的信息交互空间，开放的网络带给人们主体意识和价值观的变化，权力结构扁平化的变化，平等与自由的理念，信息开放的横向比较，发达国家与相对落后国家的巨大反差，无疑会刺激人们更加多元的价值和利益诉求，当政府难以满足社会成员多元多样的价值与利益诉求时，就有可能产生对国家和政府权威的认同危机。因此，在信息时代，重构起对国家、政府权威高度认同的价值体系就显得尤为重要。也就是必须重构起符合信息时代发展要求和特点的政治信仰、政治信任、政治信心价值认同体系。事实上，这一价值认同体系的重构不单是必须的也必须是可行的。具体来说，就是要克服信息化、网络化乃至现代化进程中的政治认同危机，必须实现政治认同的转型和整合。

第一，转型与整合政治认同层次。政治认同具有各种不同的层次，既有较低层次的情感认同层次，也有较高层次的理性认知与认同层次。在传统社会，由于人们的政治认同更多地来自对种族、地域、阶级、国家等的特殊情感，因而情感的成分在政治认同中占有主导地位，而在现代社会，随着世界经济一体化以及不断地改革开放和人们受教育水平的不断提高，理性和理智的认知逐渐成为主流。例如"阶级斗争"与"民族复兴"的情感和态度，前者认同的基础是阶级情感，而后者的认同基础则是实践的探索与创新，理性的思考与升华。因此，必须实现政治认同层次从基础的情感认同向高层次的理性认同上的转型和整合。

第二，转型和整合政治认同机制。政治系统分析理论认为，政治系统是一个由环境包裹着的行为系统。这个行为系统在环境的影响下产生并反过来影响环境。政治系统通过"输入"和"输出"来维持自己的生存和稳定。在传统社会，政治系统往往通过"输出"来取得民众的认同，而在网络社会，由于网络提供给网民以天然的"平等"和"自由"的权力，使人们的民主意识和参政议政热情和机会不断提高，再加上行使民主权利的便捷化，使得"输入"显得更为便捷。充分发挥互联网在政治系统中的"输入"作用，整合网络的资源优势，成为解决政治认同危机的必由之路。因此，建构"输入＋输出"有机统一式的认同机制，进而实现"被动＋主动"的认同培育机制成为必然选择。

第三，转型和整合政治认同观念。在封建社会，由于社会结构相对简单，社会角色较为单一，人们往往钟情于绝对统一的价值和观念，从而实现对政治现状的认同。而在现代社会，随着社会结构的不断分化和功能的不断专业化，社会角色日趋多元化和复杂化，人们难以在价值、观念上达到绝对统一。此时互联网作为网民之间联结的新纽带，必然促进和增强网民之间、网民与社会之间相互依存的关系。因此需要充分利用网络政治认同整合功能，正确处理观念价值认同关系，逐步形成相互依存、相互合作、相互影响和谐的关系，进而形成新的政治认同观念。

第四，转型和整合政治认同方式。在传统社会，公众发表自己政治见解的权利和渠道相对不足，统治者需要将那些有利于维护自己利益但不一定反映民众意愿的思想观念灌输给民众，从而获得民众对政治体系的认同。而在网络时代，随着网络所提供的平等化的信息交流平台不断完善，随着网民自主意识和觉悟的不断提高，人们所渴望得到平等与自由、交互的而不是单向的沟通成为可能，从而实现政治认同方式的转型和整合，以自由、自主沟通取代灌输、双向交互取代单向控制，有利于通过充分沟通进而达成共识，也有利于公众对政治权威、政治体系及其政策的认知、理解和认同。

第五，转型和整合政治认同内容。人类社会在不断发展和变化，政治文化的内容体系也总是动态发展的，总体趋向处在不断的发展进步当中。网络特有的资源共享性、沟通交互性，传播便捷性为政治文化的传播奠定了基础，也为更为丰富的政治认同内容提供了新的发展空间，网络空间所特有的包容性、平等性等特征，无疑会将公平、公正、自由、民主、法治、责任、义务等内容整合于网络空间之中，并对现实社会产生深远的影响。当然。新的政治认同内容不可能在"一夜之间""一网之内"迅速成为现实，这需要一个渐进的过程。

（三）政治思维的解构与重构

思维是人们对客观现实概括的和间接的反映，思维所反映的是一类事物共同的、本质的属性和事物间内在的、必然的、规律性联系，属于理性认识的范畴。政治思维是政治主体对客观政治现象的能动反映，是政治主体对来自现实的思维素材进行加工、整理从而形成理性认识并据此提出解决政治问题的途径的主观意识活动。政治思维同任何理论思维一样，"都是一种历史的产物，在不同的时代具有非常不同的形式，并因而具有非常不同的内容"①。从政治思维的内在特质看，它是指导人们对政治现象和政治发展进行

———————————

① 《马克思恩格斯选集》第 3 卷，人民出版社 1995 年版，第 465 页。

判断、选择采取行动的思维方式及方法。它是基于特定的政治立场、观点、理论认同之上的判断筛选过程。它的外在表征则体现为个体或特定政治群体对政治现实的认同、政治价值的取向并在此基础上凝结而成的相对固定的政治鉴别、政治判断和取舍的模式。[①] 一般说来，政治思维与政治观点、理念理论相比较，具有相对的隐蔽性、稳定性和滞后性的特征。当社会发展变迁已经引起原有的政治观点、理念理论被新的观点、理论所取代时，原有的政治思维所形成的惯性却仍有可能控制或影响着人们，甚至成为政治发展的思想文化障碍。如在前信息时代，由于政治信息传播主要呈现单向性、管属性和强控制性等特征，公众获取信息的渠道相对单一和有限，政治思维呈现出显著的被动性特点，因而政治主体意识、自主意识相对较弱，人们习惯于"你说是啥就是啥""你让咋办就咋办"，或者习惯于"宁要……不要……""凡是……就……"的政治思维模式，形成了一定的传统政治思维定势。但在信息时代，互联网络革命性地打破了传统信息传播模式，使得政治信息传播渠道更加多元和多维，信息流向控制更加困难，信息交流更加主动，信息选择更加自主，信息互动更加频繁，客观上造就了政治思维的转型，政治思维面临解构与重构新境遇。

所谓政治思维的转型指的是当政治现实发生变化之后，人们对理想状态的政治生活的期望、认同和价值判断与选择所发生的变化，以及人们利用政治权力和技能重新设计整合变化了的社会结构和政治结构，从而带动政治发展主题与模式的变化，进而改革原有的政治体制和社会结构并走上新的轨道，奔向前所未有的目标。在这一过程中，原有的思维模式必然会受到冲击，人们对政治现象的评判和认知将被调整，僵化了的政治格局会被打破，社会政治生活状态也会改变。[②]

[①]　张喜阳:《求实精神的恢复与我国的政治思维转型》,《天津师范大学学报》(社会科学版) 2002 年第 2 期。

[②]　张喜阳:《求实精神的恢复与我国的政治思维转型》,《天津师范大学学报》(社会科学版) 2002 年第 2 期。

政治思维的解构与重构是政治发展的前提，也是政治文化解构与重构的基础。政治思维的解构与重构主要表现在：首先，政治主体地位、主体意识的转型。使得政治主体的内涵更加丰富，不再是传统意义上"实在的人"，也包括"现实人"与"虚拟人（网民）"的有机结合体，主体意识在现实政治实践与网络政治实践的交互作用中得以不断强化。其次，传统政治思维模式的转型。被动式的、非此即彼式的简单化思维模式正在向主动参与式、共享共建共赢共融式的政治思维模式转型。再次，政治价值取向评价与选择的转型。价值取向由"一元主导"向"一元主导、多元并存"的包容性架构转型。最后，政治思维形成与发展不再仅限于单向的灌输与说教，还需要自主的价值判断和实践内化。政治思维的解构与重构更新着人们的政治期待和价值选择，特别是政治主体的自我认知，促进政治主体以新的视角审视、设计政治结构、政治体系、政治机制和政治生活，而网络政治社会化在此过程中具有十分重要的作用。

（四）政治观的解构与重构

政治观是政治文化的核心内涵之一，也是政治社会化的基本主题之一。实事求是地说，在人类社会发展的历程中，从来没有停止过对政治观的探索和实践，也是迄今为止内涵最为复杂、变迁最为多样、争论最为激烈、影响最为广泛的理论体系和实践体系。一般认为，政治观是政治主体对整个政治世界的集中表述，是以对政治本质、内容及其规律的理解为核心的。它不仅是人们政治思想和政治行为的理性逻辑起点，同时也为驱动思想和行为的心理与情感确定了基调。[①] 对于个体而言，政治观的形成与发展显然与政治社会化进程密切相关，当然，也与社会发展的历史进程以及时代背景密切相关。

马克思主义政治观告诉我们，政治是与阶级联系在一起的一种特定的社会关系，是一种阶级关系，政治是以经济为基础的，是经济的集中表现，政

---

① 韩冬雪：《政治观革新：理论解构与自主建构》，《人民论坛》2012 年第 21 期。

治是与国家联系的特殊公共权力现象,国家政权是政治的主要的和根本的问题,政治有特定的发展规律,政治是一门科学,是一种艺术。显然,马克思主义政治观是建立在对人类社会政治发展历史考察中可到的科学结论,阐释了政治发展的基本规律,也为我们探讨政治观的解构与重构问题提供了科学的理论依据。纵观人类社会政治观的演变历史,我们不难发现,政治观的演变总是经济社会领域变迁的必然结果。特别是人类社会每一次科技革命都深刻地影响着人类社会的发展进程,科技革命使人类的生产和生活发生广泛而深刻的变化,对生产力和生产关系、经济基础和上层建筑的变革起了巨大的促进作用。近代以来人类社会先后发生了三次重大科学技术革命。第一次是以纺纱机和蒸汽机的发明为标志;第二次是以电力与内燃机的发明为标志;第三次是以微电子信息科技为主导,包括新材料技术、新能源技术、激光技术、海洋技术、空间技术和生物技术等领域的一场全方位、多层次的新科技革命,大大拓展了人们认识和改造自然的广度和深度,对人类的生产和生活的各个领域都产生了巨大促进作用,使人类由"电气时代"跨入"自动化、智能化时代"或"信息时代",对当今国际政治、经济、文化及社会生活的各个领域产生了极其广泛而深远的影响。

信息技术革命作用于政治观的影响主要表现为对传统政治观的解构与扬弃以及政治观现代化的重构。"所谓传统与现代的分野从来也不是那么鲜明的,没有经过对所谓'旧政治观'本质特征的解析扬弃阶段,没有经过一个广大政治主体自主反思传统—适应现代政治生活的阶段,就谈不上为新政治观的产生奠定坚实的实践基础。"[①] 事实上,对"旧政治观"的解析与扬弃并非自然而然,"新政治观"的形成发展也并非水到渠成,必然沉浸于社会现代化进程之中,而在此过程中,信息技术革命的重要作用功不可没。特别是现代信息技术的迅速发展,为政治观的解构与重构创设新的空间、途径及其政治生态环境。对于社会成员个体而言,政治观的形成与发展,一方面需要

---

① 韩冬雪:《政治观革新:理论解构与自主建构》,《人民论坛》2012 年第 21 期。

通过网络政治社会化对社会成员实施政治意识形态的灌输、教化和引导；另一方面需要社会成员主动适应网络时代政治观形成与发展面临的新生态、新特点、新媒介，不断变革"旧政治观"的内涵与结构，从重新解读和诠释政治的本质内涵入手，对政治意识、政治主体、政治行为与政治体制、政治权力运行诸内容重构起符合时代发展要求的新概括、新设计，重构起"政治关系和谐化、政治竞争文明化、政治宣传务实化、政治活动常态化、政治社会法制化、政治精神民主化"的新政治观。①

第二节　意识形态与网络政治社会化

意识形态是人类社会发展的产物，是伴随着经济、生产力发展而产生的上层建筑，"马克思把意识形态看做现实社会整体的一个重要组成部分，阐明了意识形态在社会结构中的地位，将其定位于'观念的上层建筑'"②。马克思主义认为，意识形态具有显著的阶级性本质特征，正如马克思所指出的"统治阶级的思想在每一个时代都是占统治地位的思想，这就是说，一个阶级是社会上占统治地位的物质力量，同时也是社会上占统治地位的精神力量"③。主流意识形态是在某一社会中占据指导地位和具有统治作用的思想体系，它反映着统治阶级的统治理念和政治主张，价值观念和政治态度，构成了国家的信仰体系，是国家经济关系、阶级关系、社会关系等的真实反映，应当成为社会成员思想与行动的领航与价值取向指南。

意识形态不仅是客观存在的，而且具有独特的功能，主要表现为：首先，意识形态渗透于国家利益之中，是国家利益的重要组成部分，影响着社会成员的价值取向和价值判断；其次，意识形态是社会政治稳定发展不可或

---

① 许耀桐：《政治观革新的六个方面》，《人民论坛》2012 年第 21 期。
② 黄丹：《马克思政治社会化思想的当代价值》，复旦大学出版社 2014 年版，第 103 页。
③ 《马克思恩格斯选集》第 1 卷，人民出版社 1995 年版，第 98 页。

缺的思想基础，为政治统治提供合法性的理论基础；最后，主流意识形态具有整合与调控功能，可以统合相似的社会意识，消除弱化异质意识形态的消极影响，调控意识形态领域的矛盾与冲突。因此，主流意识形态对于政治体系的发展具有极端重要性。正因为如此，主流意识形态体系的构建及其社会化问题，就成为摆在人们面前的重大理论问题和现实问题。

一、意识形态与网络政治社会化的关系分析

主流意识形态是一个政治体系乃至一个国家的核心信仰体系和价值体系，关系一个国家的根本利益以及政权体系的稳定，具有极端重要性。正如习近平同志所强调的"经济建设是党的中心工作，意识形态工作是党的一项极端重要的工作"[1]。在信息时代，网络已成为构建、传播、维护主流意识形态主导地位的重要阵地，网络政治社会化也已成为使主流意识形态为社会成员认知、认同、内化与外化的重要载体。实现网络政治社会化的基本价值取向和终极目标，必须高度重视网络政治社会化的特殊功效，必须关注主流意识形态及其网络政治社会化进程，并不断加强这一进程中的重大理论问题和现实问题研究。

意识形态作为社会政治价值体系的主要载体，自然离不开媒介的传播与渗透，传统社会如此，信息时代亦如此。特别是在互联网媒介高度发展的今天，网络作为一种新型的大众传媒，已经成为意识形态的荷载者、展示着、传递者，扮演着日益突出的政治社会化角色，为意识形态社会化开辟了新的领域。"大众传媒乍看是一种传播信息和提供娱乐的工具，但是不发挥思想引导、政治控制等功能的大众媒介在现代社会是不存在的。"[2]由于网络自身具有开放性、资源共享性、交互性、便捷性等特征，具有传统政治社会化媒

① 《习近平谈治国理政》，外文出版社2014年版，第153页。
② ［德］马尔库塞：《单向度的人》，渠敬东译，重庆出版社1993年版，第9页。

介无法比拟的优势，网络政治社会化正在成为主流意识形态构建与传承的重要途径，成为各种意识形态碰撞与激荡的主要阵地。

网络政治社会化对于主流政治文化、主流意识形态的构建与传承具有十分重要的意义。主流意识形态能否成为网络政治社会化的基本价值取向？为什么能成其为价值取向？怎样实现网络政治社会化的价值目标？这一系列问题是我们必须思考的问题，这就要求我们首先搞清楚网络政治社会化价值实现的"应然"与"实然"及其关系问题。

二、意识形态：网络政治社会化价值实现的应然与实然

主流意识形态的网络政治社会化的"应然"涉及其目标及价值实现的"应然状态"，也就是指主流意识形态网络政治社会化的目标构建价值取向，更多地表现为一种理想状态。"实然"则是指在主流意识形态的网络政治社会化的进程及其结果的"实然状态"，也就是网络政治社会化对于主流意识形态在社会成员中认知、认同、内化与外化的实际实现程度和具体实践结果，更多地表现为一种现实状态。两者之间存在着辩证统一的内在关系。

必须指出的是，价值实现应然状态的确立并非主观臆造，而是由事物发展规律的本质所决定的，是以主流意识形态客观存在为基础，以意识形态本质特征为前提，以主流意识形态社会化进程中的发展规律为依据，贯穿于网络政治社会化始终。应然状态是事物客观发展规律的反映，而实然不仅践行应然的价值取向和目标，同时结合了具体的网络政治社会化实践活动所赋予的特征与复杂环境，在实践基础上进行发展与延伸，构成与应然既联系又区别的辩证统一关系。

由于受到网络的传播形式、传播理念、技术结构等因素影响，实然与应然之间存在着一定的联系与区别。关注网络政治社会化对主流意识形态的构建就必须正视两者之间的联系与区别，最大程度地使实然趋向于应然，实现两者的有机统一。实践证明，实现两者间的有机统一既是必要的，也是可能

的，是实现网络政治社会化价值目标的必然选择。

（一）主流意识形态：网络政治社会化价值实现的应然状态

主流意识形态始终代表的是统治阶级的根本利益，对主流意识形态的把握关系政治体系的稳定与发展，关系社会成员的政治认同价值取向。我国是无产阶级领导的、以工农联盟为基础的人民民主专政的社会主义国家，主流意识形态始终代表的是最广大人民的利益，因此，必须牢牢把握主流意识形态构建与发展的领导权，维护国家政治统治合法性、维护政治体系话语权。马克思主义是我国主流意识形态的根基，对我国具有历史的、革命的、建设的伟大意义。但马克思主义并不是僵硬的教条主义，是发展的科学、与时俱进的科学，尤其在信息多元化、复杂化的网络空间，坚持马克思主义意识形态并不是一味简单化地排斥其他非主流意识形态，而是通过筛选与借鉴，不断地完善与构建，主流意识形态显然是包容的、发展的思想体系。

关于主流意识形态的网络政治社会化进程的"应然状态"主要包含以下含义：一是必须牢牢掌握主流意识形态的领导权，始终保持"主导"地位。始终保持主流意识形态领导权是统治阶级维护政权稳定的必然途径，谁掌握了意识形态的领导权，谁就获得了话语权。无论是统治阶级还是敌对势力，主流意识形态领域向来是敌我双方争夺的重要阵地，"敌对势力要搞乱一个社会、颠覆一个政权，往往总是先从意识形态领域打开突破口，先从搞乱人们的思想下手"[①]。从一定意义上来说，没有意识形态的领导权和主导权，就没有统治阶级的统治地位。二是必须坚持主流意识形态的一元性。任何一个国家、民族在任何时期都可能拥有多元化、多层次的文化体系和价值体系，但是多元化的社会思想文化并不总是完整的、先进的、积极的、正确的思想观念，它需要一个衡量的标准，去引领多元化政治文化的正确发展方向，有效地整合社会多层次的价值取向，否则将是"杂乱无章"的、丧失秩序的、

---

① 《十六大以来重要文献选编》（中），中央文献出版社 2006 年版，第 318—319 页。

困扰和颠覆权威的。"无论一个国家有多少层次的文化，但主导思想只能有一个，其具有整合社会，引导人们行为的作用。"①三是必须正视主流意识形态的包容性与发展性。主流意识形态本身是社会发展的产物，必然顺应社会发展的基本规律，发展性与包容性体现着网络政治社会化的应然状态。在网络政治社会化过程中，面对多元文化的挑战，主流意识形态需要直面挑战，以包容和发展的态势去糟粕取精华，为我所用。由此可见，使主流意识形态成为网络政治社会化价值实现的应然状态，不仅是社会发展基本规律的反映，也是维护统治阶级根本利益的必然选择，古今中外概莫能外。

（二）主流意识形态：网络政治社会化价值实现的实然分析

实事求是地说，应然与实然之间总是存在着某种差距的。每一个时代的政治社会化都具有同时代相适应的新内涵、新特征、新途径。在信息时代，网络政治社会化具有传统政治社会化无法比拟的优势，主要表现在空间拓展性、信息交互性、过程复杂性、成效非稳定性、互动有效性、方式在线化等一系列特点之中。网络政治社会化既创新了社会化模式，同时也为主流意识形态的领导和主导地位构建带来了新的困境与挑战。一方面表现在网络政治信息传播的开放性、自主性、匿名性、碎片化等特征导致主流意识形态的权威性与凝聚力的弱化；另一方面体现在西方意识形态对我国主流意识形态的冲击，客观上造成主流意识形态整合与调控功能实现的多元化阻力。比如平等和自由成为网络政治信息传播理念并被广大"网民"接受成为普遍的心理意识时，网民习惯于在网络空间自由平等地互动交流，突破了传统意识形态社会化自上而下的传播模式，为政治社会化创造了新的空间、途径和方式，但同时也削弱了政治体系对信息的管制，对信息的垄断地位被打破，造成非主流意识形态甚至反主流意识形态对主流意识形态权威性、一元性与主导性地位的消释与弱化。同时，网络推崇的"快餐文化"已成为现代网民所乐于

---

① 肖前：《马克思主义哲学原理》，中国人民大学出版社 2006 年版，第 189 页。

接受的形式，其具有语言碎片化、精简化、非正式化、娱乐化等特征，一方面顺应了网民的生活节奏与价值选择特征，另一方面也在削弱着主流意识形态的吸引力与凝聚力。网络平台上信息、观念变换频繁，更新速度快，多元意识形态碰撞日益激烈，客观上加大了主流意识形态整合化一的难度。

从西方意识形态对我国主流意识形态影响的角度来看，经济全球化、社会信息化的发展，也为西方发达国家推行其意识形态提供了便利。在主流意识形态网络政治社会化过程中，西方发达国家基于对意识形态影响力的认识，仍在凭借经济上与技术上的优势向世界各国推行其看似"普适"的政治理念，渴望达成"和平演变"的目的，挑战着马克思主义主流意识形态的权威性以及我国主流意识形态建设的自主性。这一点从当前一些非马克思主义的社会思潮在网络空间中的传播现状中可见一斑。

（三）主流意识形态：网络政治社会化价值实现应然与实然的辩证统一

马克思主义认为应然与实然是不应该割裂开来的。应然作为理论或是理性的状态来说，其本身反映的就是事物发展的本质特征及规律性认识，而实然则是应然的具体表现，是从应然的内容中产生出来并得以表现的。两者之间既密切联系，又相互区别，但两者并非不可调和，而是辩证统一的。

应然与实然之间是辩证统一的关系。主要表现在：首先，应然和实然是一对矛盾，它们之间的关系既对立又统一。其次，应然来源于实然，是对实然的反映，应然不等于实然，是实然的升华。应然的材料来源于实然，应然的可能性来源于实然，应然的动机也来源于实然。再次，应然高于实然，是实然的升华，但它并不脱离实然，与实然是相互统一，必然联系的。应然是未来的实然，实然是应然的基础。但应然毕竟不同于实然。人们所追求的应然状态，在实然中未必完全存在和契合。应然与实然的这种差别，必然引起两者之间的对立和冲突。如果应然与实然之间的矛盾冲突超过了社会政治体系及社会成员承受能力，就可能产生自我怀疑、迷惑、动摇。最后，在一定条件下，实然可以转化为应然。旧有的应然状态实现了，又会有新的应然状态召唤着。应然转化为实然，实然产生应然的过程又会循环往复，无终无止，由此，人类社会才会不断发展和进步。当然。实然转化为应然是有条件的，是一个复杂的实践过程，需要在网络政治社会化进程中的探索与创新。解决应然与实然的矛盾，实现实然向应然的转变，就必须准确把握网络政治社会化价值取向的科学性，在正确认识网络政治社会化实践的基础上，树立符合主流意识形态建构规律的价值取向，正确认识网络政治社会化关于主流意识形态价值取向的可能性与必然性，科学厘清网络政治社会化与构建主流意识形态之间的辩证关系。

具体来说，网络政治社会化价值实现的辩证统一关系主要表现在对立统一和否定之否定的逻辑关系之中，并最终实现主流意识形态与网络政治社会化价值实现的辩证统一。这是因为：

首先，两者之间是对立统一的。应然与实然之间既存在对立性又存在同一性。对立性主要表现为两者之间的差异性、价值取向的干扰性。尽管网络被意识形态构建者与技术人员赋予了特定的价值，但网络平等、开放的观念以及网络自身的结构特点为网络政治社会化的参与者创造了赋予其新特征与价值的条件。即使应然与实然的本质内涵仍是坚持主流意识形态，但参与者的价值多元化诉求所赋予网络政治社会化的新特征又使实然与应然之间表现出一定的差异性。主要表现在参与者对多元化信息的传递与选择，对主流意识形态的质疑与迷茫、对主流意识形态权威性的消释与冲击。同一性则表现在两者都具有为现实政治社会化服务的基本属性。网络的本质是物质生产力与科技生产力发展的产物，本身并不具备任何预定价值。但当现实社会的价值体系延伸至网络中，网络也就具有了意识形态功能，承载了人类赋予它的价值取向。正如梅森所说"技术产生了什么影响服务于何种目的，这与技术本身并不相干，而取决于人们用它来做什么"[①]。网络正是被人类社会赋予了

---

① Mesthene E G.TechnologyChange:*Its Impact on Man and Society*，Cambridge，Mass:Harvard University Press，1970，p.60.

政治社会化的功能与价值，其本身就是现实社会政治社会化的一部分。应然与实然分别为主流意识形态网络政治社会化的理想层面与现实层面，这一基本事实决定了应然与实然均服务于现实社会的政治体系，其传播的政治文化必然来源于现实社会，并受到现实社会政治权利的支配。

事实上，应然与实然是内容与形式的统一体，既相互矛盾又相互依存。实然作为形式是应然内容的表达方式，而作为内容的应然则是实然形式的根基、依据与实质。形式与内容并不总是相互一致的，其表现在形式部分的表现内容，形式对内容的延伸与发展，等等。

网络政治社会化价值取向源于客观现实，反映事物发展规律并指导实践，是客观的、具体的、符合事物发展规律的，是网络政治社会化活动的具体内容。网络政治社会化价值实现的实然状态又表现为具体内容的具体形式，是内容实现的外部表现。在网络政治社会化过程中，应然始终强调主流意识形态的作用决定实然必须牢固把握主流文化的领导性、主导性，使网络政治社会化得以有序地发展，实现统治阶级的价值取向目标。但网络自身的诸多特点却赋予了网络政治社会化新的特点，虽然在主导方面，网络政治社会化运行过程中仍符合应然内容的要求，但不容置否的是形式上的差异已对网络政治社会化带来了严峻的挑战和威胁。

其次，两者之间是否定之否定的关系。应然的存在是客观规律与现实发展需求的反映，作为网络政治社会化对主流意识形态构建的指导，其自身具有肯定性。但任何肯定的事物内部都包含着否定的方面，应然也不例外。其否定表现在实然与应然的部分不重合性、对抗性以及排斥性。马克思主义是发展的科学，网络政治社会化是发展的实践，实然对应然的否定层面不仅仅反映出两者的矛盾，更是为实然的发展提出了新的要求以及提供了新的动力。否定之否定后进入新的肯定，使主流意识形态与网络政治社会化活动得到前进性、完善性的发展。例如，在网络政治社会化过程中部分民众对非主流意识形态的认知、选择，对主流意识形态的怀疑甚至排斥，在一定意义上说明主流意识形态在某种程度上缺乏足够的吸引力、说服力。同时，主流意识形态从来也不是一成不变的教条，应当是与时俱进的，是具有包容性与发展性的科学体系，网络使各种不同的意识形态、思想观念进行碰撞，可以为主流意识形态的丰富提供有效的素材，从而促进与完善主流意识形态的发展。

（四）应然与实然统一的必要性与可能性

综上所述，任何事物都是"有限"的，即"事物具有一定的规定性，具有某种性质和形状；这同时也就意味着它不具有任何别的性质和形状，它要受到一定的限制"①。也就是说，任何事物都具有它存在的肯定方面和本身的特征，但同时也具有一定的局限性。事物的发展既要看到对立面的合理性，也要看到自身的局限性，既对立又统一，最终推动事物的发展。

应然与实然统一的必要性是由政治社会化的本质属性决定的。政治社会化本质就是统治阶级通过输出服务于国家利益的主流意识形态和政治文化，获得人民的认同从而达到维护现存政治体系的过程。但在政治、经济等因素的共同作用下，意识形态表现出多样化的状态，尤其在信息时代，网络的开放空间，非主流意识形态甚至反主流意识形态也在不断冲击着主流意识形态的领导权，一旦这样的异质力形成一定规模，就可能合成为强大的社会政治心理导向力，严重威胁现存政治体系的有效运转和稳定发展。因此，应然与实然必须趋于统一，最大可能地化解实然与应然的矛盾与冲突，维护主流意识形态的领导权。

值得注意的是，应然与实然存在矛盾性，但也存在同一性，并不是不可调和的矛盾。主流意识形态代表的是国家的利益，并通过政治社会化获得社会成员对主流意识形态的认同、内化和外化。社会成员对主流意识形态与政治体系的认同与否不仅建立在自身的认知能力和水平的基础上，更是受到自身的利益需求的影响。社会成员对主流意识形态的认同、内化和外化，关键

---

① 《马克思恩格斯全集》第 1 卷，人民出版社 1995 年版，第 82 页。

还在于人们利益实现的程度。从现实看，中国共产党作为我国最广大人民利益的代表，处于对利益的选择与代表的核心地位，反映着最广大人民的利益价值选择。尽管，国家利益与每一个个体成员的具体利益未必绝对地一致重合，存在着价值选择的差异，但是这并不影响主流价值取向的导向性，主流意识形态的价值导向性本质上反映着最广大人民的利益价值的最大化，是同一性的鲜明体现。因此，即使网络使政治社会化具备了新的特征，但实质上网络政治社会化仍是现实政治社会化的延伸与发展，社会成员仍然是出于利益主导从而选择接受意识形态与政治文化的。应然与实然之间并非有不可调和的矛盾，两者之间本质上的同一性使其具有趋于统一的可能性和必然性。

第三节　社会思潮与网络政治社会化

所谓社会思潮是指在特定的社会历史背景下，建立在一定的社会心理基础之上，为反映特定环境中人们的某种利益要求和价值取向，具备某种相应的理论形态并在一定范围内具有相当影响力并带有某种倾向性的思想趋势。社会思潮有时表现为由一定理论形态的思想作主导，有时又表现为特定环境中人们的社会心理，是社会意识的综合表现形式。作为一种社会意识和观念形态的运动，社会思潮是某种思想理论和价值观念较大规模传播后的结果，反映着特定社会的群体心理和思想倾向，既可以表征为意识形态领域的思想理论，也依托于较广范围内存在的社会心理，它与政治社会化密切相关。

一、社会思潮与网络政治社会化的相关性

当前，人类社会正处于纷繁复杂的大变革时代。世界多极化、经济全球化、文化多元化、信息网络化等变革直接影响着社会结构和利益关系调整，社会呈现高度分化的特征，其表征在于利益冲突、思想分化，与多样化的社

会思潮相伴相随。多样化的社会思潮必然导致社会价值取向的多元。互联网作为一种开放性的媒介，成为承载价值冲突、思想交锋、文化交融、思潮传播的重要载体。作为政治文化传承与发展基础的政治社会化必然难以"独善其身"，必然要融入时代变革的洪流之中。特别是网络政治社会化，应该坚持怎样的价值取向？怎样坚持主流价值取向？培养什么样的"政治人"？怎样培养符合社会政治体系所期待的"政治人"？如何在纷繁复杂的社会思潮面前保持清醒头脑？怎样保持坚定的政治定力？这些成为摆在我们面前的重大课题。

社会思潮本质上是价值观、价值体系的集中表现。社会思潮的根源在于社会的经济生活，它是当时经济发展所引起的社会生活中突出矛盾的反映。同时，社会思潮又不是单纯地对社会生活、社会矛盾的被动反映，而是一种能动的、起着巨大冲击作用的精神力量。作为一种能动的反映，它总是建立在一定的利益诉求和价值判断基础之上的。因而，社会思潮也是对主体政治意识、政治价值观的反映，将社会环境中的现实问题以思想理论的形式表现出来，影响人们的价值选择。

价值观、价值体系认同是网络政治社会化的核心。马克思认为："'价值'这个普遍的概念是从人们对待满足他们需要的外界物的关系中产生的。"[1] 显然，价值问题不仅仅是个人问题，也是社会的问题，是人与人、人与社会的利益关系问题，社会思潮是社会阶层群体利益诉求的反映。任何人都不能不依赖于某些有价值的东西而生活，不可能不追求某些价值。[2] 随着社会转型期和互联网时代来临，社会主体意识得以觉醒，社会利益诉求不断分化，价值取向日趋多元，网络已成为各类社会思潮流变和传播的主阵地，成为社会思潮生成创造的一个新的孕育场，同时也是各类社会思潮交流、交融、交锋的媒介与载体，对社会思潮的传播和流行产生不可或缺的独特影

---

① 《马克思恩格斯全集》第 19 卷，人民出版社 1963 年版，第 406 页。

② 陈伟军：《社会思潮传播与核心价值引领》，人民出版社 2015 年版，第 5 页。

响，使网络政治社会化面临许多新的挑战。但是，无论社会环境如何变化，社会思潮如何多元，政治社会化媒介与载体如何变化，政治社会化的核心价值取向将始终指向于主流价值观、价值体系的认同与培育，这是由政治社会化的本质规定性所决定的，也是维持与维护社会政治稳定与政治发展的必然要求。从这个意义上说，主流价值观、价值体系认同依然是网络政治社会化的核心内涵。

强化网络政治社会化是构建核心价值观的必然选择。人类社会思潮发展变迁的历史告诉我们，只有准确而具体地把握社会思潮的本质和特征，努力构建和完善社会思潮的引领机制，才能真正确立核心价值体系在社会中的主导地位，才能用核心价值体系凝聚和统一社会各阶层、各利益群体的思想，增强主流意识形态对多样化社会思潮的引领作用，最大限度地形成社会共识，巩固社会政治稳定与政治发展的思想基础。而构建核心价值观主导地位离不开完善有效的政治社会化机制。特别是在网络时代，网络改变了社会思潮的传播速度和广度，促进了社会思潮的即时性、便捷性、共享性、辐射状和裂变性传播，传统的政治社会化载体、媒介、途径显然难以独自"担当大任"，必须主动顺应时代发展新要求，不断强化和完善网络政治社会化机制建设，承担起构建主流价值观主导地位的重任。

二、社会思潮：网络政治社会化价值冲突与制约

网络空间是一个相对开放的话语场域，正在成为各种社会思潮的集散地和"放大器"，互联网构建了一个全新的符号化、影像化、数字化、超文本化的虚拟实在，深刻地改变着社会思潮的呈现形式，开启了全新的信息交互模式、人际交往模式、网络共同体和社会政治、文化生态。信息技术的发展使得对网络空间的舆论监管或意识形态控制相对困难，主流政治文化与非主流政治文化之间的边界不再清晰分明，多元社会思潮和价值体系多元共生，对网络政治社会化功能发挥带来了重大挑战。

（一）多元社会思潮与现实价值导向冲突

曼纽尔·卡斯特指出："当今社会最重要的影响是改变人们的思想。如果是这样的话，那么媒体就是关键网络，媒体是由全球垄断者及其分布的网络组织而成，这一网络是触及人们思想的消息和图像的主要来源。"[①]网络社会是一个多元的社会结构，即不同种类的网络具有不同的价值形成逻辑。具有交互性、开放性、全球性、自主性、虚拟性等基本特征的信息网络，构成了社会思潮传播的全新空间，各种社会思潮（主流的和非主流的）和价值观均可以在网络空间找到立足之地，网络成了社会思潮的"观点市场"（market place of ideas），各种思想、观点、言论、价值观均可以在网络空间流行，如同一个自由市场，林林总总的社会思潮在这个"观点市场"中交融、碰撞、交锋，客观上冲击着主流意识形态和价值观的主导地位，各种社会舆论与社会思潮之间的界限模糊不清，使得人们在纷繁复杂的社会思潮和价值观面前变得"难以抉择"。究其原因在于多元社会思潮之间、主流价值观之间的差异性，在于虚拟与现实语境及传播方式的差异性，在于文化的差异性。前者源自社会思潮产生与发展的不同的经济社会发展基础和主流价值取向，以及不同的社会发展阶段和时代背景，后者源自传统传播媒介和网络传播媒介所采用的载体和信息交换形式变迁，媒介演化变迁一方面开拓了新的经验世界，使得社会交往、思想交流的时空障碍被移除；另一方面网络媒介又重塑了人们的认知结构、思维方式和交往方式，加之虚拟与现实社会的交叉重叠，重新组合了人们交往的社会环境，造成了主体身份的交叉转换，客观上极易产生选择困境，产生多元社会思潮与主流价值观的认知冲突。

（二）社会思潮的多向度传播制约社会化进程

网络空间是一个容纳了政治、经济、文化、社会等众多方面内容的数字

[①] ［美］曼纽尔·卡斯特：《网络社会——跨文化的视角》，周凯译，社会科学文献出版社 2009 年版，第 27 页。

化场域，网络本身的结构特征又营造了虚拟与现实、公民与网民、网民个体与网络共同体以及网络共同体之间紧密联系、相互影响、彼此穿越、多维映射的多向度空间，多元化的社会思潮在多向度传播的网络空间中"畅通无阻"。一方面，极大地丰富了网络空间的信息资源，拓展着政治主体的信息来源，拉近了信息传播主客体之间的距离，"条条大路通罗马"式的信息交互方式，"天涯若比邻"式的存在方式，将整个世界变成了一个"村落"，突破了传统意义上物理空间的边界限制，较为单一的信息来源渠道，极大地开拓了政治文化传播空间和视野，使受众面临更多的价值选择和价值判断；另一方面，多元化的社会思潮多向度传播，又构建了一个充满张力、困惑与矛盾的空间，直接导致多元政治文化的碰撞与交融，传统意义上主流媒体对社会思潮传播和公众舆论调控的难度在不断加大，引发了前所未有的价值交流、思想共享方式变革。网络政治社会化进程受到多元化社会思潮的影响和制约。具体表现为：一元主导的社会思潮格局朝着多元并存格局演化，一元主导正在受到前所未有的挑战。多元政治文化在交融碰撞中此消彼长，主流政治文化在"大浪淘沙"中曲折前行。符合政治体系期待的政治社会化目标实现充满变数，网络政治社会化的任务艰巨而复杂。

（三）多元社会思潮的"信息过载"可能导致群体极化

信息过载是信息时代信息过于丰富的表现之一，指的是社会信息超过了个人或系统所能接受、处理或有效利用的范围，并导致故障的状况。造成信息过载的原因是多方面的，一是由于网络信息容量的海量性，使人们在信息发布时不再考虑容量的限制，比较容易造成信息量急剧膨胀；二是网络结构本身开放性、共享性等特征降低了信息发布的门槛，使任何个人参与信息发布成为可能，发布者数量的激增也会带来信息量的增长；三是信息时代的人们对于信息有一种过度崇拜心理，存在着信息焦虑和信息依赖等心理，人们觉得一刻不能离开信息，人们对信息的过度需求会刺激信息的超载；四是网络空间中信息的裂变式传播方式，这是造成信息过载的重要原因。特别是在大规模的线上交流、互动中，语言被滥用、思想被简化的现象经常存在，理论形态观念、思潮的复杂性，被缩约为行动工具语言的合理性，使现实生活中潜隐、郁积的矛盾冲突通过传播被引发。心理学的研究发现，当态度相似或基本一致的人们互相交流讨论时，容易造成态度的极化现象，即保守的群体会趋于更加保守，激进的群体也会趋于更加激进。对于社会思潮而言，多元化的社会思潮传播的"信息过载"影响多是负面的。多元社会思潮的信息过载可能导致网民迷失理性的价值判断，"人云亦云"的从众效应日益凸显，社会思潮信息过载还可能导致网络话语权的失衡，主流政治文化建构面临潜在挑战，非理性的从众言行激增，可能导致群体极化问题频发。由于多元社会思潮信息过载导致的群体极化现象对于网络政治社会化而言具有显著的干扰作用，必须引起高度重视。

第四节　政治参与与网络政治社会化

政治社会化本身是政治文化的传承过程，也是参与社会政治生活技能的习得过程，因此，没有政治参与的实践，也就没有政治社会化的实效。在网络时代，政治参与与网络政治社会化密切相关。

一、政治参与与网络政治社会化的关系

政治社会化是政治文化内化与外化的辩证统一过程，在这一过程中，能否真正实现政治社会化的价值目标，归根结底需要通过一定的政治参与实践活动来完成。"政治参与是普通公民通过各种合法方式参加政治生活，并影响政治体系的构成、运行方式、运行规则和政策过程的行为。"[1] 在现代社

---

[1]　王浦劬：《政治学基础》，北京大学出版社 1995 年版，第 366 页。

会，政治参与是普通公民政治实践的主要方式之一，在本质上是公民个体外化政治文化的过程。正所谓"实践出真知"。公民通过政治参与来体现他们接受和认同政治文化的程度，通过政治参与使政治态度外显为政治行为。公民通过各种形式的政治参与实践活动来培养自己的民主意识，提高自己知政、议政和参政的能力；公民还可以通过政治参与成长为具有民主观念和民主能力的公民，并在参与过程中培养和弘扬公民意识，塑造公民人格，体现自身价值。更为重要的是，通过政治参与实践活动，可以有效提高公民的权利意识和义务意识，增强政治责任感和自身政治社会化的程度。因此，从一定意义上说，政治实践是客观政治世界见之于人们主观政治心理和意识的桥梁，又是检验和修正人们所获得的政治心理和政治思想的唯一标准。一方面，政治参与是巩固政治社会化效果的重要方式、重要手段。政治实践最为普遍、最为有效、最为直接的实践活动就在于政治参与活动，简言之，政治参与是实现政治社会化价值目标最为普遍和直接的实践形式。另一方面，持续不断的政治社会化过程，又为公民参与社会政治实践奠定了基础，良好的政治社会化效果可以使公民对政治信息有很好的把握，使政治主体的政治理想、政治信仰、政治规范和政治行为准则等政治取向在全社会普遍化，从而加强对其合法性的认同，引导社会成员投身政治参与实践活动，促进政治发展。

在信息时代，社会政治实践的场域、途径、载体、方式正在发生新的变化。政治参与活动的场域已经不仅仅局限于现实社会的政治生活，正在不断地向网络空间延伸；政治参与活动的途径也不仅限于传统的政治参与途径，正在朝着数字化、网络化方向发展；政治参与方式不再相对单一和被动，正在实现"网上与网下""线上与线下"有机统一的方式转变。正是"虚拟"与"现实"、"网上"与"网下"、"线上"与"线下"共同交互作用的影响，拓展了政治参与实践活动的空间，丰富了政治参与活动的内涵，创新了网络政治社会化载体和方式，激发了政治主体的参政意识，使公民的政治实践活动更加丰富，体验更加直接，强化了政治社会化效果，促进了政治社会化进程。

二、政治参与：网络政治社会化的实践途径

政治社会化总是借助一定的载体实现的，政治参与实践是其中最具根本意义的载体形式。政治参与是公民最普遍、最平常、最有意义的政治实践的方式，也是衡量一个政治体系民主化进程和政治参与成熟程度的重要标志，更是影响公民政治社会化模式的关键变量。社会成员的政治参与意识如何，直接影响他们的政治参与行为。受历史、传统、体制、机制等诸多因素的影响，我国公民的政治参与在显现出逐步成熟、健康发展的基本趋势的同时，也暴露出很多问题，亟待解决。主要表现在：政治参与意识、参与能力有待进一步提高，被动参与、非理性参与、从众参与等现象还普遍存在，政治参与的制度化、秩序化、机制化程度相对较低。造成上述问题的原因是多方面的，但其中一个不容忽视的问题就在于公民政治社会化水平有待提升。如前所述，加强政治参与实践无疑是最为有效的问题解决之道。

随着信息时代的到来，政治参与被赋予了新的内涵。一方面，互联网络的发展使得公民获得了更多的政治参与机会、参与途径和参与方式。政治参与不再是传统意义上的基本形式，正在融入网络政治参与的新内涵。网络政治参与成为政治参与实践的新形式。网络政治参与是社会政治主体，以互联网为载体，通过网络舆论、网络投票等形式，直接或间接地影响政府决策，以期满足自己利益诉求的行为。网络政治参与作为信息技术和传统政治参与相结合的产物，对社会政治体系和社会成员的政治社会化正在产生深刻的影响。另一方面，网络政治社会化的成效必须通过政治参与活动得以检验和提升，成为网络政治社会化的有效实践途径。

具体来说，网络政治参与可以有效激发网民的政治主体意识。政治主体意识直接关系其政治参与的行为。政治主体意识的淡漠或缺失可能导致被动参与乃至不参与。只有当公民具有强烈的主人翁意识或者说是主体意识时，公民才可能积极主动地参与社会政治生活。网络政治参与在一定程度上激发了公民的主体意识和民主意识。首先，互联网上的公共论坛、社交平台赋予

了民众更多平等交流的机会和可能，任何一个网民无需复杂的程序就可以在一个甚至是几个论坛和社交平台上发表自己对政策的意见和建议，而忽视在现实社会中的种种顾虑和繁杂的程序，充分体验作为社会政治主体所应具有的权利，进而激发公民的政治主体意识。其次，网民在论坛和社交平台上的意见和建议不是绝对"否定性"的，任何一个网络论坛的参与者都无法轻易否定其他人的参政意见和建议，网络参与常常体现出"协商"的性质。论坛空间的协商性促进了信息的交流和综合，解决了个人视角无法涵盖复杂社会问题所带来的处理能力不足（即"有限理性"）的问题。论坛空间成为公民争取与权威平等对话的参政平台和强大支撑。最后，普通网民在一定意义上获得了平等的话语权，在公共论坛的政治参与中拥有了直接或间接影响其他参与者意见的权利，而这恰恰是协商性民主的应有之义。通过与其他网民或网络共同体的协商，以及在危机时刻间接与政治权威的协商，参与者愈加意识到运用协商的方式维护基本权利及促进民主法治进程的重要性，在今后的实践中会更加自觉地采用协商的方式而非单纯的情绪发泄的方式来影响政治系统的决策。所有这些都会在不同程度上激发网民的政治主体意识。

首先，网络参政可以增强公民的民主意识。政治参与本身就是民主实践的重要形式，是培养现代公民，孕育民主意识、民主习惯、民主技能在内的民主文化的重要途径，特别是网络参政的开放性、便捷性，使公民只要拥有联入网络的计算机，就可以轻易地介入政治生活，了解政府各种信息，查询政府政策制定、服务计划及实施情况，直接有效地参与政策制定、执行过程。民众对政治生活的影响越大，民众政治参与的效能感就越强，长此以往，将会大大增强公民的民主意识和观念。

其次，网络参政可以培育公民的政治责任感。网络的交互性，使公民实现了从受众到对话者、参与者、亲历者的身份角色转变，体现了自己的主体地位，公民的权利义务意识在这一过程中可以得到进一步巩固和提高。通过网路政治参与，他们对公共事务会有较为丰富的了解，能够从现实主义的立场来理解政治，将自己与社会联系在一起，政治责任感逐步增强，他们也会感到政治参与是一种不可让与的权利，同时又是一种不容回避的责任，进而在网络政治参与过程中培育政治责任感。

最后，网络参政还有助于塑造公民独立的政治人格。利益表达是政治参与的基本内容和目标，是公民个体作为主体对自身利益的一种积极追求与维护。利用网络参与政治，公民可以更自由、更直接、更方便地发表自己的意见和看法，表达利益诉求，表明自己的政治情感、政治态度和政治评价，并与其他参与者进行便捷而自由的交流。可以登录各级政府网站或政府组成人员的个人主页与他们进行对话，来表达自己的愿望、支持和批评。在这种参与状态下，公民可以充分意识到参与政治是对自己切身利益的一种维护，独立的政治主体性便在参与过程中显现出来，有利于公民形成独立的政治人格。而民主意识、政治责任感和独立政治人格，将会促进参与型政治文化的形成。

网络政治参与推动政治社会化进程。政治社会化是社会成员在特定的政治关系中，通过社会政治生活和政治实践活动逐步获得政治知识和能力，形成和改变自己的政治心理和政治思想的能动过程。在政治社会化过程当中，我们往往强调政治思想教育的功能，社会成员可以从专门的政治思想教育中获得政治观念、政治知识、政治经验和技能，但是根本上还需要通过政治参与实践来体会和把握，只有政治参与实践才能使政治观念、政治知识、政治经验真正内化为政治素质和政治人格。具体来说，公民通过网络政治参与，一方面能够深化和扩展自己的政治知识，了解政治体系的结构和运行过程，对自身的权利进行直接的体认，锻炼自己知政、议政、参政的能力，增强对政治体系的认同感、责任感和对政治体系的归属感，培养自己的政治意识和政治行为能力。另一方面根据政治参与实践所取得的实际效果，矫正自己的政治行为，合法、有序、理智地参加政治活动，自觉维护和推进社会政治的稳定发展。显然，网络政治参与是最普通、最直接，也是最有效的政治社会化方式。

网络政治参与所具有的政治社会化功能主要体现在它是一种真正意义上

的政治实践活动。通过网络参政人们可以对社会政治事件自由地发表自己的看法，可以参加网络投票或网络选举，而且这种投票和选举可以使现实生活中的其他干扰因素的影响降到最低程度，人们能够独立自主地按照自己的意志做出判断和选择。可以说，人们在与网络的互动中，既可以通过网络这个媒介参与社会政治生活，也可在网络上直接参与社会政治实践，亲身体验政治生活的意义，获取政治知识和能力，了解和感受作为一个政治体系中政治主体的权力、义务和责任。同时网络参政的便捷性、廉价性，使社会参与的公开性强化了人们的主体意识、权利意识和民主意识，现代政治所推崇的民主可以在网络上得到切实的体验；网络参政所提供的便利的利益表达方式，使得网络参政主体对政治参与表现出更加积极的参政心理和参政行为。这些都将大大地推进公民个体政治社会化的水平。

第五节　政治稳定与网络政治社会化

政治稳定是任何一个国家政治体系所期待的基本社会状态和基本价值目标，也是实现政治发展的前提和基础。政治发展的事实一再证明，影响社会稳定的因素很多，主要有政治因素、经济因素、文化因素和国际因素等，但一个不容忽视的要素是社会成员对政治体系的认同与支持，而这种认同与支持离不开持续有效的政治社会化，也就是说，政治社会化与政治稳定是密切相关的。

一、政治稳定与网络政治社会化的关系

政治稳定是一个内涵极其丰富的概念。政治稳定，仅从字面上理解就是指政治生活状态的稳固和安定。那么，究竟什么是政治稳定？评判政治稳定的标准又是什么？怎样维护政治稳定？中外学者们对此问题的理论阐释可以

说是众说纷纭，莫衷一是。所以，很多人在论述政治稳定问题时回避了它的概念。尽管人们对政治稳定的表述不尽相同，但是至少在两个方面的认识上有相似或者相同的地方。一方面，人们通常把政权的巩固性、权力结构的合法性、政治过程的有序性作为政治稳定内涵的三个相互联系的层面，以及把是否具备这三个方面的内容作为判断一个国家政治是否稳定的标志。塞缪尔·亨廷顿认为政治稳定有两个基本要素：秩序性和继承性。秩序性意味着没有政治暴力，没有政治统治的瓦解，继承性则是指没有发生政治体系根本要素的改变；另一方面，政治稳定又具有相对性，它不是指政治系统的一成不变，而是指在一种合理、有序的环境下政治系统的发展和变迁，即保持一种动态发展的状态，但不出现暴力、分裂、压制等现象。国内有学者指出："政治稳定的基本涵义就是权威与秩序，但它并非一成不变。社会环境不断发生变化，政治系统必须以社会环境系统为参照系，积极适应其变化发展，准确地做出反应才能在动态发展中维护社会政治稳定。因此，政治稳定的涵义应概括为政治系统为适应社会环境系统的变化和发展所建立或维持的一种有序社会政治态势。"①关注政治稳定问题就必须关注其基本特征，即权威性、合法性、巩固性、动态性。总之，对于一个国家来说，政治稳定既包括国家政治制度和国家政治权力主体的相对稳定，也包括国家政治生活的稳定，还意味着国家政策、法律、法规的相对稳定以及社会秩序的稳定。显然，政治稳定的涵义极为丰富，是国家、社会、个体有机统一的概念，这也为我们探究政治稳定问题提供了视域依循。与此同时，政治稳定又是政治发展的目标和基本价值取向，特指一种积极的、动态的稳定，而不是僵化的、静止不变的、消极的维护社会政治秩序表现。

政治稳定的合法性视角分析。合法性主要是指社会成员对于政治体系保持认同和支持，有了认同和支持也就意味着该政治体系具有了一定合法性。"所谓政治权力合法性，主要并不在于统治者是否依法行事，而在于被统治

---

① 李元书：《政治发展导论》，商务印书馆 2001 年版，第 261 页。

者对于这个权力的认同或是接受。简单地用暴力强迫他们服从，成本过高而且效用有限。"① 合法性被看作是政治体系存续和发展的前提，或者说是有效统治与政治稳定的前提和基础。从古今中外历史发展的轨迹中我们不难发现，只有当社会政治体系为社会成员自愿拥护时，其政治统治才可能有效且持久。反之，当社会政治统治的合法性受到质疑甚至否定时，则其执政权威就会被削弱，进而导致社会政治动荡（政治不稳定）。事实上，对于不同的发展中国家，由于各国政治发展面临的历史阶段不同，发展条件各异，影响政治稳定的因素也各有差异。但至少两个层面的支撑不可或缺。一是经济发展水平的支持，只有经济发展了，国家综合实力增强了，人民生活富裕了，政治稳定才有可靠的保证。二是社会成员对于政治体系情感上的认同与支持。即便是经济社会发展处于困境之中，由于社会成员对国家及其所主导的政治文化的认同，也会对政治体系产生支持与认同的心理。显然，无论如何界定合法性来源，都离不开社会成员对于政治体系的认同、支持。而这种认同与支持离不开政治社会化，这是由政治社会化的基本功能所决定的。正如政治认同是一种"重要的社会黏合剂，哪怕时局艰难，内讧纷起，它也能使政治团体保持自我集聚"②。政治社会化的最大功能就在于对社会成员政治人格的塑造，以及政治人对于政治体系的认同与支持。

可见，稳定的政治系统和有序的政治生活是政治社会化的必要前提。同样，政治社会化的顺利实现又有利于促进政治系统的稳定和政治生活的有序。也就是说，政治系统的稳定和政治生活的有序终究离不开政治社会化进程的发展。值得注意的是，网络时代政治稳定与网络政治社会化的关系更加密切，这也是时代特征、载体特征、方式特征所影响的。换言之，在信息时代，维系社会政治体系稳定和社会政治生活有序，离不开网络政治社会化功

---

① 许振洲：《两种民主理论之辩——对一段历史的重新审视》，《国际政治研究》2005年第4期。

② ［美］罗伯特·E.道森、普鲁伊特·K.森：《政治系统与政治社会化》，永清、弘镇译，《世界经济与政治论坛》1988年第3期。

能的发挥，政治体系的合法性离不开网络政治社会化对社会成员政治认同
的培育和支撑。在信息时代，政治稳定与网络政治社会化密切相关，相辅
相成。

二、网络政治社会化：政治稳定的基本条件

政治稳定对每一个国家，尤其对发展中国家而言是一个非常重要的现实
问题，如何维护政治稳定的局面，并在稳定的前提下实现政治发展乃至整个
社会发展是我们必须关注的热点问题。正如邓小平所指出的："中国的问题，
压倒一切的是需要稳定，没有稳定的环境，什么都搞不成，已经取得的成果
也会失掉。"① 可见，实现并保持政治稳定是中国特色社会主义现代化建设进
程中带有基础性、战略性和全局性的问题。

处于社会转型期，我国政治稳定面临着新形势、新任务、新挑战，必须
引起高度重视，必须充分发挥网络政治社会化在维护社会政治稳定中所具有
的独特的作用，这也是保持社会政治稳定的必然要求。维护政治稳定的前提
和基础在于政治体系的合法性，在于社会成员笃定的政治认同，而这一切很
大程度上取决于社会成员政治社会化水平和发展进程。政治稳定与政治社会
化的密切联系告诉我们，只有保持政治稳定，保持主流政治文化的主导地
位，才能为保持政治社会化正确方向奠定坚实基础；同时，只有通过符合政
治体系期待的、有效的政治社会化，才能使社会成员形成稳定的政治信念、
政治人格、政治技能，使社会个体的发展与社会政治发展相一致；只有提高
政治社会化的水平，才能使主流政治文化深入人心，有效抵制非主流政治文
化对政治稳定的消极影响，进而有效促进政治稳定和政治发展。

网络政治社会化是信息时代政治社会化的重要组成部分，也是新形势下
实施有效政治社会化不容忽视的重要一环。这是由新形势、新任务、新挑战

---

① 《邓小平文选》第 3 卷，人民出版社 1993 年版，第 284 页。

的客观要求所决定的。在信息时代，网络政治社会化水平直接影响社会的政治稳定，是影响政治文明和政治发展的重要因素。在网络时代，由于网络政治参与具有显著的自主性、平等性、参与性特点，它在有效增强网民政治参与的主体意识的同时，也为非理性参与或无序参与提供了温床。在我们已知的消极意义上的网络政治参与产生的因素中，既有体制、机制层面的原因，也有参与途径、参与方式等操作层面的问题，但是政治参与主体自身的素质和政治社会化水平不能适应网络时代政治参与发展需要密切相关，而且是影响网络政治参与成效和政治稳定的重要因素。网络政治参与的显著特征是政治参与主体的虚拟性、自主性、参与性和平等性。虚拟性在一定程度上模糊了政治参与主体的身份特征，自主性淡化了社会政治体系对政治参与主体的有效控制，参与性赋予了政治主体全新的政治生活意义，平等性又突破了传统意义上政治参与主体参政机会差异性。尽管网络政治参与的特点在很大程度上成就了其参与社会政治生活的主体意识，在更大程度上增加了其参与社会政治生活的机会和可能，实现了人们自由参与、自主参与、平等参与的梦想。但从一定意义上说，也成就了网络政治参与主体随心所欲、为所欲为的参与行为，在网络政治参与法制化尚不健全，相关技术手段亟待完善的情形下，不断提高网络政治主体的政治社会化水平，提升政治主体的政治素质成为当务之急。为切实提高政治主体的政治素质，充分发挥政治主体在政治发展和政治文明建设中的积极作用，必须全面提高社会成员的政治社会化水平，政治体系必须把提高社会成员政治社会化水平作为维护政治稳定的一项重要工作来抓。换言之，提高网民政治社会化水平，是政治稳定的前提和基础。

第三章　网络政治社会化的实践

　　网络政治社会化日益成为政治社会化体系中的重要组成部分，其功能和作用显得日趋重要，并逐渐成为影响政治社会化效果的显性要素。从目前已有的网络政治社会化实践表现看，网络政治社会化正在以其独特的形式、途径、方式作用于社会政治生活的各个领域，并将产生更加深刻的影响。

第一节　网络政治社会化的基本形式和途径

　　网络政治社会化的形成与发展源于政治社会化载体与方式的变革，相对于传统意义上的政治社会化而言，网络政治社会化正呈现出形式和途径的新变化，进而引发政治社会化进程的新变化。

一、网络政治社会化的基本形式

　　政治社会化，实际上就是政治文化的社会化，是政治文化的一个派生概念。政治文化与政治社会化之间实质上是内容与形式的关系、目的与过程的关系、目标与手段的关系。从这个意义上说，政治社会化的基本形式，也就是政治文化传承的基本形式。值得注意的是，由于网络自身的结构性特点，以及网络政治文化的独特内涵及其传播方式的新变化，使得网络政治社会化具有了区别于传统政治文化传承的独特形式，主要表现在以下几个方面。

（一）通过网络传播政治知识，构建政治社会化基础

政治知识是政治文化的基本组成部分，也是政治社会化的基础。尤其是网络时代，社会政治主体意识不断觉醒，对社会政治生活的关注与日俱增，迫切要求社会成员具备更多的政治知识和政治参与技能，以便于在掌握政治知识和技能的基础上，更为自主有效地参与社会政治生活，表达自己的利益诉求，进而影响政策决策过程，以适应现代化的社会政治生活发展要求。但在网络时代，人们获取政治知识和技能的途径和方法正在发生着巨大变革，传统的政治知识传播途径正在被日益发展的网络所取代，政治知识的传播已不仅仅局限于学校教育和书本知识学习，更多地并经常性地通过网络媒介传播，而且通过网络传播政治知识方式更加便捷、范围更加广泛、效果更加显著。网络技术将电话、电报、广播、电视等传统的大众媒体与先进的卫星、光缆、计算机通信手段相联系，构成了跨越时空、最为广阔的全球信息传媒。它突破了地域和时间的界限，为社会成员提供了接触世界各地政治文化及不同政治社会所倡导的政治价值观念及行为规范的机会。它帮助社会成员在不同政治文化的认知、比较和交流中，凭借自己的政治实践、价值判断、选择和分析在更广阔的背景中形成自己的政治态度和行为方式。政治知识的获取途径更加多元、视野更加宽阔、手段更加立体，在积累多元政治文化知识传播的基础上，构建成新旧价值观和行为并存的体系，进而奠定构建政治社会化的基础。

与此同时，通过网络传播新的政治文化，有力地促进着政治社会化的持续进行。人的政治社会化过程本身就是贯穿个体的整个生命周期的持续行为，而在此过程中，总是伴随着社会政治生活的不断发展变化，各种新的政治现象层出不穷，政治知识不断更新，需要社会成员不断完善自己的政治知识结构，树立新的政治价值标准和行为规范，才能适应不断发展的社会政治发展要求。当代网络技术的迅猛发展，把大量的政治现象和政治信息展现在

人们面前，使社会成员在早期政治社会生活中形成的政治情感、态度、信仰及思维方式受到了不同程度的冲击。这就促使社会成员在尽可能多地掌握政治信息的情况下，学会在多元价值中进行选择，对自身的政治观念和政治行为做出理性判断和调整，以适应现代化社会政治生活要求。简言之，通过网络获取政治文化信息，进行价值选择和判断，将成为伴随人的一生的"必修课"。在网络时代，人们的政治知识获取离不开网络，政治价值观的形成也离不开网络，网络将伴随人的政治社会化全部过程。当然，我们在强调网络在政治知识传播过程中的作用时，并不是要忽视传统形式和途径的重要作用，其主旨在于说明网络时代政治知识传播所表现出的新变化，通过网络传播政治知识并不能脱离传统形式而孤立存在。

（二）通过网络信息互动，构建政治社会化新方式

网络技术本身创设了社会政治主体之间交互式的信息交流模式，彰显了网络政治社会化的基本特征。网络政治社会化的基本特点之一就在于主体之间的互动有效性，也是政治社会化目标实现的重要机制。信息互动既是网络技术及其载体本身所具有的特质，也是构成影响网络政治社会化成效的重要因素。网络对政治社会化方式的改变主要表现在两个方面：其一是网络政治主体之间的政治信息交流互动；其二是网络主体与现实社会之间的政治互动。前者更多地体现在网络主体应用网络媒介进行政治信息交流，在信息交流互动中"互通有无""交互影响"，从而有效地突破个体信息来源的局限性，拓展信息交流的时空。网络本身的开放性、共享性结构特征为网络主体之间的信息互动提供了无限可能，正因为如此，使得政治社会化不再是传统意义上的"被动"，而表现为更多可能和机会的"互动"。事实上，"互动"对于政治社会化的效果更加明显，更易为网络主体所接受。正如李普塞特所揭示的："当政治人表现出对政治信念和规范的选择取向时，如果他处于与其他政治角色的广泛接触状态，由于角色对与之接触的其他角色及观念的宽容的接受，这时往往可以选择代表自己利益的政治取向，也会宽容代表其他角色

利益的政治取向。"① 这也是为什么网络共同体成为网络时代政治主体的重要原因。基于共同的利益、意志和愿望，网民之间的互动交流无疑使个体的政治社会化带有明显的群体倾向，进而形成采取共同行动的网络共同体，在一定条件下，可能会引发"群体极化"现象。后者则更多地体现在网民、网络共同体与社会政治体系的互动，特别是有力地促进了网民利益诉求的表达，以及对社会政治生活的参与。当然这种参与往往是通过网络媒介实现的。在社会政治现代化的进程中，一个显著特征就是政治主体意识、参与意识不断增强，而网络又恰恰为政治主体参与社会政治生活提供更多的可能、机会和途径，形形色色的利益群体参与社会政治生活，并实际成为现代社会中的一个重要政治力量，影响国家政治权力的运作。网络技术通过多方位、多层次的信息传播，使社会成员的政治社会背景得以空前地延伸和拓展。人与人之间的交往不再局限于群体范围内，而是成网络状扩散，每一个主体都可以同不同群体、阶层交往。在交往中所获得的各种政治信息和政治观念构成了个体政治社会化的交叉压力，个体在此交叉压力的作用下，也在推进着其政治社会化进程。

（三）通过网络虚拟政治实践，强化政治社会化效果

一般意义上，政治社会化与一定的社会发展的背景相适应并直接作用于现实生活中具体人的社会实践活动。因而政治社会化本身带有鲜明的社会性和实践性特点。然而，政治社会化的社会性本身并不直接以清晰的面貌呈现出来。为了让政治社会化返本归真，在真实的社会生活中呈现政治社会化的原生性意义，即充分体现政治社会化与社会发展保持一致的社会性，需要在社会政治生活的实践中得以实现。政治社会化就是在适应外在社会发展要求的过程中，在政治主体的共同参与下，改造与发展社会的过程，它体现了政

---

① ［美］西摩·马丁·李普塞特：《政治人——政治社会的基础》，张绍宗译，上海人民出版社 1997 年版，第 64 页。

治社会化与社会发展变化保持一致的必然要求。事实上，政治社会化总是需要借助于一定的实践形式才得以实现。在网络时代，这种实践形式既包括传统意义上的社会政治实践活动，也包括网络虚拟政治政治实践活动，它们共同构成了网络政治社会化的实践形式。政治实践对于政治社会化的意义是不言而喻的，但是政治实践的形式和途径则是动态的、发展的。现实的和虚拟的政治实践活动对于社会成员习得政治技能、塑造政治人格、固化政治信仰、升华政治理想具有根本性的作用，客观上强化着政治社会化的效果。

二、网络政治社会化的基本途径

网络政治社会化主要是通过网络媒介传播政治文化、塑造政治人格、习得政治技能的过程。在此过程中，网络媒介作为区别于传统意义上的信息传播媒体，表现出独特的政治社会化功能，特别是表现在政治社会化载体和途径的独特性之中。或者我们可以将其称之为社会化媒体（social media）。关于社会化媒体这一概念最早由美国学者安东尼·梅菲尔德（Antony Mayfield）2006 年在其《什么是社会化媒体》一书中提出，其将社会化媒体定义为：一种给予用户极大参与空间的新型在线媒体，具有参与、公开、交流、对话、社区化、连通性等六大特征。学者安德烈亚斯·卡普兰（Andreas Kaplan）和迈克尔·亨莱因（Michael Haenlein）认为社会化媒体是一组建立在 Web 2.0 技术基础上，允许创建和交换用户自创内容的互联网应用。丹尼尔·斯科科（Daniel Scocco）则认为社会化媒体是各种形式的用户生成内容（User Generated Content，简称 UGC）以及使人们在线交流和分享的网站或应用程序的集合。罗恩·琼斯（Ron Jones）认为社会化媒体本质上是一个类比的在线媒体，人们在这一类在线媒体上谈话、参与、分享、交际和标记。Toin Ahlqvist 等人认为社会化媒体概念包含三个关键元素，即 Web 2.0 技术、用户生成内容（UGC）以及人际关系网。简言之，它给予用户极大参与空间，基于用户社会关系的社会交往、内容生产和信息传播的新型交互式在线媒体、工具和平台，是给予用户空间和可支配度的在线媒体。其特征表现在参与度、公开性、交流性、社区化和连通性。一个不容忽视的现象是网络及其在网络技术基础之上衍生出的网络媒介和应用正在成为网络政治社会化的基本途径，具体包括以下几个方面。

（一）主题网站

在网络空间，信息传播与交互总是以各级各类的网站为基础和主要平台的，或者说网站成了政治信息传播与交流的主阵地。各级各类的主流网站不但是主流政治文化的信息源和载体，同时也是网络政治社会化最重要的基本途径之一。这是因为，网站（Website）统筹了因特网上的基本规则，是使用 HTML 工具制作的用于展示特定内容相关网页的集合。网站是一种沟通工具，人们可以通过网站来发布自己想要公开的资讯，或者利用网站来提供相关的网络服务。人们可以通过网页浏览器来访问网站，获取自己需要的资讯或者享受网络服务。网站既提供了虚拟网络空间大小、网站位置、连接速度、软件配置、网络服务，也集成了网络信息传播与交互的基本平台。

网站的分类可以多样，例如可以根据网站所用编程语言分类，例如 asp 网站、php 网站、jsp 网站、Asp. net 网站等；根据网站的用途分类，例如门户网站（综合网站）、行业网站、娱乐网站等；根据网站的功能分类，例如单一网站（企业网站）、多功能网站（网络商城）等；根据网站的持有者分类，例如个人网站、商业网站、政府网站、教育网站等；根据网站的商业目的分类，营利型网站（行业网站、论坛）、非营利性型网站（企业网站、政府网站、教育网站）等。但是，网站的信息聚集与信息传播功能决定了网站本身所具有的网络政治社会化功能。只不过不同类型的网站承载的政治社会化功能具有显著的差异性，在政治社会化进程中的作用也是有所区别的。

相对于网络政治社会化的目标而言，专题化的网站建设具有极为特殊的意义。专题网站由于主题突出、目标明确、功能聚集，因而其政治社会化功能不容忽视。从目前我国网络政治社会化专题网站建设与发展的状况看，既有权威媒体创建的官方网站，也有各级各类的"红色网站"（红网）。如人民网、新华网、政府网等，上述网站由于信息权威，代表主流，功能齐全、安全可靠，在网络政治社会化进程中发挥着主导、示范、引领作用，也为主流意识形态传播奠定了坚实基础，成为主流政治文化传播和网络政治参与实践的主渠道和主阵地。相对于主流权威网站，有鉴于社会各界对网络政治社会化重要性的清醒认识和高度重视，以及党政机关的大力支持，一大批"红色网站"如雨后春笋般应运而生，影响日益凸显，此类网站由于价值取向鲜明、目标定位明确、顺应网络发展规律、内容形式多种多样、契合网民认知习惯正在成为网络政治社会化的重要载体和媒介。除此之外，一些"半官方"或民间性质组织创办的专题网站也不断涌现，一些专门的政治学术网站和门户网站也在对党和国家的政治事务、政治文化传播和建设投入更多精力，客观上发挥着重要的网络政治社会化作用，此类网站由于用户指向相对明确、网站内容建设较为专业，能够凝聚专业人士参与网络互动，正在成为网络政治社会化不可或缺的重要组成部分和有益补充。

（二）网络论坛

网络论坛是网络服务者为网民提供的一种新型的对话平台，正在逐渐成为网民进行政治信息交流与探讨的重要媒介。目前的网络论坛几乎涵盖了人们日常生活的各个方面，几乎每一个人都可以找到自己感兴趣或者需要了解的专题性论坛，而各类网站，综合性门户网站或者功能性专题网站也都青睐于开设自己的论坛，以便促进网民之间的交流，增加互动性和丰富网站的内容。

网络论坛可以使曾被政治边缘化的公民有机会通过网络表达自己的观点，从而达到参与政治过程的目的。网络的实时性、交互性和全球性的技术特征使它成为网民进行时事政治讨论的平台，在现实社会中难以实现的讨论空间，在网络上成为可能，同时通过网络政治参与使网络政治参与主体与政府之间的双向沟通成为可能；网络本身所具有的匿名性和分散的特点又使得在网络论坛的政治辩论和政治沟通呈现出与主流政治讨论所不同的业余性、去主流性、边缘化，即使有些网络论坛可能是娱乐性的，但也难免夹杂着林林总总的政治利益诉求，只不过表现为"显性"或者"隐性"之分。尽管如此，网络论坛依然成为网络时代政治参与实践和网络政治社会化的基本途径之一。一般而言，普通公民通常无法直接参加党代会、人代会等传统意义上的政治参与载体，他们要表达自己的利益诉求往往只能通过各级代表去实现，但网络给了他们一个新的机会和可能。无论身在何处，只要登录特别设立的网络论坛、聊天室或 BBS，就可以选择网络政治主体所关心的话题参与讨论，自主发表自己的建议和意见。网络政治参与的客体与主体之间的互动内容随时刷新并被存放在公告牌上。聊天室和 BBS 为政治家和网络政治参与主体之间的互动提供了虚拟空间，这是传统媒介无法想象和难以实现的。

网络论坛比较常见的形式有电子公告板，它是一个公开的大论坛，是互联网提供的主要服务之一。其界面以文字为主，是一个多人参加、多向交流的网络大论坛，它把身处不同地域、具有相同兴趣的人们链接起来，交流各自的看法，分享各自的感受，为有需求的人们提供帮助。在 BBS 上，网民可以方便地从索引栏目中找到感兴趣的主题，进行阅读或张贴各种见解，而 BBS 对任何人都没有特权和限制。有人曾做过一个非常形象的比喻，说 BBS 就像一堵大墙，任何人都可以在上面随意涂鸦，让别人都能看到。BBS 的作用实际上并不仅仅局限于此，它在为公民提供表达自己真实的政治态度和意见，甚至是宣泄不满的场所之外，还创造了组成网络共同体的机会。有相同（相似）政见的人们，虽然未曾谋面，但他们因为对某个政治问题有共同的热情，同样关注某个政治现象（事件），可以通过 BBS 交流结成网络共同体，并采取共同行动。

网络论坛的主体角色是网民和网络共同体。在网络论坛中，网民是基本的行为主体，普通网民在经过简单的注册（常常是免费的）之后就可以成为普通的会员。普通网民可以通过浏览帖子、发表帖子、回复帖子（合成发言权）、申诉和投诉等方式参与网络论坛。当普通网民的帖子引起更多网民的注意，并在更多网民中产生共鸣时，论坛也就形成，于是"灌水""跟贴""点赞""拍砖"源源不断，迅速在网络中"蔓延"，并在其他网站、论坛转载，甚至在现实社会中传播与蔓延。众多网民的参与又构成了网络共同体，进一步扩大了网络论坛的影响。事实上，由于网络论坛大多集中在对现实社会政治生活、政治时事（譬如反腐败和政治体制改革）、社会公共生活状态（特别是中下层阶层的生活状况）和对外政策等方面，极易引起广泛的社会关注和参与，形成强大的网络舆论场，直接或间接地影响着政府的决策。网络论坛对于网络政治社会化的意义在于参与论坛的网民之间的思想交流、民意表达，通过交流互动产生彼此影响，进而影响政治价值观的形成和演变。

值得注意的是，网络论坛正是由于其开放性、共享性、交互性，客观上可能成为各种异质政治文化、意识形态乃至政治谣言的集散地，在充分认识其信息交互优势的同时，我们必须清醒认识其在网络政治社会化方面不容忽视的消极影响。

（三）微博

微博（Weibo），即微型博客（MicroBlog）的简称，也是博客的一种，是一种通过关注机制分享简短实时信息的广播式的社交网络平台。微博是一个基于用户关系信息分享、传播以及获取的平台。用户可以通过 WEB、WAP 等各种客户端组建个人社区，以 140 字（包括标点符号）的文字更新信息，并实现即时分享。微博的关注机制分为可单向、可双向两种。微博作为一种分享和交流平台，更注重时效性和随意性。微博更能表达出每时每刻的思想和最新动态，而博客则更偏重于梳理自己在一段时间内的所见、所闻、所感。2014 年 3 月 27 日晚间，在中国微博领域一枝独秀的新浪微博宣布改名为"微博"，并推出了新的 LOGO 标识，新浪色彩逐步淡化。微博包括新浪微博、腾讯微博、网易微博、搜狐微博等，但如若没有特别说明，微博一般是指新浪微博。如果说各级各类网站在政治社会化过程中带有某种程度的正式或官方性质的话，那么微博就是一种适合所有阶层的民众传达政治信息、表达政治情感的非正式民间网络工具。[①]

近年来，随着互联网技术的发展，以及电脑和手机等移动网络终端的普及，我国网民规模不断扩大。据2018年3月发布的中国互联网络发展状况（第39次）统计报告显示，截至2017年12月，我国网民规模达7.72亿，互联网普及率达到55.8%，超过全球平均水平（51.7%）4.1个百分点，超过亚洲平均水平（46.7%）9.1个百分点[②]。与此同时，即时通信、博客/个人空间、微博和社交网络等社会化媒体是网民使用的主要应用。2017年应用即时通信的用户规模达到66 628万，网民使用率91.1%，微博用户规模达到27 143万，网民使用率为37.1%。而社会化媒体凭借其便捷性、公开性、平等性、自发性和互动性等优势，日益成为网民进行网络政治参与的重要渠道。

与此同时，国家和政府也在进一步提升对社会化媒体的重视，为公民进行网络政治参与提供平台。以"政务微博"为例，调查数据显示，截至2016年年末，新浪微博平台认证的政务微博达到164 522个。其中，政务机构官方微博125 098个，比前一年增长9%；公务人员微博39 424个，比前一年增长5%。[③]2013年10月15日，国务院办公厅发布了《关于进一步加强政府信息公开回应社会关切提升政府公信力的意见》（以下简称《意见》），其中多处提及政务微博，规定要定期开好新闻发布会，主动做好重要政策法规解读，妥善回应公众质疑，及时澄清不实传言，发布重大突发事件权威信息等。《意见》还明确指出，各地区各部门应积极探索利用政务

---

① 祝华新、单学刚、胡江春：《2011年中国互联网舆情分析报告》，2011年12月23日，见 http://yuqing.people.com.cn/GB/16698341.html。

② 中国互联网信息中心（CNNIC）：《第41次中国互联网络发展状况统计报告》，2018年3月5日，见 http://www.cnnic.net.cn/hlwfzyj/hlwxzbg/hlwtjbg/201803/P020180305409870339136.pdf。

③ 人民网：《政务指数微博影响力报告》，2017年1月19日，见 http://yuqing.people.com.cn/n1/2017/0119/c209043-29036185-2.html。

微博等新媒体，及时发布各类权威政务信息，尤其是涉及公众重大关切的公共事件和政策法规方面的信息，着力建设基于新媒体的政务信息发布和与公众互动交流新渠道。

由此可见，利用微博进行信息发布、信息互动交流，实施网络政治社会化已成为一种新常态，一方面有利于网民群体及时便捷地了解政治信息，自由平等地发表政治意见、表达政治情绪、参与政治互动；另一方面也有利于政府对网民群体进行有针对性的政治舆论引导和价值观影响，并有利于政府了解基层情况，采纳公民意见，改善政治服务能力。

在看到微博对于网络政治社会化积极作用的同时，我们也必须看到由于微博本身所具有的信息传播特质，也使微博成为非主流意识形态传播的载体，成为影响主流政治价值观传承的消极影响因素。众说纷纭式的利益表达、网络"大 V"们的一言一行、盲目从众式的跟风跟帖，均在不同程度地左右着网民的价值判断和价值选择，不能不引起我们的高度重视。

（四）微信

微信（wechat）是腾讯公司于 2011 年 1 月 21 日推出的一个为智能终端提供即时通信服务的免费应用程序，微信支持跨通信运营商、跨操作系统平台通过网络快速发送免费（需消耗少量网络流量）语音短信、视频、图片和文字，同时，也可以使用通过共享流媒体内容的资料和基于位置的社交插件"摇一摇""漂流瓶""朋友圈""公众平台""语音记事本"等服务插件。微信提供公众平台、朋友圈、消息推送等功能，用户可以通过"摇一摇"、"搜索号码"、"附近的人"、扫二维码等方式添加好友和关注公众平台，同时微信将内容分享给好友以及将用户看到的精彩内容分享到微信朋友圈。截至 2013 年 11 月注册用户量已经突破 6 亿，是亚洲地区最大用户群体的移动即时通信软件。截至 2016 年 12 月微信的月活跃用户数已达 8.89 亿。2016 年 12 月，微信团队在 2017 微信公开课 PRO 版上发布了《2016 微信数据报告》。报告中显示，2016 年 9 月微信平均日登录用户达到 7.68 亿，较去年增长

35%，50%的用户每天使用微信时长达 90 分钟。消息日发送总次数较去年增长 67%。日成功音视频通话总次数 1 亿次，较去年增长 180%。[①]2017 年，网民在手机终端经常使用的 APP 的应用是即时通信。调查显示，93.3%的网民最常使用的 APP 是微信。[②]可见，微信已成为网络用户使用最为频繁、影响最为广泛的应用程序之一。

微信对于网络政治社会化的意义主要在于政治信息的即时推送以及社交平台中"朋友圈"之间的相互影响。微信的即时通信功能改变了人们传统的思维模式和行为方式。因其具备开放性、分享性、互动性、平等性和虚拟性等特点，微信可以成为广大网民行使知情权、参与权、表达权和监督权的重要渠道，也为新形势下加强和改进网络政治社会化提供了新的机遇。微信强大的社交平台为网民，特别是网络共同体成员的信息交流提供了便利条件，使得"朋友圈"群体之间的互动更加便捷。特别是充分利用微信公众号、订阅号的信息传播功能，主动占领微信传播空间，弘扬主旋律，增强针对性，以"短、平、快、持"（短小精悍、语言平实、传播快捷、持续影响）的方式引领价值目标和价值选择。应用微信平台实施网络政治社会化，有利于拓宽信息沟通渠道，改善教育引导手段，促进政治社会化进程。

显然，随着技术的不断创新发展，涌现出更多了的社会化媒介载体、工具和平台，一方面有效地促进了信息沟通交流，另一方面也为网络政治社会化提供了区别于传统媒介的强大政治社会化功能。现代信息技术创新对网络政治社会化产生的深刻影响值得我们持续关注。尽管人们不能准确预测现代信息技术发展的未来图景，但其对政治社会化将产生不容忽视的深刻影响的前景依然可期。

---

① 《微信数据报告：日均登录用户达 7.68 亿》，2016 年 12 月 28 日，见 http://mobile.163.com/16/1228/14/C9CKOJEL00118023.html。

② 中国互联网络信息中心（CNNIC）：《第 41 次中国互联网发展状况统计报告》，2018 年 3 月 5 日，见 http://www.cnnic.net.cn/hlwfzyj/hlwxzbg/hlwtjbg/201803/P020180305409870339136.pdf。

第二节　影响网络政治社会化的因素分析

影响网络政治社会化的因素是多方面的，既有宏观层面的影响因素，也有微观层面的影响因素，厘清影响网络政治社会化的主要因素，有助于认识网络政治社会化的基本规律，有利于实施有效的政治社会化。

一、影响网络政治社会化的宏观因素

影响网络政治社会化的宏观因素是多方面的，其中政治因素是关键性的因素，经济因素则是基础性因素，而文化因素作为对公民的政治思想、政治人格、政治素质的养成是最为深刻、最为直接的因素，对公民政治社会化水平具有十分重要的作用。

（一）政治因素

政治因素主要包括国家、政党、政治法律制度等因素，它们具体表现为国家的意志、组织的力量、政治路线、方针、政策和法制力量。我国的基本政治制度包括人民民主专政的国家制度、人民代表大会制度、共产党领导的多党合作和政治协商制度。我国的基本政治制度为公民的政治社会化创造了良好的制度条件。基本政治制度既是政治社会化的基本内容，又是培养社会成员政治认同的基本价值取向，同时也是实施政治社会化的基本制度保证。

在公民政治社会化过程中，民主政治制度的发展对于政治人的形成有着深远的影响。这是因为，政治社会化的基本目标在于培养符合社会政治体系要求的合格政治人，在于培育和强化社会成员对国家政治制度的认同与支持。与此同时，民主政治制度又从制度的层面规定了社会成员所享有的权利和义务，为社会成员参与社会政治实践活动提供了制度保证。从这个意义上说，政治因素是影响政治社会化的重要因素之一。相对于信息时代网络政治社会化的新变化，更加需要从制度层面上明确社会成员参与什么、怎样参与社会政治生活，并在政治参与实践中习得政治知识，内化政治认同，提升政治素质。相对于网络政治参与日趋多样和便捷，网络政治主体意识不断增强，更加需要通过完善和健全政治制度来保障网络政治社会化的顺利进行。因此，紧紧围绕党的领导、人民当家作主、依法治国的有机统一，完善社会主义民主政治，建设社会主义法治国家，增强党和国家活力，发展更加广泛、更加充分、更加健全的人民民主，不仅是当代中国现代化建设总体布局的一个重要目标，而且也是提高我国公民政治素质、树立公民民主观念、增强公民民主意识、保证国家长治久安的必要条件。

政治因素对公民的政治社会化不仅起着直接的作用，而且还会通过其对经济、教育、文化等的影响而起到间接的作用。从马克思主义基本原理来看，经济基础决定上层建筑。经济是基础，政治、文化属于上层建筑，经济基础决定上层建筑，上层建筑反作用于经济基础。即经济决定政治和文化，政治和文化反作用于经济。政治的核心问题，乃是国家政权问题。国家为了维持它的统治，必然要通过国家的各种机器，来贯彻统治阶级的意志，维护统治阶级的利益。国家在其活动中，为了维护有利于统治阶级的经济关系和各种社会关系所制定的法律，是统治阶级利益和意志的体现。由于经济关系和各种社会关系错综复杂，因此任何国家的法律期限必须是一个制度规范体系，其核心在于对权利和义务的规定。"某一经济结构所产生的法权的和政治的关系，对于社会人类的全部心理有着决定的影响。"[①] 从这个意义上说，政治、法律制度直接影响着政治活动的全部内容，影响着公民的政治社会化，特别是公民政治社会化的目标、内容、方式、方法等。因此，作为维护国家统治手段之一的公民政治社会化，在其整个存在和全部运行中，在全部社会生活中的每一次发展和变化，都要受国家政治制度的影响和制约。在信

---

① [俄]普列汉诺夫：《普列汉诺夫哲学著作选集》第 3 卷，汝信等译，三联书店1974 年版，第 171 页。

息时代，在信息技术革命引发社会经济发展方式变革的背景下，更需要政治制度的完善以适应经济社会发展的要求，也必将深刻地影响网络政治社会化进程。

（二）经济因素

马克思主义认为，在一切社会发展的因素中，经济因素是整个社会生活和所有社会意识形态的决定力量和最终动力。不仅政治因素直接影响和制约公民的政治社会化，而且作为政治制度基础的经济制度、经济关系也直接或间接地影响和制约着公民的政治社会化进程。

政治活动归根结底是由一定的物质生产方式决定的。马克思、恩格斯在创立唯物史观的过程中，敏锐地捕捉到了人类发展规律中一个简单而又被忽略的事实，那就是"人们为了能够创造历史，必需能够生活。但是为了生活，首先就需要衣、食、住以及其他的东西，然后才能从事政治、科学、艺术、宗教等活动"[①]。因此，"物质生活的生产方式制约着整个社会生活、政治生活和精神过程"[②]。社会物质生产从根本上制约着人类的精神生活过程，它也必然从根本上制约着社会政治心理的发展变化，人类只有在解决了基本生存问题的前提下，才有可能参与正常的社会政治活动，才有可能去追求政治上的发展。这一科学论断，为我们正确认识分析政治社会化问题奠定了科学理论基础。

由于社会经济与人们的生活息息相关，使得社会的每一项决策都会对不同阶层公民的经济利益发生直接或间接的影响。如前所述，利益追求是网络政治社会化的直接动力。随着社会转型和现代化进程的不断深入，各种利益群体正在现代化经济运动中分化组合，利益主体、利益诉求日趋多元化，社会成员为了争取、实现和维护各自不同的利益诉求，就会对国家经济政策的

---

① 《马克思恩格斯选集》第 1 卷，人民出版社 1995 年版，第 79 页。

② 《马克思恩格斯选集》第 2 卷，人民出版社 1995 年版，第 32 页。

制定和出台表现出不同于以往的更多关注，就会通过各种各样的参与方式来直接或间接地影响政治决策和经济决策，进而付诸切实的政治参与行为。由于信息时代政治参与的途径和方式更多地趋于数字化、在线化、开放化，使得利益表达更加便捷，参与形式更加多样，网络参政行为成为一种新常态。于是，网络政治实践活动的机会和可能变得更加普遍，在普遍的网络参政实践中完成网络政治社会化就成为重要途径。

　　经济基础决定上层建筑，同样也决定着公民的政治社会化进程。经济发展的状况制约着公民的政治功效意识、政治义务和政治认知等观念的产生，影响着政治人格的塑造。亨廷顿曾就经济发展水平与政治参与程度作过相关分析，他认为"社会——经济发展促进政治参与的扩大，造就参与基础的多样化，并导致自动参与代替动员参与"[1]。"高水平的政治参与总是与高水平的发展相伴随，而且社会和经济更发达的社会，也趋向于赋予政治参与更高的价值。"[2]可见，只有完善的经济体制才能为公民参与政治生活提供必要的前提。只有大力发展生产力，促进经济发展，才能为公民参与国家政治生活提供物质条件。与此同时，经济发展水平直接影响着网络基础设施建设的水平，客观上构成了网络政治社会化的前提和基础，没有充分普及、完善、发展的网络基础设施建设水平保证，网络政治社会化的效益必然难以充分实现。

（三）文化因素

　　从市场经济作用于经济和政治生活已有的表现看，其所产生的巨大变革影响日益凸显，特别是在思想、意识、心理层面对社会的影响更为深刻和持久。这些思想、意识、心理通过一定的方式成为影响政治体系和公民政治

---

① ［美］塞缪尔·P. 亨廷顿、琼·纳尔逊：《难以抉择——发展中国家的政治参与》，汪晓寿等译，华夏出版社1989年版，第69页。
② ［美］塞缪尔·P. 亨廷顿、琼·纳尔逊：《难以抉择——发展中国家的政治参与》，汪晓寿等译，华夏出版社1989年版，第174页。

行为的政治文化因素。因为"一定社会的文化（作为观念形态的文化）是一定社会的经济和政治的反映，又给予伟大的影响和作用于社会的政治和经济"①。文化的内涵十分丰富，它有广义和狭义之别。一般来说，文化指的是社会成员所共有的一整套价值观、意义和物质实体，是一个社会的全部生活方式，由物质文化、制度文化和认知文化这三大互相关联的部分组成。人类在社会中生活，除了受政治、经济因素的影响，不可避免地也要受到文化因素的影响。

影响公民政治社会化的文化因素主要是承载着政治文化及其亚文化形态的网络政治文化因素。如前所述，在网络时代，公民的政治社会化与政治文化密切相关，特别是在网络政治文化不断发展的条件和环境下，公民的学习、工作、生活前所未有地受到其所处的网络政治文化环境的影响和制约。美国人类学家露丝·本尼迪克曾这样说："个体生活历史首先是适应他的社会代代相传下来的生活模式和标准。从他出生之时起，他生于其中的风俗就在塑造着他的经验与行为。到他能说话时，他就成了自己文化的大小的创造物，而当他长大成人并能参与这种文化的活动时，其文化的习惯就是他的习惯，其文化的信仰就是他的信仰，其文化的不可能性就是他的不可能性。"②本尼迪克所指的文化显然不只是一般意义上的文化，而是一种特定社会政治生活中的被统治阶级所认可、所倡导的政治文化。这是因为任何社会的统治阶级，早已把自己阶级的政治纲领和政治主张融入整体的社会文化之中，随着政治结构和文化环境的相互作用和渗透，就会产生一种有利于统治阶级和维护统治阶级利益的政治观念形态。这种政治观念形态经过社会实践的长期积淀，就形成了带有持久性和稳定性的文化形态，这就是政治文化。加布里埃尔·A. 阿尔蒙德说："政治文化是一个民族在特定时期流行的一套政治态度、信仰和情感。这个政治文化是由本民族的历史和现在社会、经济、政治

---

① 《毛泽东选集》第二卷，人民出版社1991年版，第694页。

② [美] 露丝·本尼迪克特：《文化模式》，王炜等译，华夏出版社1987年版，第2页。

活动进程所形成的。人们在过去的经历中形成的态度类型对未来的政治行为有着重要的强制作用。政治文化影响各个担任政治角色者的行为、他们的政治要求内容和对法律的反应。"①阿尔蒙德的理解表明，政治文化是一种产生于社会历史和经济、政治之上的社会意识，是一种对社会政治活动观念形态的反映。而这种观念形态的反映又具有显著的时代特征。显然，无论是带有持久性和稳定性的文化形态还是"社会历史和经济、政治之上的社会意识"对于人的政治观念、政治价值、政治行为都具有深刻的影响意义。

按照马克思、恩格斯对政治思想在社会有机体中位置的论断，无论是制度形态还是观念形态的政治文化，都是产生于人们的物质活动和经济关系基础之上的第二性的东西。作为社会政治关系的文化表现，它本质上都包括了表现制度形态的政治制度、政治体制。公民政治行为规范表现为观念形态的政治思想、政治信仰、政治心理和政治情感等的认同与遵从，表现为政治行为上的规范与自觉。政治文化是通过政治社会化获得传导机制，并在长期政治环境作用下形成的持久影响人们政治行为与社会政治倾向的政治思想意识、政治价值评价和政治心理习俗。它是作为一种特殊的社会意识而存在的，它是同实体性的政治制度和外在化的现实政治活动而言的，是一种无形的、内在的、存在于人们头脑中和渗透在人们行为中的文化形态。政治文化作为政治活动中的精神因素，是与人们的政治活动始终相伴随的。就公民而言，当他们进入政治社会参与政治活动以后，就开始对不同的政治现象和政治实体产生出各种主体倾向，产生出对政治体系和各种政治活动的价值判断。这些主体倾向和价值判断又反过来影响着公民的政治参与活动。公民的政治价值、政治认知、政治情感、政治态度和政治信仰，始终又是与他们的政治参与活动相伴随的。正因为如此，网络政治参与实践活动也构成了影响公民政治社会化基本价值取向的重要因素，进而影响着公民的政治社会化

---

① ［美］加布里埃尔·A. 阿尔蒙德、小 G. 宾厄姆·鲍威尔：《比较政治学：体系、过程和对策》，曹沛霖等译，上海译文出版社 1987 年版，第 29 页。

进程。

    网络政治文化是影响公民政治社会化的重要方面。对于当代中国，网络政治文化传承的基本目标和价值在于培养一代又一代符合中国特色社会主义发展的合格建设者和可靠接班人，使他们对中国特色社会主义理论、道路、制度、文化形成稳定且持久的政治认同感和归属感，保障公民的民主权利，彰显其社会责任，形成政治行为规范。作为一种全新的观念形态的网络政治文化，它对公民政治社会化的影响主要是通过传播政治思想意识、政治价值评价，形成政治心理习惯、塑造政治人格、培养行为规范等方面来体现的。这是因为，政治思想意识对公民政治社会化具有关键性影响。政治思想意识在整个社会政治文化结构中处于核心地位，这是由政治的本质特性所决定的。政治思想意识（或者说意识形态）作为一定社会中人们关于政治制度、政治生活以及国家、阶级、社会、政治、政治集团及其相互关系问题的系统化观点、思想、理论的总和，是人们对于政治本质及其全部规定和关系的系统认识和理性把握，是建立于一定经济基础之上的阶级、集团的根本利益的集中和直接的反映，在整个社会意识形态中居于主导的地位。因此，政治思想意识不仅最充分地反映着社会经济运动的性质和发展水平，而且也深刻地凝结着社会经济基础变革的内在要求，以及社会政治体系的政治价值主张。政治思想意识作为自觉的政治意识、思想意识，不仅通过对人的政治活动的全过程和全方位的渗透，构成支配人的政治活动的内在精神力量，而且通过自身的物化形态，也就是政治制度、法律制度等文化形态对人们的政治生活进行规范和约束。正是在这一意义上，恩格斯把国家等政治工具称为支配人的政治活动的意识形态力量。可见，任何阶级，无论是为夺取政权，还是为维护自己的统治，都离不开政治思想意识这一重要的工具，都要借助于强制的力量推行和贯彻其主导的政治思想、政治意识，使统治阶级的思想成为"占统治地位的思想"。① 因此，在网络政治社会化的进程中，必须要形成具

---

    ①   马丽英：《论政府的政治社会化能力群》，《辽宁行政学院学报》2006 年第 6 期。

有核心价值取向意义上的主流意识形态，将主流意识形态作为一定社会网络政治文化的核心内容，引领并指导网络政治社会化全过程。网络政治文化对于网络政治社会化的影响主要表现在以下几个方面。

一是政治价值评价对公民网络政治社会化具有重要的影响。政治价值是价值取向在政治生活领域的具体化，是公民基于自身需要和利益诉求对社会政治生活所做出的评价、判断、选择和表现出来的倾向，也是主流意识形态意义上政治文化的集中表现。因此，政治价值首先应当是一种观念、一种意识形态、一种政治文化，即政治价值观念。它是公民在日常的社会政治生活乃至参与网络社会政治生活中，在政治因素、经济因素和文化因素等共同作用或影响下而形成的反映政治价值关系的各种具体见解、观点和态度等，是以政治文化形式表现的。当政治价值观念（意识形态或政治文化）被社会成员普遍接受时，就会作用于社会成员的政治参与活动行为，成为社会成员对政治活动起导向作用的知识背景、思维模式、价值判断、行为准则，进而直接影响社会成员的政治态度和政治信念，制约每个公民社会成员对于网络政治生存式样和网络政治行为模式的态度和行为方式。

二是社会成员的政治价值观取决于主流意识形态的性质和内容。在同一政治文化影响下，社会成员的政治信念、政治态度价值取向可能基本一致。共同的价值观引导和规范着社会成员的政治参与活动，其中尤为重要的是影响着社会成员对社会政治生活态度审视。当社会成员对社会政治生活有了一定的认识，并形成相对稳定的、系统的政治思想意识后，就可能形成影响和支配其对政治体系和政治活动做出基本的价值评价，以规范的政治行为准则和非规范的政治行为准则作为评价与判断的标准，并对其政治行为做出明确的价值选择。

政治心理对社会成员政治社会化具有深刻的影响。政治心理一般产生于政治认知的最初过程，同时也是实现政治文化转变为现实政治行为的重要环节。政治心理作为隐态文化是政治文化对社会成员政治社会化影响最复杂也是最深层的因素。特别是在网络时代，有鉴于网络政治社会化主体、环境、途径、方式等的特殊性，使得网络对于社会成员政治心理的发生与发展更具复杂性和多样性，呈现出现实与虚拟、单向与多向、被动与主动等一系列矛盾运动与统一的显著特征。事实上，一个最为根本的判断是政治文化是深入人们"骨髓"的文化基因，是最为深层次影响社会成员政治生活政治态度、行为、价值体现的感觉、知觉、直观思维等的感性因素。它不仅包括社会成员在政治实践活动中所产生的情感倾向和内在体验，更是社会成员在网络虚拟政治实践活动中所表现出来的兴趣、反应、选择等意识活动。作为政治文化的基本表现形式，政治心理活动的表象和反映，政治文化的政治社会化意义是显而易见的。特别是网络政治文化及其特征、作用、影响牢牢地打上了"网络"的烙印，这种"网络"烙印由于顺应了网络时代人们对于政治知识、政治信息、政治话语、政治行为认知规律的特点，更易为网民所接受，因而也更加不容忽视。

另一个不容忽视的影响因素是网络政治活动环境对公民政治社会化的制约和影响。网络环境使得社会成员较易产生与时代特征联系密切、相互适应的政治情感、政治态度、政治信念，并在其内心深处所形成的与时代性、与网络政治文化相联系的文化心理结构，是社会成员参与网络政治生活并实现网络政治社会化的结果，具有一定的现实性与虚拟性密切相关的特质。

在网络时代，政治心理对社会成员政治社会化的影响表现为两个方面。一方面，在网络政治实践活动中，不同的个体由于具有不同的个体心理特征，不仅在感知、想象、思维过程等能力上有所区别，而且在情绪控制、目标选择、价值取向等方面也有存在明显差异，因而他们对社会政治生活的认识、态度、理解和判断也必然会产生各种不同的结果，从而影响其政治行为。另一方面，社会成员的政治心理反映着他们对现实政治环境的认识和评价，受到现实政治环境和政治实践活动的影响。只有首先在心理上对政治活动价值目标和结构产生相对一致的认同，才有可能主动投身于社会政治生活。一般来说，社会成员的心理因素是其选择政治行为的内在驱动力。政治心理中的文化因素表达了社会成员对政治体系和社会政治生活的倾向性，反映出基本的情感、态度、判断和行为取向。

综上所述，政治因素、经济因素和文化因素是影响政治社会化的宏观因素。其中，政治因素是关键性因素，经济因素则是基础性因素，而文化因素对社会成员的政治社会化起着决定性作用。特别是在信息时代，应依据时代发展需要，充分发挥上述三种宏观影响因素的积极作用。

二、影响网络政治社会化的微观因素

在网络政治社会化过程中，受到诸多环境因素的影响，实际上都是大量的各种各样的政治信息通过网络传递给每个网民，并经其处理、筛选后内化为自己的政治情感、政治态度和政治信仰等的过程。随着网络技术的飞速发展，网络逐渐成为改变人们的社会生活环境、生活方式、行为方式以及社会互动关系的主要因素之一，使各种社会化的载体如家庭、社会共同体和大众传播媒介发生悄然变化，这些变化成为构成了影响网络政治社会化的微观因素。

（一）网络政治文化

政治社会化过程本质上就是政治文化的传承过程，政治文化的结构、内涵、传播方式是影响政治社会化进程的重要因素。在网络时代，作为政治文化的亚文化形态，网络政治文化应运而生。网络政治文化"是指以计算机技术和通信技术为物质依托，存在于网络之中，以发送、接受信息为核心而衍生出来的人类对自身政治价值、政治生活方式、政治思维方式的反思，与现实社会和网络社会政治现象有关的精神现象的总和"[1]。表现出不同于传统意义上政治文化的显著特征。

---

[1] 李斌：《网络政治学导论》，中国社会科学出版社 2006 年版，第 264 页。

网络政治文化是现实政治文化的网络化发展相结合的产物。恩格斯曾指出:"每一时代的精神生产都具有由它的先驱传给它而它便由此出发的特定的思想材料作为前提。"[①] 其言下之意在于不同的时代必然产生不同的时代精神,或者说时代必然富于全新的时代精神内涵,而这种时代精神又是具有继承性的。文化是精神的直接表现形式,作为人类社会文化重要组成部分的网络政治文化同样如此,其自身的发展一方面取决于政治实践的进步,另一方面则是来源于具有时代发展特征的外在传播工具的变革。一个显而易见的事实是,互联网的普及正在深刻变革着政治文化的结构、内涵和传播方式,使其重构内涵的指向、拓展外延的范围、转化存在的形式以及在性质、影响等方面表现出与前网络时代政治文化的明显差异。它总是随着时代变迁处于不断的变革过程中,一定社会发展历史阶段内政治、经济、文化和社会领域的变化会对政治文化产生影响,导致政治文化产生必然的变迁。正如美国学者特里·N.克拉克(Terry Nichols Clark)在其著作《新政治文化》中所指出的,"随着社会领域的变化,政治文化也在发生变化,由此产生了新政治文化"[②]。从政治文化的视角来分析,网络政治文化是政治文化与现代信息技术相结合的产物,借助网络的特质发展所形成的一种新型的政治亚文化,即政治文化的网络化发展的成果。

网络政治文化是网络政治孕育的文化形态。相对于一般意义上的政治文化,网络政治文化是一种亚文化范畴,是网络政治社会化现实的和重要的内容之一,同时也是影响网络政治社会化的微观因素。马克思主义认为,物质决定意识,社会存在决定社会意识。基于此,我们也可以将网络政治文化理解为它是网络政治发展的产物。就广义而言,网络政治是在互联网上涉及国家权力和特定利益的政治现象;狭义上特指在互联网上客观存在的与社会政治生活密切相关的关于政治权力、政治意识、政治体系、政治

---

① 《马克思恩格斯选集》第4卷,人民出版社1995年版,第703—704页。
② [美]特里·N.克拉克、文森特·霍夫曼-马丁诺:《新政治文化》,甘荣坤译,社会科学文献出版社2006年版,第121页。

行为、政治管理、政治参与、政治发展等内容的政治现象。也就是说，网络政治实际上在很大程度上是对现实社会政治生活的反映和表现。网络政治的核心是权力，终极指向是利益，网络政治文化则是围绕政治权力和利益展开的政治观念体系。网络政治文化与社会政治生活的核心内涵是一致的，但又具有其特质。

网络政治文化是网络文化范畴内的政治性内容。"网络文化不仅是文化本身的问题，它涉及网络文化时代的网络政治、网络经济、网络社会的多位一体的综合发展"①，其中也必然包含网络政治文化的内容。从严格意义上讲，网络文化与网络政治文化无论是在内核指向，还是在外延范围边界方面，都存在明晰的界限，但两者作为人类主观层面经过思维加工产生的意识和思想产品，又存在诸多的相似与重叠。一方面，网络政治文化是网络文化的一部分，其自身的发展必然会受到网络文化整体发展态势的影响，网络政治文化的发展受到整个网络文化生态环境的影响。另一方面，网络政治文化作为网络文化的一部分，反过来又会影响网络文化的整体及各种网络亚文化的发展。

网络文化的无孔不入加快了文化多元化，直接冲击政治社会化的主题、内容和结构。构建符合政治系统所倡导的主流政治文化是政治制度化的底蕴，也是政治体制改革必要的文化生态环境，更是网络政治社会化的基本目标之一。政治文化本身就具有政治社会化的功能，政治文化的传承也是政治社会化的核心内容之一。由于互联网革命性的转变，特别是网络资源的开放性、共享性、迅捷性、参与性特点迅速使其成为网民获取知识、探索社会、实现自我的主要途径，网络本身的特性与网民渴望平等与自由的心理特点似乎有着天然的融合性，因为在网络时空中网民的社会参与感、归属感、被需要感、被认同感得到了一定程度的满足，这同样也是互联网深入人心的根源所在，这种新变化给现实社会的文化构建带来了崭

---

① 徐翔：《网络文化软实力的内涵与构成要素》，《中国社会科学报》2012 年 6 月 27 日。

新课题，同时也给政治整合、政治控制带来困难。同时网络本身也在变迁着文化的载体、内容、形式，形成了有别于传统的网络文化。网络文化是以网络技术广泛应用为主要标志的信息文化，本质上具有跨文化、跨地域、主体隐秘等特性，网络文化冲击着传统的政治文化教育内容与形式。在网络文化无孔不入的时空里，利益矛盾、价值冲突、信仰迷失、行为失范等诸多不尽如人意的现象时有出现，也在不同程度上影响着网络政治主体的政治价值观形成，这就要求我们必须拓展传统政治社会化的途径与手段，顺应网络政治社会化发展的趋势，积极建构网络文化与传统政治文化的交融平台。

当然，网络的存在也为文化的交流与融合提供平台和现实基础，但并没有从根本上调解各类文化事实上的矛盾与冲突。如"信息殖民主义""文化霸权主义"等名词的出现皆说明网络文化的确在冲击着传统意义上的国家、民族概念，激荡着政治社会化的根基。因为文化是民族的根、语言是特定文化的载体，是国家主权、民族尊严的象征。随着发端于、发达于西方网络文化的发展，西方各种反科学、反文明、反社会主义的思潮逐渐浮出水面。在我国由于社会转型期文化变迁中出现了暂时性新旧交替的真空，封建愚昧迷信的思想利用网络等现代传媒沉渣泛起，不仅严重危及社会的协调发展，甚至可能导致政治性的灾难。近年来网络空间中广为出现的各种非马克思主义社会思潮蔓延就是集中表现，一方面对传统政治文化的确造成了极大的冲击，另一方面也对公民的政治社会化产生了消极影响。

（二）网络共同体

"网络共同体"，顾名思义，是指"网络"与网民"共同体"合成的产物，是网民在网络上基于主观或客观上的共同特征所结成的一种"团体"或"组织"。这一概念告诉我们，网民是组成网络共同体的基本单元，网民之间结成共同体的媒介是网络，基础是主观或客观上的共同特征。网络共同体在网络社会中已经存在并对社会政治生活产生了重大的影响，已经成为网络时代新型的政治参与主体。① 由于网络共同体具有自发性、跨功能性、背景相似性、组织形式的松散性、良好的沟通性等特点，在网络政治社会化进程中产生着重要影响。

政治社会化的理论和实践研究表明，同辈群体对于政治社会化有着不容忽视的影响。这种影响源自于利益的趋同性、良好的沟通性、背景的相似性、心理的认同性以及行为的从众性。在网络空间，由于趋同的利益诉求，强烈的"归属感""身份认同""共同理解"、相似的"生活经历"、共同的"兴趣爱好"，网络上方便、快捷、廉价的"链接"方式，自主、自由、平等的利益表达模式，网络特有的虚拟社区，可以便捷地将具有共同兴趣的访问者集中到一个虚拟空间，达到成员相互沟通的目的，由于有众多用户的参与，因而已不仅仅具备交流的功能，实际上也成为一种利益表达和利益聚集场所，形成了数量众多的网络共同体。共同体成员之间良好的沟通性，使得政治社会化过程变得潜移默化、"水到渠成"。

网络共同体等非正式组织（团体）对人们的政治态度和政治价值观的形成有重大的影响。网络中的网络共同体是指年龄相近，教育程度、身份地位、兴趣爱好和价值观念大体相同的人们自愿组合在一起的松散的、非正式的组织。这种网络共同体尽管是非正式的，但由于它来自个人政治态度和政治价值观的自由、自主的选择，所以更加容易使共同体成员产生强烈的心理认同感。这类共同体一般都有其约定俗成的价值标准和行为方式，因而，它能够通过推动或要求成员遵守该共同体所公认的态度或行为而使成员社会化。特别是随着传统社会向现代社会的历史变革，传统意义上的家庭纽带相对松弛，同事、朋友之间的交流与沟通在网络上空前扩大，从而使得网络共同体在传播政治信息、塑造公民政治人格中发挥着不可忽视的作用，成为新形势下网络政治社会化的重要途径之一。

---

① 李斌：《网络共同体：网络时代新型的政治参与主体》，《中共福建省委党校学报》2006年第4期。

（三）网络传播媒介

信息时代，网络作为一种大众传播媒介正在飞速发展，并以其特有的优势，广泛且深刻地影响着当今社会，影响着人们的思想和行为，网络媒介在营造政治环境和氛围、促进公民政治社会化中起着极其重要的作用。网络媒介突破了传统媒介的信息传播方式，开创了即时共享、多向交互的传播模式，能够以更加直接、迅速的方式把发端于世界各地、全国各地的政治信息、政治活动与政治事件传播给网民，并成为社会成员重要的信息来源。在现代社会中，网络几乎每时每刻都在源源不断地以不同的方式把各种信息提供给社会成员，这些信息中所包含的许多直接的或间接的政治内容就潜移默化地给社会成员政治社会化以深刻的影响。它在传播政治信息、引导政治方向等方面发挥着重大的作用，这种作用的发挥主要通过两个途径：一是"使政治事件引人注目"，即通过新闻报道、舆论渲染等方式，吸引社会大众对问题的注意力，增加他们的关心程度和了解程度，从而引导社会成员政治心理的发展方向。二是在各种各样的宣传报道中，除提供政治信息外，还直接宣传某种带有倾向性或导向性的政治价值观念，以制造、引导和左右公众舆论，从而影响和塑造人们的政治情感、政治认知、政治评价与政治抉择。因此，在现代社会中，网络作为大众传播媒介是推动政治社会化的一股强劲的力量。

西方有学者将大众传媒看作是"第四种重要的社会化力量"，认为"受控制的大众传播媒介可以是形成政治信念的一种强大力量"。[①] 早在1922年，美国学者就将大众传媒对公民政治行为的影响归纳为五个方面：充实政治知识、培养政治兴趣、形成或改变政治态度、巩固政治信念、参与政治活动。由于大众传媒具有如此重要的作用，因此，西方国家都把它作为政治教育和政治社会化的重要工具。正如阿尔蒙德所评论的那样，在战后早期，大众传媒曾在人民的政治教育中起过重要作用，报纸和广播帮助塑造了新的政治制

---

① ［美］加布里埃尔·A. 阿尔蒙德、小 G. 宾厄姆. 鲍威尔：《比较政治学——体系、过程和政策》，曹沛霖等译，上海译文出版社 1987 年版，第 48 页。

度的形象，并且培养了人民对民主过程的理解。网络作为一种新型的大众传播媒介，将成为继广播、报纸、电视等大众传媒后的又一最广泛的政治信息来源。目前，以传统媒介为主要方式的政治社会化仍是主导性的形式，但对于政治社会化的主体而言，无法跟上网络的多向度的传播模式。在网络时空中主、客界限相对模糊，价值选择更加多元，信息来源趋于多样。互联网作为新型的传媒工具，有着传统传媒工具无法比拟的优势，实时互动、异步传输的技术结构实现了低成本大范围的信息传递；信息传播从单向到多向交互的质变，创造了崭新、平等、无强权中心的信息空间，特别是青年客体的自主、平等、自觉、积极的参与为政治社会化提供了更广阔的时空，更加灵活、生动的互动平台，各种层出不穷的信息传播媒介丰富了政治信息来源，影响着社会成员的政治价值取向选择。

（四）网络虚拟政治实践

众所周知，一个政治系统中的成员的政治社会化水平，在一定程度上来自于社会成员的政治实践。根据马克思主义的认识论和实践论的科学判断，实践是认识的源泉；实践是认识发展的动力；实践是检验真理的唯一标准。人们对真理的正确认知来源于实践，人们所做的正确的认知和判断都要深入到实际生活中去检验才能得出正确的结论。在网络时代，政治实践的内涵更为丰富。既体现在传统意义上"实实在在"的现实社会政治生活之中，也体现在"虚拟空间"中的网络虚拟政治实践。所谓虚拟政治实践是指人们按照一定的目的，通过网络系统在虚拟时空中进行的主客体双向互动对象化的实践活动，它是人们在网络空间以虚拟身份有目的、有意识进行的能动的探索和改造虚拟客体，同时也是提升和改造自身，目标指向社会政治生活的实践活动，是网络时代基于现代信息通信技术发展的一种新型的实践活动形态。主要表现为实践主体的虚拟性、载体的虚拟性和空间的虚拟性。虚拟实践一方面是现实实践中人的延伸，另一方面也是现实实践中社会的延伸。我们说，网络社会来源于现实社会，又不同于现实社会。网络中的虚拟政治实践，看似是虚拟的，但本质上又是实在的，既有实实在在政治实践的影子，又深深地打上了网络空间虚拟的烙印。网络既拓展了人类的生存空间，也拓展了政治实践活动的空间和途径，丰富了政治实践的载体和形式，政治实践活动正在成为现实与虚拟实践的有机统一体，并深刻地影响着个体政治社会化进程。

一方面，网络给人们提供了政治实践的平台和机会。例如网络利益表达、网上投票、网上论坛等，使人们可以"足不出户"领略政治参与的过程和心理感受，体会无拘无束、畅所欲言的民主氛围，从而在网络政治实践中习得政治技能。从这个意义上说，网络虚拟政治实践活动既有利于网民政治社会化水平的提高，也有利于提高政治社会化的效率；另一方面，由于网络的虚拟性特征，网民的虚拟性身份，导致网民在网络的虚拟政治实践中，取得的政治经验可能偏离现实社会政治发展方向、政治社会化的基本目标，偏离主流政治文化的发展方向，从而导致有悖于政治社会化的真正目的。可见，网络政治中的虚拟政治实践对政治社会化的影响是双重的，我们不可能抛弃其中的任何一个方面，只能正视这种双重影响。如何将现实社会的政治实践与虚拟社会的政治实践有机地统一起来，全面提高网民的政治素质，是一个十分重要的课题。

（五）网络舆情

舆情是指在一定的社会空间内，围绕中介性社会事件的发生、发展和变化，作为主体的社会成员对作为客体的社会管理者、企业、个人及其他各类组织及其政治、社会、道德等方面的取向产生和持有的社会态度。它是较多社会成员关于社会中各种现象、问题所表达的信念、态度、价值、判断、意见和情绪等表现的总和。从传统的社会学理论上讲，舆情本身是民意理论中的一个概念，它是民意的一种综合反映。[①] 但是，从现代舆情理论的严格意

---

① 余才忠、熊峰、陈慧芳：《情民意与司法公正——网络环境下司法舆情的特点及应对》，《法制社会》2011 年第 12 期。

义上讲，舆情本身并不是对民意规律的简单概括，而是对"民意及其作用于执政者及其政治取向规律"的一种描述。显然，舆情本身的内涵极为丰富，但其所表现出的政治价值指向特征依然十分显著，总是与社会政治生活密切相关。

网络舆情是社会舆情在互联网空间的映射，是社会舆情的直接反映，是以网络为载体，以事件为核心，是广大网民情感、态度、价值、判断、意见、观点的表达，传播与互动，以及后续影响力的集合。一般认为，构成网络舆情主要有六大要素：网络、事件、网民、情感、传播互动、影响力。作为信息时代的代表性民意信息传播形式，网络舆情除具备传统意义上舆论的公开性、公共性、评价性等基本特点之外，还具有非线性、发散型内涵及特性。网络舆情还包含以下特点：一是自由性。互联网的开放性，拓展了所有人的公共空间，给予广大网民表达利益诉求、参与社会政治生活的诸多便利，每个人都有机会成为网络信息的发布者、传播者和接收者，使得社会成员的主体意识不断得到强化，民意表达更加通畅。由于互联网络的虚拟性和匿名性特点，多数网民可以更加自然、直白地表达自己的利益诉求、真实观点、态度和情绪。从一定意义上说，网络舆情能够较为客观地反映现实社会的矛盾和不同群体的利益价值诉求。二是交互性。在网络空间，由于网民主体意识的增强、网络政治参与途径的拓展，以及互动交流的便捷，在对某一问题或事件发表意见、进行评论的过程中，常常有许多网民参与讨论，网民之间的互动交流呈现常态化状态，赞成方的观点和反对方的观点同时出现，相互探讨、争论，相互交汇、碰撞，甚至出现意见交锋。这种网民之间的互动性实时交流，使各种观点和意见能够快速地表达出来，讨论更广泛更深入，网络舆情能够得到更加集中的反映。三是多元性。网上舆情的主题极为宽泛，话题的确定往往是自发、随意的。从舆情主体的范围来看，网民分布于社会各阶层和各个领域；从舆情的话题来看，涉及政治、经济、文化、军事、外交以及社会生活的各个方面；从舆情来源上看，可以是偶发事件的有感而发，也可能是共同（或相似）利益诉求的集中表现，皆有可能形成网络舆情。四是偏差性。由于受各种主客观因素的影响，一些网络言论缺乏理性，比较感性化和情绪化，甚至有些人把互联网作为发泄情绪的场所，通过相互感染，这些情绪化（非理性化）言论在众人的响应下，极易产生"群体极化"式的非理性舆论导向，引发社会不稳定因素。五是突发性。网络舆论的形成往往非常迅速，一个热点事件的存在加上一种情绪化的意见，就可以成为点燃一片舆论的导火索。当某一突发事件发生时，网民可以立即在网络中发表意见，网民个体意见可以迅速地汇聚起来形成公共意见。同时，各种渠道的意见又可以迅速地进行互动，从而迅速形成强大的"舆论场"。

网络舆情与政治社会化是密切相关的。从一定意义上说，网络舆情在一定程度上是政治社会化价值形态的反映。一方面，网络舆情的政治社会化价值产生于政治社会化主客体之间的相互作用，具有显著的价值取向表现。另一方面，依据一定价值取向形成的政治观又直接影响社会化主体的心理、情感、认同和行为，产生对社会热点和政治事件的态度、思想、行为影响，推动网络政治社会化的发展。

我们说，网络政治社会化的基本形式和途径之一在于互动，网络舆情的产生与发展也来自互动，信息互动、网民互动、意见互动、媒介互动强化着网络政治社会化效果，互动的作用机理可能产生"共振效应"。网络舆情处理得当、引导有度，则可以消除疑虑、凝聚共识，产生叠加放大的网络政治社会化正效应；反之，"以讹传讹"，偏激激化，则可能产生放大化的负效应，甚至产生更多的质疑、动摇，乃至背离，使原有的政治社会化成果消失殆尽。

第三节　中国网络政治社会化现状分析

中国互联网络信息中心（CNNIC）发布了第41次《中国互联网络发展状况统计报告》（以下简称《报告》）。《报告》显示，截至2017年12月，我国网民数量达到 7.72 亿，手机网民数量达 7.53 亿，网民中使用手机上网的比例持续提升，占全球网民总数的五分之一。互联网普及率为 55.8%，超过全球平均水平（51.7%）4.1 个百分点。伴随着我国互联网技术和基础设施建设的飞速发展，以互联网为代表的数字技术正在加速与经济社会各领域深度融合，成为促进我国消费升级、经济社会转型、构建国家竞争新优势的重要推动力。庞大的网民群体、广泛的应用覆盖、深度的融合领域、强大的发展动力构成了我国互联网发展的宏伟篇章。显然，互联网发展对国家的发展不仅仅是对经济发展的推动，也必然渗透至社会政治生活领域。网络平台不单单是基础应用、商务交易、网络金融、网络娱乐、公共服务平台，同时也是政治信息交流、政治文化传播、网络舆论扩散乃至意识形态建设的重要阵地，也成为网络政治社会化的重要载体。

一、网络成为传承主流政治文化的重要途径

随着网络媒介的迅速普及和发展，网络的政治社会化功能正在日益凸显，充分认识网络政治社会化的重要性，积极探索基于网络的政治社会化阵地建设成为各方面的共识。

（一）确立了网络媒介主流意识形态价值导向

从表面上看，现代信息技术本身似乎是"中性"的，并没有显著的意识形态特征，但如果我们将其还原至现实社会的关系网络中去分析，就不难发现，网络所依托的社会政治环境及其具体的社会实践则是"非中性"的，至少不是单纯"技术性"的，而是与现实社会紧密联系，且产生了日益重大而深远的影响。换言之，网络媒介及其作用具有显著的意识形态性。网络媒介作为现实社会的一种延伸，必然要反映现实社会的意识形态特征，并成为承载主流意识形态价值导向的传播平台。

随着互联网络的普及和发展，党和国家充分认识到网络媒介在意识形态

129

建设领域的极端重要性。2007年1月23日，中共中央政治局曾就"以创新的精神加强网络文化建设和管理"为主题进行集体学习，胡锦涛在集体学习时强调："加强我国网络文化建设和管理，必须从中国特色社会主义事业总体布局和文化发展战略出发，坚持以邓小平理论和'三个代表'重要思想为指导，全面贯彻落实科学发展观，按照发展社会主义先进文化的要求，坚持积极利用、大力发展、科学管理，以先进技术传播先进文化，促进和谐文化建设，更好地满足人民日益增长的精神文化需要，为全面建设小康社会提供有力的思想保证和舆论支持。"[1]

2008年6月，胡锦涛在视察人民日报社时强调指出："互联网已成为思想文化信息的集散地和社会舆论的放大器，我们要充分认识以互联网为代表的新兴媒体的社会影响力，高度重视互联网的建设、运用、管理。"[2]

党的十八大以来，习近平总书记准确把握时代大势，积极回应实践要求，站在战略高度和长远角度，就互联网发展尤其是网络强国战略发表了一系列具有重大现实意义和深远历史意义的重要讲话。"经济建设是党的中心工作，意识形态工作是党的一项极端重要的工作。"[3]"网上网下要形成同心圆，什么是同心圆？就是在党的领导下，动员全国各族人民，调动各方面积极性，共同为实现中华民族伟大复兴的中国梦而奋斗。"[4]"讲讲建设网络良好生态，发挥网络引导舆论、反映民意的作用。"[5]"网络空间是亿万民众共同的精神家园。网络空间天朗气清、生态良好，符合人民利益。网络空间乌烟瘴气、生态恶化，不符合人民利益。我们要本着对社会负责、对人民负责的态度，依法加强网络空间治理，加强网络内容建设，做强网上正面宣传，

---

① 胡锦涛：《以创新的精神加强网络文化建设和管理》，人民网，2017年1月24日，见 http://cpc.people.com.cn/GB/64093/64094/5324268.html。

② 《人民日报》2008年6月23日。

③ 《习近平谈治国理政》，外文出版社2014年版，第153页。

④ 《习近平谈治国理政》第二卷，外文出版社2017年版，第335页。

⑤ 习近平：《在网络安全和信息化工作座谈会上的讲话》，人民出版社2016年版，第6页。

培育积极健康、向上向善的网络文化，用社会主义核心价值观和人类优秀文明成果滋养人心、滋养社会，做到正能量充沛、主旋律高昂，为广大网民特别是青少年营造一个风清气正的网络空间。"①这些重要论述深刻阐述了意识形态工作的极端重要性，以及发挥舆论引导、建设网络良好生态的必要性。

正是在党中央的高度重视和切实有力举措的推动下，我国网络意识形态建设工作确立了鲜明的主流意识形态价值导向。也就是：必须旗帜鲜明地坚持和捍卫马克思主义的指导地位，牢牢掌握意识形态工作的领导权和话语权，坚持党性和坚持人民性、理论自信和理论创新、一元化和多样性、包容性和批判性的有机统一。至此，我国的网络媒介步入了一个健康安全发展的快车道，打造了在国内外有较强影响力的综合性网站和特色网站，以正确舆论引导人、教育人的影响力得到不断强化，网络成为承载主流意识形态价值取向的重要载体。

（二）丰富了网络媒介主流意识形态建设内容

从本质上看，我国网络媒介意识形态建设与中国特色社会主义意识形态建设具有内在统一性。并不会因为网络空间的所谓"虚拟性"而例外。如前所述，虚拟与现实之间存在着必然的联系，现实是虚拟产生的本源，虚拟是对现实的反映和延伸。对于网络媒介意识形态建设而言，其建设内容并不能脱离现实社会而独立存在，而是体现着现实社会政治体系核心价值规定性以及个体存在于现实社会生活的基本价值需求。当然，这也并不是说，我们可以对网络媒介的特殊性视而不见，而是要在普遍性与特殊性的对立统一中寻找答案。

网络媒介意识形态建设的特殊性主要表现为主体、客体、载体的特殊性。相对于传统意义上意识形态建设，网络媒介由于互联网技术本身所禀赋的平等、开放、自主、共享等价值理念，正在通过网络空间和现实社会的交

---

① 《习近平谈治国理政》第二卷，外文出版社 2017 年版，第 336—337 页。

互式体验逐步融入主客体的思想和行为之中，呈现出一定的差异性，成为网络媒介独特的精神文化品质，正是这种精神文化特质进一步丰富和发展了网络媒介意识形态建设的内容和表现形式。

当前，我国公民的网络政治社会化发展过程显得相对迟缓，一些公民网络政治社会化水平相对较低。正因为如此，充分发挥网络的便捷性、平等性和开放性优势，也就成为提高公民政治社会化水平的重要渠道，也为政治文化变迁提供了新的空间。网络政治过程本身就是政治社会化的过程，公民在网络政治参与过程中，可以学习政治文化和政治知识、了解政治问题和政治现象，并且获得政治参与所需要的政治技能，培养一定的政治情感和政治信仰，形成较为成熟、稳定的政治人格，从而起到传承政治文化、教育社会成员、巩固政治稳定的作用。随着互联网的广泛使用，网络政治社会化将更加显现其在公民政治社会化过程中的作用，成为公民政治社会化的重要载体，对于提高公民的政治认知和政治技能，塑造中国公民的政治情感和政治信仰，培育以核心价值观为导向的现代政治文化都会发挥重要作用。

二、网络政治社会化作用日益凸显

随着网络的普及，人们对其在公民政治社会化进程中独特作用的认识日渐清晰，利用网络、用好网络的政治社会化功能正在成为共识，社会各界都在自觉或不自觉中充分发掘网络在政治社会化中的积极作用，设法消弭其消极影响，使网络政治社会化作用日益凸显。

（一）创建了主流网络舆论传播平台

互联网以在其他任何领域都以前所未有的速度发展，越来越成为承载先进文化、提升国家文化软实力的有效平台和传播手段。因此，在中央全面深化改革领导小组第四次会议上，习近平总书记特别强调，推动传统媒体和新兴媒体融合发展，强化互联网思维，坚持传统媒体和新兴媒体优势互补，推动传统媒体和新兴媒体在内容、渠道、平台、经营、管理等方面的深度融合，着力打造一批形态多样、手段先进、具有竞争力的新型主流媒体。一个显见的事实是，我国各大主流媒体充分认识到新兴媒体在主流意识形态传播中的重要作用，不断强化着"媒体融合"，创建了一大批数字化信息传播平台，比如世界十大报纸之一《人民日报》，1997 年 1 月 1 日创办了"人民网"（www. people.com.cn），作为国家重点新闻网站的排头兵，人民网坚持"权威、实力，源自人民"的理念，以"权威性、大众化、公信力"为宗旨，以"多语种、全媒体、全球化、全覆盖"为目标，以"报道全球、传播中国"为己任，建设了以新闻为主的大型网上信息交互平台，成为国际上最大的综合性网络媒体之一。再比如创办于1998 年 1 月 1 日的"光明网"（www. gmw.cn），成为我国最早设立的新闻网站之一。二十年来，光明网延伸和发挥了《光明日报》的核心价值和传统优势，在广大读者、网民中有着强大的影响力。此外，在广播电视领域，中央电视台、中国国际广播电台、中央人民广播电台、上海传媒集团、华数传媒、南方传媒、湖南广电等几家传统媒体早已获得 IPTV（交互式网络电视）、互联网电视等牌照，并负责建设、管理和运营互联网电视集成平台。同时，新兴主流媒体积极利用好互联网，利用官方微博和微信平台，着力打造专业的微博微信群。2011 年以来，官方微博加速发展，数以万计的党政机构、企事业单位和党政官员入驻微博。微博"国家队"的崛起，有利于打通"两个舆论场"，促进网络官民互动渠道日益开阔。党的十八大以来，中央和地方党政机构更加重视微博、微信的发展，多地率先将政务微博写入当地政府工作报告，把微博建设作为政府信息公开的重要部分。2013 年 7 月，国务院办公厅印发《当前政府信息公开重点工作安排》，数次提到"政务微博"，2013 年 10 月，中国政府网官方微博和微信开通。官方主流媒体与新媒体的深度融合和有效的互动，增强了舆论引导的效果。一方面，传统媒体率先报道焦点性新闻事件或问题，新媒体迅即在网络上转贴传播，并以此为由头开展讨论，形成强大的网络舆论，助推其他传统媒体转载，最终形成媒体舆论与网络舆论的"共振效应"。另一方面，充分发挥了新兴媒体的活力和张力，在网络上设置热点议题，组织讨论并调查民意，获得新闻素材，形成舆论热点和焦点。传统媒体及时对这些新闻热点进行反馈，再经新媒体引导网友对议题进行讨论，引导网络舆论向理性的方向发展，并最终形成舆论合力。传统媒体与新媒体的互动呈现出双向互动和反复互动的态势，并且其交叉互动的频率越高，动态性越强，就越容易产生正向的舆论引导效果。主流媒体与新媒体深度融合，打通了两个舆论场，既发挥了主流媒体回应现实关切、弥合社会分歧、引领大众舆论、凝聚思想共识的重要作用，也增强了新型主流媒体的覆盖面和话语权。网络政治社会化的正能量不断得到增强。事实证明，互联网强大的群际传播和社会动员功能日益显现，已成为意识形态较量的主战场、宣传思想文化战线的主阵地之一。先进的思想文化不去占领，错误思想观点和腐朽落后的东西自然会滋生蔓延。因此，必须唱响主旋律，保持正面宣传的强势，时刻把握网上舆论的主导权成为网络政治社会化的必然选择。

（二）形成了多层级网络信息传播格局

网络的普及和发展改变着中国传统的媒体传播及信息分享格局。自媒体正日益成为热点事件曝光和信息传播的主要平台和网络舆论的特殊源头，特别是微博、微信等社交媒体的快速发展，使得旧有的信息传播与舆论引导方式发生了根本性变革。

在此背景下，2013 年 11 月，党的十八届三中全会系统讨论了关于互联网发展的问题，要求健全网络突发事件处置机制，形成正面引导和依法管理相结合的网络舆论工作格局，提出"加快完善互联网管理领导体制"，加强网络法制建设和舆论引导。这一部署，顺应了互联网信息传播规律、成为引导网上舆论的有效方法。

网络的分众化传播模式契合了不同人群的接受习惯和信息需求，形成多层级、精细化的传播格局。因此，网络政治社会化主体必须顺应网络政治信息传播规律，构建新型网络传播格局。经过多年的实践探索，我国已逐步构建起了"一个平台，多个媒体和多个终端"的立体化信息传播格局，探索出了个性化、社群化的用户服务新路径。具体而言，"一个平台"就是官方主流政治信息传播平台，"多个媒体"就是优势传统媒体和新媒体的集合体，"多个终端"也就是包括在线终端、移动终端等在内的信息传播媒介。这一立体化信息传播格局注重了响应网络舆情热点的速度、态度和层级。响应速度快，第一时间回应，态度积极，主动做网络事件的"第一定义者"，产生了良好的"首晕效应"，使得网络舆情可知、可控、可导。这一立体化信息传播格局提升了网上信息透明度，有利于主动取得公众的理解和信任。信息透明是现代政治文明不可或缺的要素，也成为平息舆情危机的最有效举措。在网络世界中，谣言、流言和偏激声音比现实中更容易传播，提高透明度可以防止复杂网络世界中的各种不利猜测、质疑和炒作，最大化地压缩谣言、流言形成和大肆传播的空间，最终有效化解社会恐慌和平息舆情危机。这一立体化信息传播格局全方位、多角度强化了网络沟通。一批熟悉网络宣传规律、互联网技术和网络舆论引导的技巧，积极、主动、及时并熟练地运用官方网站、媒体网站、网民留言板、官方微博、微信的网络发言人、网评员队伍正在形成，专业化水平不断提升，信息发布和意见沟通更加通畅。网络信息沟通过程中固有的宣传话语体系，转变文风正在改变，使用鲜活的网络语言和大众口语，摆事实、讲论据、重逻辑的引导性舆论不断涌现，大局意识、责任意识得到强化，不仅能够理性引导网民思考，还能理性探究问题产生的原因与关键，有利于推动网络舆论问题的解决。搞好网络"统战"的意识不断提升。在近年社会舆情大事件中，网络名人和"意见领袖"的构成日益多元化，且发挥较大影响力的案例越来越多。当然，虽然有些网络名人言辞激烈，但本质上可能还是出于对社会管理、民生问题、理论问题的关注，存在一定的分歧。在市场经济和互联网时代，我们应该充分认识到需要团结"新社会阶层"，也要团结以互联网为纽带的"新意见阶层"，除了对少数偏激、恶意、非理性的网络名人进行批判外，积极发展"盟友"，开展"网上统一战线"，允许他们监督，鼓励他们提出积极的合理化建议，在重大舆情事件发生时建立对话沟通机制，争取互信。

三、网络成为主流意识形态传播阵地

在网络时代，互联网已日益成为各种社会思潮和利益诉求汇聚的平台，成为社会意见的重要生成地和影响社会舆论的重要渠道。因此，适应网络意识形态传播规律，创新主流意识形态传播的形式、载体和话语体系，是我们占领并守住网络阵地的时代要求。在意识形态认同存在危机，话语表达以及渠道、技术都存在变数的情况下，主动占领主流意识形态阵地，做好主流意识形态传播，提升其传播力和影响力至关重要。

（一）确立了马克思主义的核心指导地位

马克思主义作为人类对自然界、人类社会和人类思维发展普遍规律探索的科学理论体系，引发了人类社会的巨大变革，指导了中国民主革命的胜利、社会主义建设和改革开放的伟大成就，成为被中国革命、建设、改革开放实践证明的伟大、科学的理论体系，也成为中国特色社会主义理论体系创新发展的思想源泉、理论源泉。马克思主义中国化的理论创新成果成为当今中国主流意识形态建设核心要旨。坚持马克思主义在意识形态领域的指导地位，是中国革命、建设、改革开放历史进程中历史逻辑、实践逻辑、理论逻辑有机统一的必然选择，也是网络时代公民政治社会化进程中关于指导思想的唯一正确选择。

事实上，任何国家和社会都有占统治地位的意识形态，意识形态领域的主导思想从来都是一元主导的，而不能是多元离散化的。一个国家的政治法律制度和政权机构等，都是在占统治地位的意识形态指导下建立起来的。在我国，居于主导地位的意识形态就是马克思主义。这里所说的马克思主义，是马克思列宁主义、毛泽东思想和包括邓小平理论、"三个代表"重要思想、科学发展观、习近平新时代中国特色社会主义思想在内的理论体系的统称。马克思主义是中国特色社会主义意识形态的旗帜和灵魂，也是我们立党立国的根本指导思想，更是鲜明特色所在。

在改革开放的历史进程中，我国社会经济成分、就业方式、分配方式和利益关系日益多样化，人们思想活动的独立性、选择性、多变性、差异性不断增强，人们的思想观念也呈现出多样化趋势。一方面，马克思主义在创新中不断发展，形成了中国特色社会主义理论体系、社会主义核心价值体系这样系统化的社会主义意识形态，在社会意识形态领域发挥着指导和引领作用；另一方面，社会思想领域仍然存在着反马克思主义和非马克思主义的思潮，巩固马克思主义在意识形态领域的指导地位面临着各种挑战。

从历史和现实看，反马克思主义（非马克思主义）的思潮主要表现在两个方面：其一，根本否定马克思主义的科学性，反对马克思主义的政治立场、思想体系和基本原理，反对马克思主义的指导地位和作用。现实中，有人宣扬马克思主义"过时论""无用论"；有人把西方制度模式和社会思潮说成是"普世价值"，主张用"普世价值"取代马克思主义的指导地位。其实质和要害，就是主张全盘西化，主张用西方资本主义制度模式取代中国共产党的领导和中国特色社会主义制度，主张用西方的所谓"普世价值"取代中国特色社会主义的核心价值体系，注重用西方的所谓"自由主义"取代中国特色社会主义的道路、制度、理论、文化体系。表现出显著的"和平演变""颜色革命"特质。其二，以教条主义的态度对待马克思主义，打着马克思主义的旗号反对马克思主义的本质，根本否定我国的改革开放，否定中国特色社会主义。其集中表现在于"两个否定"，即用改革开放前的历史否定改革开放所取得的伟大成就，或者以改革开放的成就否定改革开放前的历史，呈现出显著的"历史虚无主义"特征。实践证明，把马克思主义当成僵死的教条，拿书本教条来评判党和人民生机勃勃的历史创造活动，不但不符合马克思主义，而且恰恰是马克思主义的大敌，是党和人民事业的大敌。

当今思想界，网络空间还存在着大量反马克思主义（非马克思主义）的思潮和学说。在国内，特别是在网络空间，思想理论领域学派纷呈、热点频现；国际上，经济、政治、文化、环保等领域都活跃着形形色色的思潮，宗教在世界范围的影响仍然广泛而深刻。我们不能把不符合甚至违背马克思主义的东西统统归结于反马克思主义，但至少我们必须始终保持清醒头脑，保持科学理论指导的定力。一部马克思主义发展史，就是随着时代、实践和科学的发展，吸收人类创造的一切文明成果，在同各种思想理论的相互激荡和斗争中，不断丰富、完善和创新的历史。对反马克思主义的东西必须展开坚决的斗争；对非马克思主义的思想，既要斗争，也要清醒认识，采取正视、包容、借鉴、吸收的科学态度。既正视差异、包容多样，又有力抵制各种错误和腐朽思想的影响，这是坚持和发展马克思主义、巩固马克思主义指导地位的题中应有之义。

社会思想观念越是多样化，意识形态领域越是思潮纷涌，就越是需要坚持和巩固马克思主义的指导地位。如果动摇了马克思主义的指导地位，就会动摇中国特色社会主义的理论根基，动摇全党全国人民团结奋斗的共同思想基础。只有坚持马克思主义的指导地位，才能有效引领和整合社会思潮，在尊重差异中扩大社会认同，在包容多样中形成思想共识，从而凝聚起建设国家的伟大力量。

（二）丰富了主流意识形态建设的内容

随着互联网络的飞速发展，网络空间的舆论生态出现了复杂多变的格局。互联网成为国际国内意识形态斗争的主战场，也成为网络政治社会化和主流意识形态建设工作的最大变量。意识形态建设工作成为党的一项极端重要的工作，主要包含意识形态建设、意识形态传播、意识形态认同三个主要环节，建设是前提，传播是关键，认同是目的，没有普遍和有效的传播，意识形态建设再好、核心价值体系再好也不可能得到公众的认同。"一种意识形态成为社会主流意识形态，是因为信奉这种意识形态的政党或集团执掌国家政权，并使这种意识形态在全社会传播，被社会大多数人接受和信奉。"①
在网络时代，依托传统媒体为核心的主流媒体构建的官方舆论场依然承担着
传播主流意识形态的重要职责，而微博、微信、博客、论坛和视频网站等自
媒体组成的民间舆论场具有非权威性、非制度化、零散化的特征，汇聚着形
式多样的社会思潮和价值观，极易搞混人们的思想，消解官方舆论场的传播
效力。因此，面对新形势下意识形态传播方式、途径、内容和形式等发生的
深刻变化，主流媒体必须把握好意识形态传播过程中大众化和感性化两个重
大趋势性变化，依靠良好的专业品质，主动发挥"内容为王"的优势，在创
新传播内容和方式上实现两个转变，增强主流意识形态对民间舆论场的引
导，最终实现两个舆论场的同频共振。为此，网络意识形态建设的内容体系
建设不断全面化，培育和践行社会主义核心价值观、中华民族伟大复兴中国
梦的核心价值追求成为网络意识形态建设的基调和主流。其基本目的就在于
始终保持主流意识形态建设的主导性。与此同时，必须看到，网络意识形态
建设的内容并非"一枝独秀"，必然要受到多元文化环境的影响，必然呈现
出"百花齐放、百家争鸣"的格局，主动适应"一元主导、多元并存"的政
治文化发展方向，一方面始终保持主流意识形态的指导地位，另一方面顺应
社会成员对于丰富文化生活的需要，实现主流主导、支流汇聚的全新景象。
事实上中国特色社会主义核心价值观、中华民族伟大复兴中国梦的价值取向
正在成为网络意识形态的共同认识，成为中华民族共同的核心观，成为凝聚
共识的强大精神力量。

（三）网络意识形态建设地位不断提升

值得注意的是，当下我国对主流意识形态建设的地位和作用的认识日益
受到广泛重视，全国上下已经充分关注到网络空间主流意识形态建设的极端

---

①　朱兆中：《意识形态的传播与接受问题研究：兼论中国马克思主义的传播与接受》，
《上海行政学院学报》2007 年第 4 期。

重要性，主要体现在：

首先，强化了网络意识形态建设的战略思维，深刻认识到掌握网络空间主流意识形态建设的领导权的重大意义。习近平总书记强调："虽然我国网络信息技术和网络安全保障取得了不小成绩，但同世界先进水平相比还有很大差距。我们要统一思想、提高认识，加强战略规划和统筹，加快推进各项工作。"[①] 因此，必须始终巩固我国网络空间主流意识形态建设的领导权，不断强化战略思维，加强战略传播，审时度势，有效应对各种复杂局面和风险考验。坚持了"两个巩固"，研究制定主流意识形态建设的国家战略以及实施路径，把主流意识形态建设作为网络强国的重要内容，全面融入国家网络安全战略、总体规划及重大政策之中。从"整体"角度对主流意识形态传播战略进行顶层设计，包括对战略总体规划与具体实施步骤的顶层设计，整合资源优势，加强相关组织机构的通力配合。及时了解我们所面临的复杂的传播大环境，统筹各个传播机构组织的职能范畴，综合运用各种传播方式，达到良好的传播效果。从"系统"角度总结了各种传播方式的优势与劣势，扬长避短。要求宣传者能以全球化的国际视野，采取国际上大多数媒体与受众能够接受的模式来审视手中的信息，发现其中蕴含的全局性意义，体现全球化背景下的宏观的思维模式。

其次，强化了善治思维，掌握网络空间主流意识形态建设的管理权。尽管网络空间话语权争夺复杂而激烈，一些别有用心的组织或个人使舆论话语、立场、价值等相分离。各种思想文化汇集与交锋日益频繁，意识形态领域渗透手段日益隐蔽和多样。各种错误观点、有害思潮、模糊认识沉渣泛起，竭力争夺话语权和影响力。一些非理性情绪引发的消极言论对主流意识形态建设具有消解效应和对冲效果。但在全面依法治国的战略思维框架下，我们党加强了对社会化媒体的治理，不断强化着我国网络空间主流意识形态

---

① 习近平：《加快推进网络信息技术自主创新朝着建设网络强国目标不懈努力》，新华社，2016 年 10 月 9 日。

建设的管理权。意识形态领域强化了治理思维。重点发挥了意识形态部门对社会化媒体的宏观调控以及组织协调的主导作用，加强互动，了解民意。并利用互联网及时回应社会关切。完善了信息发布制度，力争及时、准确、翔实地向媒体、公众发布信息，不妄自下结论，尽力用事实说话、用数据说话。正确引导群众的支持和参与，稳定社会预期。重视借力网络政治社会化媒介的传播优势，多维度地对我国重大政策措施进行全面解读。主流网络媒体的责任感不断增强。旗帜鲜明地抓导向、抓管理，强化阵地意识，坚持党管宣传、党管意识形态、党管媒体不动摇。主流网络媒体主动承担社会责任，直面问题，及时主动发声。加强了法治监管。切实践行"网络空间不是法外之地"的理念，积极加强相关法律法规建设，推进网络依法规范有序运行，对网络政治社会化媒体进行有效监管，为构建诚信、有序的网络传播秩序提供有效的法律保障。加强网络信息公开透明的管理方式。坚持真实性原则，及时公开人民群众关心的问题，及时回应人民群众的关切，避免网络谣言、不实小道消息广泛散布，掌控主流话语的主动权和主导权。

第三，强化了主动思维，主动掌控网络空间主流意识形态建设的议题设置权。习近平总书记在党的新闻舆论工作座谈会上强调："要推动融合发展，主动借助新媒体传播优势。要抓住时机、把握节奏、讲究策略，从时度效着力，体现时度效要求。"① 为此，各主流网络媒体，通过主动思维，主动作为，把握时度效，强化主流意识形态传播的主动议题设置能力，从而增强意识形态工作的议题设置权。一方面，充分利用网络空间的多元渠道发挥好舆论整合功能，构建有利于主流意识形态建设的舆论环境。另一方面，主流媒体以最快速度抢占议程设置的主动权，通过传播技巧的运用，把主流意识形态转化为社会大众关心的公共议程；在领导干部、专家学者、英模典型、大众代表中遴选优秀人员，有计划、分步骤、成规模地培养自己的网络意见领袖，建立协同机制，形成有政治意识、大局意识、业务水平过硬的网络舆论

---

① 《习近平谈治国理政》第二卷，外文出版社 2017 年版，第 333 页。

引导"国家队"，与主流媒体齐发声，主动传播正能量，引导网络舆论走向。

第四，强化了对话思维，主动掌握网络空间主流意识形态建设的主导权。网络空间是一个开放交互式的场域，树立主流意识形态建设的对话思维，就要突破传统思维定势，强化对话式交流、立体式传播。在对话中，主流网络媒体、平台正确地认识到自身的定位与角色，逐步站在平等对话的角度理解网民的利益诉求，在对话中获得尊重和理解。采取多种方式让受众共同参与官方话语设定的议题，引导舆论热点，更大程度地与受众保持平视的对话状态。通过对话交流传播对主流意识形态的认同。

第五，强化了主权思维，主动掌握网络空间主流意识形态建设的规则制定权。目前，从全球制度层面看，网络空间存在着两大问题：一是网络空间规则的缺失，二是网络空间规则制定的话语权由西方少数国家所掌控。在这种情况下，我国充分认识到掌握网络规则制定权，防止网络空间安全文化被具有显著西方单边主义色彩的规范所左右的重要性。积极倡导和构建网络主权平等的网络新秩序。习近平总书记在 2015 年世界互联网大会开幕式上发表主旨演讲时强调尊重网络主权，共同构建和平、安全、开放、合作的网络空间。在中共中央政治局就实施网络强国战略进行第三十六次集体学习时，习近平总书记更是强调要理直气壮维护我国网络空间主权。这表明网络空间同样要遵循主权平等原则。要积极建立在主权平等原则基础上的网络新秩序，形成多边、透明的全球网络空间治理体系，发出符合自身国际地位的中国主张。同时，加大了倡导构建中国话语、中国概念的力度。习近平总书记在发表题为《携手构建合作共赢新伙伴　同心打造人类命运共同体》的重要讲话时指出，"和平、发展、公平、正义、民主、自由，是全人类的共同价值，也是联合国的崇高目标"[①]。习近平总书记还强调，迈向命运共同体，必须坚持不同文明兼容并蓄、交流互鉴。在全球网络空间中进行主流意识形态建设，既重视打造中国特色社会主义的话语体系，又注重在对全人类共同价

---

① 《习近平谈治国理政》第二卷，外文出版社 2017 年版，第 522 页。

值的思考上发出中国声音，讲好中国故事，与世界人民一起共享人类文明。同时，在技术上加大了网络关键技术的自主创新力度，在内容上坚决反对西方的网络霸权主义，坚决反对西方敌对势力利用网络对我国进行和平演变，从而为不断巩固马克思主义主流意识形态提供充分保证。

四、"两微一端"成为网络政治社会化新媒介

随着网络媒体的迅速成长，网络对社会政治生活的影响日趋重要。网络传播平台层出不穷，其中表现最为抢眼的是"两微一端"，即微博、微信、移动客户端（APP，application 的简称）。"两微一端"不但成为网民与网民之间、网民与社会之间、网民与政府之间的信息互动交流平台，更是政治体系向社会传播政治文化的重要阵地，同时正在以前所未有的方式影响着网络政治社会化进程。

根据社科院发布的《中国新媒体发展报告》（2016）蓝皮书数据显示，截至 2015 年 8 月，经认证的媒体类微博为 26 259 个，截至 2016 年 2 月，微信公众号已超 1 000 万，截至 2015 年年底，微信的月活跃用户达 6.97 亿。2015 年，全国主流媒体客户端达 231 个，手机 App 成为人们获取各种资讯的重要途径。[1] 同时，根据中国互联网络信息中心（CNNIC）公布的《第 41 次中国互联网络发展状况统计报告》显示，截至 2017 年 12 月，亿网民中手机网民数量达到 7.53 亿，学生网民占比最高，为 25.4%，而手机即时通信用户达 6.30 亿，其中微博用户 3.16 亿，微博社交使用率 40.9%，微信使用率 87.3%。[2] 由此可见，微博微信普及率极高，移动客户端蓬勃发展。

从传播学角度来讲，"两微一端"是指微博、微信以及移动客户端的简

---

[1] 孙海悦：《"两微一端"呈现五大特点》，《中国新闻出版广电报》2016 年 6 月 28 日。

[2] 中国互联网络信息中心（CNNIC）：《第 41 次中国互联网络发展状况统计报告》，2018 年 3 月 5 日，见 http://www.cnnic.net.cn/hlwfzyj/hlwxzbg/hlwtjbg/201803/P0 20180305409870339136.pdf。

称，是"互联网 +"技术在即时通信领域的具体应用，还是其催生的新媒体与传统媒体融合发展的信息传播形式与交流平台。其中，微博是以 140 字符为限的微型博客，通过关注机制分享简短实时信息，并以跟帖、留言方式展开互动的广播式的社交网络平台。微信是基于手机和电脑等终端，可以通过网络快速发送语音、短信、视频、图片和文字等形式的文件，支持分组群聊的即时通信软件。移动客户端是基于移动网络和移动终端之上的，以服务器为信息仓储的接受信息的数字化媒介。微博、微信和移动客户端的传播主体、传播范围以及传播内容侧重点等均有所区别：传播主体上，微博、微信传播的自主性更强，用户可以随时随地随意表达自己的想法，而客户端内容具有转载权；传播范围上，微信传播只能发生在朋友圈或加关注的公众号中，而微博与客户端是更为开放（甚至完全开放）的平台，只要注册或者开通关注就叮获取信息；传播内容上，微信传播除了新闻信息类，主要以强关系的人际传播为主，微博传播侧重于社会现象，客户端更是涵盖各种生活服务类的信息。

但是，"两微一端"的传播模式特点与规律却有共同之处。宏观上，其新闻传播呈现出五大形态特征：多元互动，有来有往；话语杂糅，人格化交往；矩阵化结构；可视化传播；精准推介，个性化定制。[①] 人类的认识随着社会实践活动推进而不断向前发展，对"两微一端"传播特点与规律的认识也是如此，随着"两微一端"的普及和推广，人们对其传播特点与规律的认识与把握也不断深入。除过"两微一端"以上五大宏观特点，其还表现出一些具体特点：一是抢发推送，追求时效性，最大限度压缩传播内容与受众的时空距离；二是极强的移动性，移动互联网和移动终端的普及，使事件发生与报道可以在同一时间进行，满足了受众的信息诉求，提升了新闻传播的时效；三是互动转发与评论，可以延伸新闻价值，受众可以通过对传播信息进行评论，发表自己的见解，也可以对其进行转发分享，如果某一看法或观点

---

① 孙海悦：《"两微一端"呈现五大特点》，《中国新闻出版广电报》2016 年 6 月 28 日。

比较集中或强烈，可以推动元信息向更深层次、更广领域延伸，升华新闻信息的社会价值；四是审查机能弱化，民众的参与度空前高涨，人们既可以是新闻的受众，也可以是新闻的传播者，"两微一端"媒介环境下，"人人都成麦克风""人人都是宣传家"。"两微一端"所具有的传播特征及其显示出的强大传播优势，改变了新闻生产和内容表现方式，也极大改变了受众的阅读习惯与接受心理。

作为一种基于用户关系信息分享、传播以及获取简短实时信息的广播式的社交网络平台，微博已经成为一种分享和交流政治信息的便捷平台，微博发挥了时效性、自主性和随意性信息发布作用，以所见即所得的方式随时表达网络政治主体每时每刻的思想动态、价值判断和政治行为，并在网络虚拟政治实践中经历网络政治社会化进程。

自 2009 年问世以来，微博日益受到人们的热捧，相比传统博客的长篇大论，微博通过简短的话语即可表达交流思想，随着技术的发展与成熟，如今微博兼具发布图片、视频等多种功能。随着智能手机的普及，微信迅速渗透到人们的日常生活之中，提供文字、图片、语言聊天、语音视频等服务。其服务插件还支持各种转账、消费，受到用户的青睐。微信现今已是中国用户使用最多的社交平台，微信每月活跃用户已达到 5.49 亿，用户覆盖 200多个国家、超过 20 种语言。此外，各品牌的微信公众号日新月异，移动应用对接数量与日俱增，其影响力不可小觑。信息时代到来，传统的媒介已经无法满足用户对于多样化信息的需求，依据强大的大数据技术，各式各样的微信客户端如雨后春笋般应运而生。客户端是指接受服务的一端，既可以指移动终端也可以指网络中的应用程序，如今更多指应用程序。手机新闻客户端可在第一时间将新闻推送给用户，得到广大用户的认可，并成为网络生活的标配和"必需品"。

微博、微信作为现今互联网中最具潜力的两大的社交平台，两者既有共同点又有细微区别。第一，平民性。两者入门无需烦琐的程序，只需要简单的注册便可以使用。在这个虚拟的空间，用户不必过分拘泥于现实生活中的身份，可以在这个平台展现自己，表达诉求。并且根据个人的阅历对于某件事情进行转发和评论还可以与他人实时互动，交流思想，交换意见。第二，便捷性。网络的普及，智能手机的应用，满足了民众时刻享受网络的需求，人们只要轻触软件，点击刷新，便可轻松知晓天下事。第三，时效性。信息传递即时、迅捷、聚焦。传统媒介传送信息需要经过修饰、编辑才到最后呈现，信息的实时价值相对滞后，而"两微"追求信息的时效性，在较短时间内不考虑句法结构、语言华丽，只追求热度，并且可以通过展示图片和视频增加信息的可信度。缩短传播时间，增快传播速度，使信息变得更有价值。第四，裂变性。网络信息传播方式不是点对点的线性传播，也不同于传统意义上电视、广播的点到面的传播模式，而是一种多维度的裂变性传播。也就是说以"两微"中某一用户为信息的传播源头，通过关注其群体进行信息的传播，再推向关注这些群体的另一个群体再次传播，以此类推，使信息不断被传播，形成裂变的形式。微博与微信各具特色，异曲同工。相对于微信，微博涉猎的范围更为广阔，而微信则显得更加"亲密"。由于微博的开放性，使得信息传播更加迅速，一条微博的转发评论能在一段时间内迅速增加，引起网友的广泛热议；微信"朋友圈"的范围相对较小，信息传播初期仅限于"朋友圈"，但随着"圈"与"圈"的链接传播，依然可以产生裂变式发展。客户端的出现满足了对于专业信息具有高要求的用户。"两微"属于社交平台，注重情感交流与信息互动，而客户端则是专注于权威信息传递的软件，可以有效满足用户对于高品质信息的需求。

需要注意的是，尽管"两微一端"产生初期主要出于社交与信息沟通的需求，但不可否认的是"两微一端"并未脱离社会政治生活，已经成为网民参与政治生活的重要途径。网民对于"两微一端"的使用已不仅仅限于以往的聊天、交友，表达自己的喜怒哀乐，许多时候成为网民关注社会政治生活、发表意见看法、与其他网友实时互动的重要载体。网民可以通过微信中的公众订阅号了解国内外最热的新闻，通过微博关注广大网友的看法，通过客户端知晓最权威专业的解读。以微博为例，以往公民对于政府部门工作的质疑，在短时间内无法解决，这使处理问题的时效性降低。当各地政府机关开通自己的微博，网民对于政务方面的问题都可以"@ 相关部门"，这些部门会在第一时间提出解决方案，一定程度上既提升网民参与热情又有助于提升政府的办事效率。这也正是各种"政务微博"迅速发展的原因。

《2015 年中国社会形势分析与预测》蓝皮书中互联网年度舆情报告分析中指出，电视、广播、报纸等传统媒介的覆盖率逐渐下降，取而代之的是"两微一端"在各个领域中的广泛应用。"两微一端"不再是个人和媒体的专属，国家也看到其发展的趋势与势头，借助"两微一端"的平台，使网民了解政务，提出意见，最终使问题得以解决，做到真正为人民服务。"两微一端"快速占据公民的生活，国家重视其渗透作用，正在全面开发使用。不难发现，在微博上出现了大量政务微博，政务被公开在微博上，网民可以评论、互动，相应机构从中发现网民最关注问题并且及时解决问题。在国家权威微博"人民日报"上公布政务微博影响力报告，以此督促各地区政务微博更加完善。《人民日报》与新浪网合作发起"2016 年政务 V 影响力峰会"，激励政务微博发展，扩大政务微博影响，将政务微博推向更专业、更高端的层面。与此同时发布其他有影响力的微博评选，比如：十大最具影响力微博、十大具有个人影响力微博、十大知名企业微博及和十大最具成长力微博。对于这些具有影响力微博的评选，表现出了国家对于微博影响力的重视与肯定，决心充分发挥微博的优势，更好地为社会、人民服务。公众号也是国家的宣传阵地，创建发布权威新闻的公众号，创建国家各个机构的公众号，创建宣传法律法规的公众号，从各个方面深入网民的生活。以"人民日报"和"新华网"为例，两者都是国家发布权威新闻的媒介，公民了解实时新闻的首选。两者开设公众微信号，发布涉及各个领域的信息，多数是长篇文字和图片。"人民日报"每日更新在 6—8 条之间，新华网每日更新在 3—5 条之间。当网民使用微信的时候就会有相关订阅号的推送，使得网民无时无刻不了解新闻。为了使网民了解全面、专业的新闻信息，国家开设各种相关的客户端，只要进入首页，便可以知晓当天、当刻最热的新闻，最新的信息，最独到的评论。政治思想通过"两微一端"的平台展现给网民，促使网民了解更多专业的政治知识，由此培养网民的政治意识，从而认同国家的政治文化。

"两微一端"为网络政治社会化开辟了全新的空间，正在显示出愈加重要的作用。"两微一端"充分利用了网络平台的资源，发挥了信息传播、交流互动、参与时政的功能，有力推动了社会成员政治社会化进程。具体而言，主要表现在：

（1）信息传播渠道更加广泛，社会化方式更加多样

在网络出现之前，公民获取新闻资讯通过电视、广播、报纸等传统媒介，而且内容大同小异，缺乏信息关注度和吸引力。信息技术改变了人们的阅读方式和生活习惯，"两微一端"已经成为公众日常生活中必不可少的网络工具。只要有网络覆盖的地方，公众便可通过"两微一端"了解时事政治，参与社会政治生活。在微博上，网民可以分类关注政务微博、问政微博、新闻微博等，从中获取国家各级政府部门最新的政策消息、工作状态，可以利用各种搜索引擎搜索其他网友对政务、新闻的评论，并且与网友开展实时互动，客观上激发了网民的政治参与意识，活跃了政治思维；在微信上，网民可以关注权威的微信公众号，既提高网民的阅读量也普及了政治知识，比如《人民日报》创建的荐读栏目，文章更加注重对社会现象的深入挖掘和解读，这种有深度的探讨引发网民的关注；在客户端上，网民可以通过推送的头版头条新闻得知今日国际国内发生的重大事件，深入关注独家新闻和观点意见，并参与讨论。无论是信息获取，还是参与讨论，均对社会成员的政治社会化进程产生着影响。

（2）参与网络监督，促进廉政建设

在"两微一端"的平台上，政府部门将政务工作发布在平台上，一方面有利于促进政府公开，透明地工作，另一方面有利于网民的监督，达到推进

政府廉政建设的效果。每一个网民都是一个独立的监督者，通过网络平台获知国家的政务工作，进而提出合理建议。当网民基于自身或团体利益需求发现政策制定及其执行过程中的问题时，可以通过网络平台发表评论、举报，引发公众关注，甚至检举政府部门或公职人员的不当行为，不仅节约了时间，而且可以消除现实社会中被打击报复的顾虑。网民通过平台表达观点，并且持续关注官方反腐的举措，直到还原事件真相，处理结果，得到满意的答复。网民的监督给予的压力，督促政府部门及时合理解决问题，提高反腐效率。如今，网络监督已经成为廉政建设的主要阵地。当然，凡事皆有两面，网络亦是如此。

（3）正视网络影响，有效应对挑战

在我们看到"两微一端"为网络政治社会化发展带来新契机的同时，也应当看到，在阳光的另一面便是阴影。主要表现在：

一是碎片化信息误导公众。"两微一端"是网络的产物，自然无法避免由于网络自身缺陷所带来的问题。传统媒介一般经过调查、审核再呈现到公众眼前，尽可能还原事件真相。在"两微"上每个网民都可能成为"网络记者"，将自己身边发生的事情传播到网络上。但是有些信息或者新闻或许是半成品，经过网民加工传播到各大平台，这些信息通过转发或者评论迅速成为热点话题，引发网民的围观与讨论，在网络上引起轩然大波，甚至影响现实生活中人或者事。例如"标题党"，为了吸引网民的关注，许多文章在标题上大做文章。题目是文章的眼睛，优秀的题目能够引起网民的兴趣，但是为了追求点击量而拟与文章不相符的标题，从而误导网民的思想是不可取的。通过传播碎片化信息误导网民背离主流的政治理想和规范，导致网民政治态度模糊不清，不能分辨政治信息真伪。

二是可能削弱政治思维能力。在"两微一端"的平台中，出现类似专家的评论员、成为网络名人，表达对社会、公共事务的看法，影响广大网民的思想，引导舆论发展的走向。这类人拥有较多粉丝，会定期发布一些文章，

发起一些话题，也会根据社会热点事件发表自己的意见，他们的观点受到网民的热议和追捧。网民对于某件事情的态度，或多或少会受到自己关注的网络名人的影响，会出现盲目跟风的现象，失去自己原本的想法。事实上，网络名人的观点也并非个人观点，在其背后可能存在营销团队，进行策划、编辑、发布一系列事宜。网民长期受网络名人观点影响，会削弱自己的政治思维能力，沦为他人思想的附属品，无法构建完整政治思想体系，不利于健全政治人格。在网络这个开放的平台中，需要各界人士，多样思维，多种声音，保持个人风格，大胆表现创新思维，呈现繁荣、活力的网络平台。

三是网络生活过度娱乐化。网络的出现改变人们的生活方式，"两微一端"的出现拓宽政治发展的新空间，开启公民自由表达的新渠道，促使信息畅通。虽然表面上这些平台是自由表达的代名词，但实际上难掩其过度消遣、使之娱乐化，从而难以构建和谐公共空间的事实。不难发现，网民使用这些平台的时候更加倾向于了解明星、综艺等。以微博为例，娱乐明星的一举一动备受网民的关注，关于他们的行为言语、私生活的微博评论、转发高达上万次，经常成为"热门微博"的头条新闻，而关于政治生活的新闻却少之又少，微博俨然成了明星宣传自己的平台。虽然不能片面地认为明星不关注国家政治，但是这些现象却足以表现网民在使用这些平台时候娱乐化的心态。过度的娱乐化导致政治信息的比重减小或者被"淹没"，将娱乐明星的私人事件变为网络平台的焦点，而真正应该关注的政治社会问题却被网民恶搞、娱乐，甚至被忽略。这种本末倒置的现象不利于培育政治意识，无法塑造健全的政治人格。

正基于"两微一端"对于网络政治社会化的消极影响及其已经显现出的基本表现，使社会各界引起了警觉，引发了社会政治体系对网络空间治理能力与治理体系建设的思考，逐步建立了不同于西方社会所谓放任自由的互联网络秩序观，将网络治理上升到社会治理和国家治理体系现代化的战略层面。具体表现：

一是坚持发展与治理同步推进的治理理念。从 1996 年国务院出台的《中华人民共和国计算机信息网络国际联网管理暂行规定》，到 2006 年全国互联网管理工作协调领导小组成立、《互联网管理协调工作方案》出台，再到2014 年 2 月中央网络安全和信息化领导小组成立，高规格、大力度、远立意地统筹指导中国迈向网络强国的发展战略，在中央层面设立了一个更强有力、更有权威性的机构。体现了我国最高层全面深化改革、加强顶层设计的意志，显示出在保障网络安全、维护国家利益、推动信息化健康发展的决心。

二是坚持依法保护和规范互联网言行的有机统一。尽管互联网上出现了各种各样非理性化的言行和活动，但我国并未采取"一刀切"的简单方式予以限制，而是充分重视和发挥其在反映社情民意、建言献策等方面的作用。2010 年 6 月 8 日中国政府发布的《中国互联网状况》白皮书明确指出："中国政府将坚定不移地维护公民依法享有的互联网言论自由。"并且始终坚持认为，互联网上的言论自由并不是毫无节制的，而是同其他任何行为一样，都必须置于法制的框架内，互联网并不是"法外之地"。2015 年 12 月 16 日，习近平总书记在第二届世界互联网大会开幕式上发表主旨演讲时指出，我们既要尊重网民交流思想、表达意愿的权利，也要依法构建良好的网络秩序，这有利于保障广大网民合法权益。网络空间是虚拟的，但运用网络空间行使政治主体权利却是现实的，从来不可能脱离现实社会政治生活而孤立存在。

三是创造性提出开放、合作、共赢的全球网络治理新理念。我国政府高度重视对网络治理特点、规律的探索，紧紧抓住互联网络发展对国内国外发展所带来的机遇和挑战，提出了一系列独具中国特色的互联网治理的中国智慧和中国方案。习近平总书记指出，国际社会"应加强对话合作，推动互联网全球治理体系变革，共同构建和平、安全、开放、合作的网络空间，建立多边、民主、透明的全球互联网治理体系"[①]。在第二届世界互联网大会上，

---

① 《习近平谈治国理政》第二卷，外文出版社 2017 年版，第 532 页。

习近平总书记特别强调推进全球互联网治理体系变革的"四项原则"和构建网络空间命运共同体的"五点主张",为全球互联网新型治理体系建设提供了基本遵循。

中国对于互联网治理的一系列理念、政策的落地,为充分发挥"两微一端"在网络政治社会化进程中的积极作用指明了方向,提供了基本遵循,形成了一系列具有中国特色的中国策略,无论是法律规范、行政监管、行业自律、技术手段、网络教育,还是从整治到管理再到治理的发展路径,乃至对"两微一端"舆论走向的监控、疏导等方面均取得了宝贵经验,值得总结和提炼,并上升为规律性认识。

纵观"两微一端"对于网络政治社会化的综合影响,我们对其影响因素进行如下分析。

一是与网络政治社会化的特点有关。在信息时代,"两微一端"成为网络空间中政治体系与个体网民交流、互动的重要途径之一,其发展状况与网络政治社会化的特点具有密不可分的关系。首先,网络政治社会化空间拓展性的影响。网络的空间维度不仅停留在"三维"而是向多维发展。网络空间虽然具有虚拟性,但它与现实社会有着千丝万缕的关系。"虚拟社会既是源自于现实社会,又是现实社会的延伸和拓展"①,"两微一端"平台中热门话题,热点新闻都源自现实生活的政治、经济、文化,只是在虚拟的空间中传送给更多网民知晓,由此才能引发关注,引起讨论。同时,现实社会的各种政治现象通过"两微一端"平台,更便于为社会成员关注,拓宽网络政治社会化发展的空间,促使政治对网民的影响不断深化。其次,网络政治社会化的复杂性影响。"两微一端"平台接触空间广阔,信息量丰富,但是信息质量良莠不齐,真实和虚假的信息围绕着网民。政治价值观确立不牢固、群体年龄小、心理发展不成熟的网民容易被虚假的政治信息迷惑和误导,可能造成个体心理认知障碍。面对复杂的网络环境,需要

---

① 李斌:《网络政治社会化涵义、特点及影响因素》,《理论导刊》2014 年第 4 期。

选择积极向上的政治信息，进而重塑健康的政治人格。第三，网络政治社会化的不稳定性。网络政治社会化的发展不是一蹴而就的，需要经历一个缓慢的过程，是逐渐传播政治文化的过程。由于网络的复杂性、多样性，平台中呈现的信息也是多种多样，各种思想文化互相冲击、互相碰撞，无法构建完善的政治文化体系，其结果必然就是不稳定的，所以在"两微一端"的平台中既会出现引导社会正能量的舆论，也会出现消极的负能量信息。

二是与网络政治文化构建密切相关。所谓政治文化就是公众对政治的认识反映到主观意识层面的表现，既受到社会政治生活的影响又反作用于社会政治体系。"两微一端"出现之前，公众对于政治体系、政治文化的认知大多停留在传统媒介诸如广播、电视、报纸之中。在网络时代，"两微一端"成为社会成员获取权威政治信息特别是国家最新的方针政策，了解国家的组织机构、关系自身的政治权利，拉近政治体系与网民的距离，促使网民形成政治认知的重要途径。当网民政治社会化水平不断提升时，就会形成较为理性的政治思维体系，就会更加关注国家政治生活动态。与此同时，社会政治生活的变化也会影响网民的政治价值取向，网民出于对民族、国家的情感，结合民族、国家发展目标价值取向和自身利益诉求，通过"两微一端"做出直观的评价，表达自己的看法，参与网络空间（指向现实社会）的政治生活。网络政治社会化的基本目的在于通过政治文化传承与发展、通过政治实践活动，产生对主流政治文化（也包括主流网络政治文化）的认知、认同，进而达到对政治体系的认同，最终维护政治体系。应该注意到，面对复杂的网络环境，多元的文化价值，公众的思想更加活跃多变，各种思想涌入网络空间，社会政治体系必须及时洞察"两微一端"的生活方式改变公众生活习惯，高度重视"两微一端"对现实社会政治体系的巨大影响，必须充分利用好"两微一端"这个政治社会化载体，将个人、社会、国家三者紧密联系在一起，增强政治敏锐度、国家荣誉感。将政治文化内化为思想意识，外化为行为自觉，有效促进网络的政治社会化进程。

第四节 网络政治社会化面临的新机遇

由于网络的结构性特征和网络信息传播的载体、手段、方式发生变化，使得网络政治社会化在途径、作用范围、影响效果和内容创新模式等方面发生了重要变化。传统的政治社会化理论与实践正在面临新的机遇与挑战。

一、构建政治社会化新时空

传统的政治社会化囿于时空，大多在相对封闭或有限的时空范围内进行，例如在家庭、学校、社会、传统媒体等"看得见、摸得着"的三维时空中完成。而开放性的网络突破了传统意义上的时空界限，使得传统的政治社会化途径、手段、方法不再拘泥于传统的时空概念，不断地向网络空间延伸，交互式的远程信息交流方式跨越了传统意义上的地理界限、时间界限，极大地拓展了政治社会化的路径选择，丰富了政治实践的形式和载体，使网络政治社会化有了更为广泛发展前景。

（一）构建虚实结合的政治社会化新时空

网络时代，政治社会化媒介正在发生重大变革，互联网的出现极大冲击了传统社会政治信息传播的格局，深刻改变了社会、政治、经济、文化的组织和运作模式，也建构了全新的虚实结合的政治社会化新时空。

互联网对传统社会人们生存、生活、生产带来的显著变化就在于人们对于时空观的新变革。作为当今社会发展最为先进的互联网络，不仅极大地压缩了世界各国的地理空间，使世界变成了一个"地球村"，而且也改变了信息传递的条件和载体，极大地压缩了信息传递的时间，拓展了人们的交往时空，将全世界的人们紧密联系在一起，构建起一个虚实结合的政治社会化新时空。相较于传统意义上的信息交往和人际交往而言，现在的交往正呈现出革命性的变革。这种变革首先表现为空间上的极度压缩。空间概念原指运动着的物质的伸张性和广延性，传统意义上的空间概念主要表现在地理（物理）意义上，但互联网络使传统意义上的"万水千山"变得"微不足道"，国与国之间、国与民之间、民与民之间的地理位置和距离都被光速所取代，困扰人们直接交往与交流的地理距离不再成为问题，传统意义上的物理空间正在被网络空间所取代，"天涯若比邻"式的空间感觉已深入人心。带来的直接影响是政治主体的模糊性和整合性。模糊性体现在主体身份、物理位置边界虚拟与现实的双重性，呈现出政治主体之间空间界限的模糊性。整合性则体现在网络空间巨大的包容和共享功能，其次表现为时间概念上的极度压缩。传统的时间概念正在被数字化网络极速传播所替代，无论传统意义上地理位置多么遥远，在光速信息传播面前都显得"微不足道"，展现出所见即所得的景象，新的时空观为社会成员带来的不仅仅是传统意义上的"万水千山"，更直接的影响是信息披露的阳光和均衡，信息透明和公正变得显而易见了。

新的时空观必然给网络政治社会化带来新的契机。从政治社会化的途径和目标看，没有政治文化（特别是主流意识形态）的有效传播，就不会有政治社会化的直接结果。从这个意义上说，网络政治社会化的特色和优势就在于政治文化信息的传播、认知、认同，没有政治文化信息的互动和交流，也就没有政治社会化的成效。可见，互联网络带给政治社会化的最显著契机就在于通过网络媒介实现政治文化信息的极速传播，尽管政治文化信息通过网络媒介传播未必能够实现政治社会化目标，但至少提供了更为广阔的时空。互联网络所构建的网络政治社会化新时空，为政治文化传播提供了更为广阔的空间和更为快捷的时效。一方面提供了更多的政治实践机会，使社会成员有机会在现实与虚拟空间的社会政治生活中得到历练，另一方面也为社会成员与政治体系、网络政治共同体之间的交流互动提供了更高的效率，这也是传统意义上的时空观难以企及的。

二、引发政治社会化新契机

政治社会化是一项系统工程，一般意义上包含政治社会化主体、客体、内容、途径以及效果等要素。随着"互联网＋"融合发展模式的出现，政治文化信息传播方式与呈现形态被重构，对政治社会化体系的影响是系统的、深刻的、长远的，网络政治社会化迎来新的发展契机。

首先，政治社会化主客体交流互动更为便捷。政治社会化是塑造合格政治人的过程，必然会伴随着主客体之间的信息沟通与交流，并在信息交流互动中产生政治社会化效果。网络信息传播具有显著的共享性、互动性、关联性等特点，客观上促进了主客体之间的信息互动。政治社会化进程必须顺应和利用网络信息传播的基本规律，充分利用网络便捷地发布权威信息，及时澄清非主流的意识形态认识，掌控主流政治文化信息传播动态，并进行有效引导，加强主客体之间的互动交流，提升政治社会化实效。因此，需要政治社会化主体及时掌控基于网络的政治社会化新特点、新规律，实现政治社会化主客体间的角色定位与转换，既要充分发挥主体的主导作用，激发主体意识，强化服务意识，不断增强主动性；又要充分利用网络所独具的平等性、共享性、互动性特点，实施有效的互动和交流，进而提升政治社会化实效。

其次，政治社会化载体与途径融合发展。"互联网＋"融合发展模式出现以前，政治社会化更多地是依托传统信息传播载体，政治社会化的途径相对固定和单一，同时，政治社会化主要是通过学校、家庭、社会实践、传统媒介等途径实现。当互联网络被引入到政治社会化进程之中，尤其是随着移动网络技术与移动终端设备的普及，政治文化传播的载体与途径进一步丰富，拓展了政治社会化的载体、途径与领域，媒体融合、传播分众、共享互动、智能移动以及效应延伸成为政治社会化的新载体与新途径。

第三，政治社会化内容与形式更为灵巧。网络技术的发展，促进了各种信息服务和信息应用工具、平台的发展，为网络政治社会化创设了新形式，其中"两微一端"的广泛应用就是典型实例。"两微一端"的信息生产、版面设计、传播形式轻快短小活泼，信息传播急速扩散并具有强大穿透力，议题设置具有引发公众讨论话题的引导力。同时，"两微一端"打造"新闻＋服务"的运营模式①，使得传播内容虽然短小，但是信息容量极其丰富，表现形式更为多样，能够顺应网络信息短小精悍、快速传播的特点，成为吸引广大用户的重要原因。基于"两微一端"的上述特点和传播优势，网络政治社会化应依托其开展内容丰富、形式灵巧的理论陈述、思想宣传、观念引导、文化建设，开展富有实效的主题教育活动。

第四，政治社会化更具感染力与亲和力。政治社会化的过程就是接受与认同主流政治文化的过程，社会成员是否接受与认同、怎样接受与认同、在多大程度上接受与认同，一定程度上取决于内容与形式是否具有感染力和亲和力。网络政治社会化借助于全新的信息载体、共享机制、互动方式，通过"接地气"、"网人网语"、实用、即时更新的方式，传播政治信息、分享思想观点、促进互动交流、引发网络热议，以潜移默化的方式被受众所接受和认同。正是由于内容和形式更加灵活、多样，更加贴近社会、贴近生活、贴近百姓，因而使得网络政治社会化更具感染力和亲和力。同时，网络媒介信息审查相对滞后，信息编辑、发布门槛较低，人人都可以参与其中，人人都是"麦克风"、人人都是"宣传家"，改变了以往信息传播单向性、生硬性面貌，进一步拉近政治社会化主客体之间的距离，有利于增强社会成员的归属感，易于被人们所接受。

三、拓展政治社会化新途径

基于网络的信息传播机制，使受众能够更加便捷地从网络平台上获得丰富的政治信息，参与实践的机会倍增，极大地拓展了政治社会化的新途径。

---

① 罗茜、王春盛、焦晓洁：《"两微一端"的点与面》，《中国新闻出版广电报》2015年12月22日。

新媒体网络平台使社会成员政治认同培育更为便捷。政治认同培育一方面源自于政治文化信息的广泛传播,实施有效的社会教化;另一方面源自于政治参与实践。网络平台成为一个"永不落幕的新闻发布会",政府可以在新媒体网络上第一时间发布信息,并迅速成为焦点;社会成员在网络投票、新闻跟帖、论坛讨论等方式之中表达自己的利益诉求和政策主张。在互联网上建立起来的交流互动方式和沟通机制,也使政治社会化个体与主体之间的互动与交流更加便捷,改变了以往"只听不说"的被动接受模式,"边看边听边说"的主动交流方式为社会成员普遍接受。离开了网络互动,政治社会化效果即会被削弱,充分的网络互动促进社会成员在情感和意识上认同主流政治文化信息,使得政治社会化更加具有亲和力和影响力。

网络沟通机制有利于整合民意,为社会成员确认政治身份提供更为广阔的网络空间。政治社会化进程可以通过网络传播工具汇集和整合民意,及时发布正面信息,做出正面舆论引导,纠正广大公众在思想认识上的偏差。为构建网络政治社会化提供了更为广阔的空间与路径。具体表现在:一是政治信息传播空间的拓展;二是信息互动的途径拓展;三是网络虚拟政治实践方式的拓展;四是网络政治社会化成果表现形式的多样。

四、发挥政治社会化新作用

基于网络媒体本身所具有交互性、共享性等优势,政治社会化可以依托网络提供一个更为多样化的环境和时空,网络也在扩大着社会成员政治社会化的作用范围。

作为没有时空限制的网络,通过互动远程访问,使传统意义上政治社会化空间进入更加开放、立体的空间,为政治社会化提供了广阔的传播途径,扩展了政治社会化作用范围。处于不同时空范围的社会成员,既可以通过网络共享网络政治文化信息资源,又可以在网上独立、自主、自由地表达利益诉求和价值追求，同时也可以与他人进行实时互动和交流讨论，网络将发挥传统社会化媒介独特的作用。

网络促进了政治文化传播的社会化。网络对促进政治文化传播的社会化提供了现实的条件。首先，网络改变了人的交往方式。"网络既拓展了人们的交往空间，也重新调整了人与人、人与社会乃至人与自然的关系。"① 人们之间的交往方式不再局限于"面对面"式的有限时空，更多地变成"点对面""面对点"式的交往方式。网络条件下交流方式的变革为政治文化传播的社会化提供了便利条件。网络不仅传递一般的信息，还传播大量政治信息。在现代社会，网络成了政治体系输出政治信息必不可少的重要途径，也改变着人与人、人与社会之间的交往方式和关系。其次，网络是一个体系，它具有整体性、协同性的属性。网络内各个节点之间是相互联系的，它构成了一个跨地域的体系，这个体系能够把众多的社会领域连接成一个整体，使之呈现出"一体化"的特性，政治文化传播的社会化正是在这种"一体化"中实现的。体系化的信息联系方式，极大丰富了政治文化的传播范围和影响范围，对于传承创新政治文化，强化政治社会化功能具有重要意义。促进政治文化传播的高效化与国际化。网络应用于政治文化传播后，对政治文化的传播速度与广度产生了重大影响。首先，网络技术的应用极大地提高了政治文化的传播速度。网络凭借其便捷的传播途径和数字化的传播方式，有效提升了政治文化的传播速度，以"所见即所得"的传播效果在瞬间将党和国家的最新政策信息传播给社会成员，人们可以随时了解国内外正在发生的政治事件，拓展了公众的政治信息来源。其次，由于网络本身的"跨界性"架构，使其能够突破传统意义上的地域界限，不断强化政治文化信息传播功能，从而使国际范围内的政治文化传播和交流变得极为便利。网络创造了一个跨越国界的"地球村"，为人们提供了一个跨越国界的网络空间。在网络

---

① 程爽、袁振辉：《数字化网络的涌现与人类新的主体生成》，《江南大学学报》2008年第7期。

空间，人们之间的信息交流和互动变得更为便利，可以便捷地提供政治文化跨越国界交流的机会、提升交流的能力；网络缩短了人与人之间的物理空间距离，冲破了时空限制，它可以实现千差万别、天遥地远的行为主体之间的沟通与交流；网络使人们的沟通能力发生了质变，使人类与外部世界的联系发生了革命性变革，使得世界各地的人们可以在网络系统沟通、传播信息。政治文化信息传播的便捷、广泛带来的是政治社会化空间的拓展。

五、提升政治社会化新效果

由于传统政治社会化在手段、形式、载体等方面的局限性，政治社会化效果也呈现出多变性或非连续性的问题，加之传统政治社会化相对于政治主体的政治认同培育所需的知识存储能力相对有限，传统意义上时空的局限、信息传播范围的局限，使得政治社会化作用效果相对有限，因而导致政治文化信息传播效率的低层次性和作用范围的有限性，这也在很大程度上阻碍了政治社会化效果的实现度。作为网络新媒体——在线媒体和移动媒体的重要组成部分，网络所特有的灵活性、快捷性、开放性信息传播机制，对社会成员政治社会化的影响优势十分显著。

依托网络媒体实施政治社会化具有较强的针对性。在网络虚拟空间里，社会成员交往各方所展示的实际只是一种对象符号（数字化符号），只要网络主体之间有共同关注的社会政治生活话题，乃至共同的利益诉求和价值追求，并认同交往内容，就可以通过互联网络进行便捷化的信息交流和交往。理论上每一个主体还可以同时以多种角色与多个对象交往，这就使交往主体之间的关系呈现出多维度交叉和非中心化的交互状态。这种交互状态看似是混沌无序的，但随着大数据技术、人工智能技术的不断发展，通过数据挖掘和大数据统计分析，依然能够相当准确地捕捉到各个个体的兴趣爱好、关注热点、观点倾向。进而有针对性地推送信息，创设交互环境，同时依托网络媒体提供更多虚拟政治实践机会和可能，进而在网络虚拟政治实践活动中获取政治知识、形成价值取向、培育政治技能，提升网络政治社会化的针对性。

依托网络媒体有效提升政治信息传播效率，进而为网络政治社会化奠定基础。长期以来，社会成员政治社会化大都以单向度的学校教育、家庭教育、组织教育、传统媒介等为主导的传统方式进行，因而导致了政治社会化主客体之间信息传播内容上的灌输性、单向性和短期性。相对而言，单向度的信息传播方式，中间环节多，极易导致信息失真或信息衰减，信息传播效率相对较低。作为社会成员政治社会化载体，网络媒介最大的优势在于政治信息传播的时效性、共享性、互动性、实践性，对于实现政治信息传播效率的最大化具有积极意义。基于网络时效性的优势，使得政治信息与其他信息一样，通过网络能在瞬间生成、瞬间传播。借助网络政治信息迅速准确的传播方式，进行更为广泛及时的宣传，提高网络政治文化传播的效率，提升社会成员政治社会化的效果。

现代信息通信技术极大地丰富了政治社会化的内容体系，集中表现在四个方面：一是网络媒介提供包罗万象的海量政治信息，以其容量的优势扩大了政治社会化内容的选择空间，扩展了政治社会化主义选择内容输出载体的来源；二是网络的日益普及和广泛用于全球信息的共享开辟了政治社会化内容体系包容性和多样性的道路；三是网络媒介信息即时传播，为政治社会化内容的输出、搜索、过滤以及最终得到社会成员的认同，提供了时间和效率的优势；四是网络媒介技术的多样性优势，改变了过去灌输性、单向性、短期性等社会化方式，政治社会化方式呈现出综合运用声、色、光、画等多样化技术实现形式，使政治社会化更加生动、更有活力，有利地契合了网络时代政治社会化发展的主要特点和基本规律。

正是由于网络媒介传播的优势，才有了政治社会化内容体系不断丰富和拓展的可能。通过网络媒介洞悉社会成员群体运用新媒体的状况，以此作为政治社会化的切入点，才能保证政治社会化内容体系更加契合社会成员的现实需求。

六、培养政治主体的政治理性

网络技术提供了个体政治社会化的交叉压力，在纷繁复杂的网络政治信息面前，每个政治主体都面临着不可逾越的"价值选择"。能否正确选择、如何正确选择成为摆在社会成员面前必须回答的问题。事实上，价值选择问题考验着政治主体的政治理性选择能力和水平，也是检验网络政治社会化成效的重要指标。

从一定意义上说，政治理性是政治信仰的反映，是特定政治形态的心理基础，也是社会政治稳定和政治发展的内在要求。没有坚定的政治信仰也就无所谓政治理性。在价值选择层面上，政治理性意味着价值选择和政治认同的理性。政治理性在社会政治生活中的意义在于社会政治主体能够运用理智思维、态度、行动在繁复杂的多元价值取向中做出科学理性的价值选择与价值判断。能否正确选择本质上取决于确立笃定的政治信仰，而政治信仰并非"空穴来风"，它来自社会成员政治社会化的水平和成效；同时如何正确选择，也来自对主流政治文化（主流意识形态）的认知、认同、内化和外化效果，这也恰恰表现出社会政治主体的政治社会化水平的重要性。在正视网络政治文化信息传播多样化背景可能产生的"价值判断"和"价值选择"困境的同时，一个不容忽视的现实是，网络带给社会成员政治实践的机会和可能更加丰富，在政治实践中获取政治认同的结果更为牢固，超越网络空间回归现实社会的实践检验期待也更为强烈。此外，网络空间广泛存在的非理性价值选择及其对于现实社会政治生活产生的消极后果必将引发社会成员更深层次的思考。因而，以理性选择拨开价值选择"迷雾"，也成为树立正确政治理性和价值判断的必然选择。在日积月累的网络政治实践及其在与现实社会政治生活中的实践比较中，社会成员可以在更深层次践行政治理性，形成较为稳固的政治信仰、政治认同，进而推进社会成员的政治社会化进程。

第五节 网络政治社会化面临的新挑战

现代信息技术犹如一把双刃剑，在给网络政治社会化带来诸多新机遇的同时，也带来了严峻的冲击和挑战。

一、传统政治文化体系面临重构新境遇

阿尔蒙德认为，政治文化是一个民族在特定时期流行的一套政治态度、信仰和感情。作为一种观念形态，政治文化具有一定的相对稳定性和历史继承性，一定时期的政治文化会表现出某些共同的特质。在前信息时代，政治文化变迁的速度相对缓慢，虽然也存在局部的文化冲突，但短时期内并未发生结构性的突变。互联网络的快速普及极大地改变了这一状况，政治文化的变迁较之以往任何时期都要激烈和深刻得多，以至于传统政治文化体系面临重构新境遇，重构着政治文化体系的结构和内涵。

传统政治文化面临解构境遇。政治文化的解构总是伴随着社会转型与政治文化发展的时代变革步伐渐次展开的。在信息时代，政治文化发展必然受到社会发展的历史背景、传播环境和手段变革的影响。对当今中国而言，一方面，随着改革开放的不断深入，我国步入了新的社会转型期，社会结构变化、社会矛盾凸显、政治体制改革、利益诉求多样、文化存在多元，外来文化冲击等直接削弱着传统政治文化的教化功能，传统政治文化面临着一元主导与多元冲突的新境遇。另一方面，互联网络的快速普及和网络技术的持续创新发展，在带来信息传播速度加快、传播形式多样、互动交流便捷的同时，也引发了政治价值选择、政治责任淡化、政治实践失范等一系列新问题。

信息的海量递增和传播渠道的多元变化，使传统意义上属于国家专控的信息发布及其调控的权力结构逐步消解，政治体系面临政治文化传播难以控制的处境。互联网在促进不同政治文化交流和融合的同时，也为某些西方国

家乘机构建其意识形态霸权提供了可能。互联网的开放性特征，使得不同国家、不同民族、不同派别、不同政见、不同目的的人都可以在网络空间自主地发表自己的言论，传播自己的政治价值观，客观上使政治文化的多元化趋势进一步增强，面对纷繁复杂、良莠不齐的政治文化信息，社会成员不得不运用自己的价值观、是非观和判断力去评价、判断，选择自己认为是正确的政治价值观。面对海量的社会思潮、意识形态和政治观点，政治价值判断与选择可能变得茫然而不知所措，碎片化、片面化的政治感受也可能动摇和改变原本并不稳定的政治价值观，造成政治价值观的混乱与迷惑，可能直接导致社会成员政治价值选择的困惑。

基于互联网低成本、大范围的信息传递方式和自媒体时代的到来，主体自主化、受众多元化、价值多元化的概念被社会普遍接受，使得传统意义上主体与受众之间的界限日益模糊。直接带来了网络信息话语权、传播权的滥用，任何别有用心的人都可以在网络空间肆意"涂鸦"，在强烈的从众意识驱动下，非主流的政治文化传播、现实政治生活不完善的一面日益凸显，使社会成员原有的政治认知不断模糊，价值选择日益困难，甚至可能产生对政治制度、政治体系、政治理论、政治文化导向的质疑与否定，客观上可能弱化既有政治制度、政治体系、政治理论、政治文化的向心力，导致政治责任感的淡漠。随着网络信息技术的应用和拓展，全新意义上的人机交互信息交流工具层出不穷，沉迷于虚拟网络空间的"人机"交往，带有某种"虚拟化""去社会化"的特征，使得网民在网络交往行为中形成的政治信念往往带有某种理想主义或者娱乐化的色彩，极有可能造成网民对现实政治环境的不适应和对现实政治生活的无所适从，从而逐步削弱其参与政治实践活动的兴趣和能力，影响政治实践行为的调整，甚至直接导致政治实践活动的缺失。

二、主流意识形态传播与弘扬面临新挑战

任何一个社会和国家都有自己意识形态的"主旋律"，即占主导地位的

意识形态和核心价值取向，或者称之为主流意识形态。它代表着统治阶级及其政党的意志和利益，这既反映在国家的法律法规中，也体现在媒体舆论导向中。为了形成居于主导地位的主流意识形态、社会政治认同意识、政治规则意识，以达到社会政治稳定之目的，国家政治体系总是通过垄断和强力控制的传媒向社会公众宣传、教育和灌输主流意识形态及其核心价值取向。一是通过垄断和封锁那些不利于政治统治、政治稳定的信息，用强有力的措施来控制意识形态阵地，发布经过筛选过滤的信息以营造统一舆论氛围，控制舆论导向，保障主流意识形态的主导地位；二是通过诉诸道德、伦理和思想意识等方式的说教和灌输来强化公民的国家意识，强化主流意识形态主导地位，以赢得民众对民族、国家的忠诚，对道路选择、理论体系、制度框架的认同和对政府治理体系、治理能力及其治理成效的肯定；三是通过强化政治体系对意识形态的控制，规范引导社会成员的政治参与行为，使之与政治发展水平相适应。但随着网络的不断普及和发展，网络不仅提供了个体相对自由的参政空间和范围，而且也顺应日趋凸显的个人自主观念和全球化观念，这又同政治体系政治控制机制的作用存在着矛盾，对这种机制本身起着瓦解、消融作用，因而也就增加了主流意识形态传播和非主流意识形态控制的困难，主流意识形态的传播和弘扬面临新的挑战。

网络消解着政治体系的政治控制机制。网络本身所凸显的开放性、平等性、自主性、自媒体性特征无疑催生着政治参与主体的自主意识和主体意识，为社会成员平等、自主、自由地阐发思想观点、表达利益诉求提供了更多的可能和机会。网络作为一种新媒体，具有信息传播量大、成本低、简便易行、不受时空限制等特点。每一个上网者都可以通过一定的技术程序和网上协议程序传播或表达自己的意见和要求，互联网给人们营造了越来越丰富的话语权利。个体自主的价值选择往往在不知不觉中削弱了主流意识形态的灌输和说教效果，更多的网民在网络生活中逐渐适应了独立思考和自主选择判断，更加强调自己的权利而保持思想的独立性。传统意义上政治体系对于意识形态的控制显得日益困难。

网络成为异质意识形态渗透的工具和载体。互联网络无所不在、无孔不入的渗透方式以及巨大的信息量对主流意识形态的传播、弘扬造成冲击。网络已成为文化渗透，尤其是意识形态及社会思潮渗透的工具和载体。西方发达国家，为了冲击社会主义国家的政治文化，加速和平演变进程，不遗余力地通过互联网络提供给用户大量的关于世界政治动态的看法，推销自己的政治价值观念、政治信仰和政治理想等意识形态，客观上可能造成网民对政治价值判断与选择的困境。久而久之就会使网民的政治价值追求导向和信仰遵循发生微妙变化，造成对主流意识形态传播的冲击。

网络促进了政治文化传播模式变革。在网络社会中，由于网络自身的结构特点和信息传播优势，更加凸显了政治文化传播主体与客体的平等性、自主性。"在信息社会里，任何国家和地区的任何人都有权享受信息和知识。"① 网络为人们提供了平等交流政治信息、政治态度、政治思想的空间和机会，便于人们沟通思想、交流信息、交换意见，有助于构建一个平等、民主的政治文化交流和传播模式。网络天然地赋予了政治文化传播主体与客体价值选择的自主性。由于网络技术有特殊的离散性解构，实现严格意义上的绝对控制是困难的，它构成了一个相对自由的信息传播空间。网络与人们以前使用的媒体最大的区别是，它能作为相对独立的主体，根据人们的利益诉求和价值取向自主地进行政治信息的采集、存贮、加工、处理，人们可以在未加工的信息中进行自行选择，并在自行判断、评估和鉴定中识别其价值。网络条件下的政治文化传播不再是一个被动过程，而更多是一个网民自主选择、判断、评价和参与的过程，人们既可以接受信息，也可以发布信息，那种"我说你听，我打动你"的单向传播模式将被"你说我也说，你我相互影响"的多维互动的政治文化传播模式所取代。

---

① 安南：《共同努力建设信息社会》，《人民邮电报》2003 年 5 月 16 日。

三、网络政治社会化面临选择性困境

新媒体传播的信息既海量又丰富，往往使涉世未深的社会成员们应接不暇。社会成员长时间浸润在纷繁复杂的信息中，其兴奋点和注意力也被信息的奇、新、异所吸引，随着信息的漂浮不定时而兴奋、时而激动、时而颓废，情绪起伏不定、千变万化，当人们面临太多信息时，许多人往往无所适从、迷茫疑惑、束手无策。当海量信息远远超出他们个人处理和利用信息的能力的时候，他们往往表现出难以选择、焦虑不安的思维状态，面临选择性困境。社会成员更加趋向于依据自己的判断和从新媒体网络中汲取的价值传递做出相应的选择，通过新媒体网络来表达自己的看法，很多时候还会出现集体"围观"，或者导致群体性非理性的"欢呼"。新媒体环境下，政治社会化主体内容所强调的社会主义主流意识形态可能出现社会成员的碎片化传播和解读，政治社会化主体内容的"去中心化"特征也逐渐显现。特别是尚处于生理和心理日渐成熟期的社会成员，在自由参与"弱中心化"状态的交流中，对政治体系及其所倡导的主流政治文化的自觉遵守和奉行将受到消极影响。

网络政治社会化面临从众性干扰。新媒体环境下，海量的信息膨胀、混杂，可能导致非理性情绪膨胀，使处于新媒体环境中的社会成员面临一定的伦理道德风险。一方面，海量信息的扑面而来，社会成员的时间和精力有限，因而他们便会根据自己的兴趣爱好选择性的浏览信息、关注热点。尤其是网络上"大V""意见领袖"的存在，吸引着数以千万计社会成员们的眼球。这样日复一日受到网上"大V""意见领袖"和众多"粉丝"群体的影响，转而成为团体意识的"跟随着""捍卫者"，社会成员们往往会为群体意识、态度左右，逐渐丧失自己的价值选择和判断，甚至于"随波逐流"，随着"大部分"成员的言行采取某些非理性化的行动，加之受到"权威"网络媒介的舆论控制，社会成员们的观点和价值取向极易产生舆论同化，为政治社会化带来空前掣肘。另一方面，许多社会成员容易受到网络空间多元文化思潮的左右，对于信息辨别力差较差，意志不够坚定的人，要么是人云亦云，要么是不加思考地非理性跟随。当是非观念混淆，受到多元文化思潮诱惑时，社会成员在网络空间中尝试某种获得感得到满足时，一些在现实社会不愿或不便付诸实际行动的"行为"，就会付诸实践，这些非理性的从众行为将对社会成员政治社会化带来巨大挑战。

四、网络政治社会化面临规范性缺失

网络环境下社会成员政治社会化面临着规范性缺失。主要表现在社会价值理念的"戏剧化"，同时也表现为网络空间行为的规范性缺失。互联网络高速发展的今天，异化现象层出不穷，似乎一切事情都可以被娱乐化、轻松化、戏剧化。在新媒体网络良莠不齐的信息世界里，社会成员们在现实生活中不便、不愿、不敢表达的言论，在网络空间里似乎可以肆意发泄，甚至有时会挣脱现实社会的法律约束和道德底线，变得无所忌惮。比如，对待我们社会倡导的"雷锋精神"和多年教育中本已经接受的"公共利益至上"等价值理念，成为一些网民在网上调侃的话资，社会道德标准被游戏化、庸俗化。重塑和强化社会道德价值体系的认同，掌控中国特色社会主义核心价值观话语权，已成为网络环境下社会成员政治社会化亟须解决的问题。互联网打破了国家和地域的限制，不仅如此，连同身份、性别、年龄、相貌等仿佛都成了"身外之物"，由于网络虚拟的隐蔽性，社会成员可以完全隐去真实的社会身份，以虚拟身份参与网络社会生活，有些意志薄弱的网民便会放纵自己，在网络空间里"肆意妄为"。质疑优秀传统文化价值观、挑战现实社会道德底线、极端利己主义思潮等有所抬头。"无规矩不能成方圆"，越是在纷繁复杂的网络空间，网络政治社会化就越需要要以"四个意识"、"两个维护"、社会主义核心价值观、"四个自信"作为价值引领，就越需要建立健全新媒体管理和使用制度，构建网络政治社会化和谐健康发展的生态环境。

五、网络政治社会化面临权威性弱化

在前网络时代，国家和政府在社会成员政治社会化进程中具有绝对的权威和主导地位，社会成员大多以被动的方式接受政治教化。而在网络时代，网络媒体"自主化""平民化"和"草根性"特征日益显现，使得网络主体具有天然的去权威性表现。网络媒体环境下社会成员政治社会化进程面临的权威性弱化的境遇，不仅表现在社会化实施主体地位和主流政治文化权威的消解，同时也表现为政治社会化内容体系权威性的逐渐弱化。网络媒体的广泛应用以及其呈现出的"海量共享""信息传播无屏障"境遇，在一定程度上动摇了传统的政治文化知识传承习惯，带来政治文化资源多样化和政治社会化过程个性化新变化，使得社会化主体不再成为分配政治信息资源的唯一力量，传统政治文化"一元话语体系"权威性被弱化。一方面，社会成员们可以从网络媒体中获取更多的政治信息，使得政治社会化主客体之间在政治信息互动中获得"反哺"能力或"话语权力"，导致社会政治体系主体地位和主流政治文化权威的消解。另一方面，在网络媒体环境下，主流政治文化体系的权威性也被弱化。网络媒体的广泛运用相对于传统媒体而言缺乏严谨性，尤其是当前网络信息传播效力发达，信息海量存在，网站内容讲求数量不重质量，导致主流政治文化体系价值导向的主导地位动摇，造成网站信息良莠不齐，网络中充斥着许多非主流意识形态的言论，在一定程度上消解着主流政治文化的权威主导地位。重构网络媒体环境下政治文化话语体系，树立中国特色政治文化话语体系的权威性是坚持社会主义方向，提升社会成员政治认同培育效果的重要举措。

第四章　网络政治社会化的调适策略

　　面对经济全球化、社会信息化、文化多样化、媒体网络化的新境遇，网络政治社会化面临着新的机遇和挑战。需要牢牢把握主流意识形态，特别是网络政治社会化的领导权和主导权，成为党和国家重大的理论和现实问题，也是实现网络政治社会化健康发展的关键所在。正如习近平同志指出，"意识形态工作是党的一项极端重要的工作"①"能否做好意识形态工作，事关党的前途命运，事关国家长治久安，事关民族凝聚力和向心力"②。在信息时代，如何有效确立主流意识形态的领导权和主导权，不断增强其吸引力和说服力，通过切实有效的网络政治社会化强化社会成员对理论、制度、道路、文化的认同，是需要我们解决的重大课题。

第一节　构建全新网络政治文化体系

　　意识形态蕴含于政治文化之中，政治文化所包含的政治思想、政治理论、政治价值、政治观念等能否为社会成员共同的认知和认同，并成为内化和外化的自觉，一个重要的因素在于政治社会化的主要内容即政治文化的理论体系、价值体系是否科学、合理，是否体现时代特点，是否有利于形成广泛的认同、共识乃至自觉和自信。因此，建构具有中国特色、时代特点的中

---

① 《习近平谈治国理政》，外文出版社 2014 年版，第 153 页。
② 《习近平关于全面建成小康社会论述摘编》，中央文献出版社 2016 年版，第 103 页。

国特色网络政治文化体系就成为增强网络政治社会化实效性的必然选择。具体来说，应当从以下几方面入手。

一、坚持科学性，体现时代性

网络政治文化是否具有科学性和时代性关键在于能否反映客观现实发展要求，是否建立在科学的理论基础和丰富的实践基础之上，能否体现时代发展的基本特征，能否顺应网络政治社会化的基本规律。马克思主义认为，意识形态归根结底是建立在一定的社会经济基础之上的。意识形态是社会经济基础的反映，是政治文化的基本内核，必须满足和服务于社会经济基础的客观现实需要。网络政治社会化本身就是网络时代传承政治文化，特别是传承主流意识形态的过程。脱离了科学的理论体系和显著的时代特征，网络政治文化也就难有持久的生命力。简言之，提升网络政治社会化的基本途径就在于坚持科学性，体现时代性。科学性主要体现在中国特色网络政治文化理论基础、理论体系的科学性、合规律性，时代性则表现在时代发展的特殊性、合时代性。

言下之意，网络政治文化的内容体系建构必须从网络时代的社会经济基础发展中寻求源泉，必须顺应社会经济基础发展的新特点、新变化，必须坚持科学性与时代性的有机统一。这是由于"人们按照自己的物质生产力建立相应的社会关系，正是这些人又按照自己的社会关系创造了相应的原理、观念和范畴"①。事实上，网络政治文化并不是一个孤立的体系，而是与现实社会、网络社会需要和发展密切相关的，是与网络时代发展的基本特征相契合的，是对客观现实社会和网络社会高度抽象与概括的一整套理论体系、价值体系和思想体系。因此，相对于建设中国特色社会主义伟大实践而言，建构网络时代的中国特色政治文化体系就必须与中国特色社会

---

① 《马克思恩格斯选集》第 1 卷，人民出版社 1995 年版，第 142 页。

主义基本国情相适应，与社会成员的现实需要相适应，与新时代中国特色社会主义的生产力发展水平相适应，与网络时代的基本特征相适应。基于此，中国特色网络政治文化建设必须始终以坚持马克思主义的科学理论为指导，保证指导思想的科学性；必须准确把握网络时代的基本特征，体现与时俱进的时代性。这是马克思主义理论科学性的本质要求，是中国特色社会主义事业建设发展的必然要求，更是实现中华民族伟大复兴中国梦的必然要求。

在当代中国，中国特色社会主义理论体系是政治文化建设的核心内核，是马克思主义中国化的最新理论创新成果，更是中国特色网络政治文化建设与发展的基本遵循。中国特色社会主义理论体系坚持了马克思主义科学理论的指导，反映了我们党治国理政的基本理念和思想，是我们党领导中国革命、建设、改革的历史经验总结和理论创新成果。与此同时，时代发展的特殊性又是网络政治社会化不可回避的时代背景和现实境遇，没有与时俱进的理论品质和坚实的实践基础，也就难有网络政治文化的健康发展。任何脱离科学理论指导的实践都是盲目的，至少是缺乏生命力的，任何脱离现实的实践都是难以为继的，至少是脱离实际或时代发展要求的。由此看来，坚持指导思想的科学性，体现时代发展的与时俱进性，才是科学、理性、发展的正确理念和科学态度，更是实现信息时代网络政治社会化价值目标的必然选择。可见，构建全新的中国特色网络政治文化体系必须始终坚持科学性与时代性的辩证统一。

二、强调普遍性，契合需求性

政治文化常常表现为一定理论形态的思想理论体系，有时又表现为特定时代、环境中社会成员的政治心理倾向，是社会意识形态的综合表现形式。政治文化总是反映着历史文化传统，也反映着特定历史时期社会群体的心理特征和思想倾向，与不同历史时期社会所追求的价值观念息息相关，既具有普遍意义上的公平、正义、民主、文明等价值追求，又具有自由、自主、共享、共赢等时代价值取向。

在信息时代，各种不同历史传统、民族文化、价值取向相互激荡、交融碰撞，必然催生多元化的网络政治文化。尽管政治文化一经形成就具有相对稳定性，但并不意味着停滞不前、拒绝改变，也必将随着时代的发展产生继承基础之上的变革，以及变革影响后的发展。特别是在网络时代，网络打开了政治文化传播、交流、交融的窗户，为各种异质的政治文化相互影响提供了事实上的可能和途径，政治文化随社会转型和传播媒介变化的速度也在不断加快，能够更加快捷地反映时代发展、社会变革的脉络，也必将以显性或隐性的方式反映出时代精神的流向、大众心理的变迁、文化交融的演进，特别是契合利益追求动力直接影响着社会政治价值的旨归。

概言之，中国特色网络政治文化是网络时代继承传统政治文化、创新时代发展趋势的思想理论体系和政治心理倾向，它既可以表现为意识形态层面的思想理论体系，也可以是依托于更为广泛存在的网络空间的政治心理倾向。多元化的网络政治文化既有普遍意义上对传统政治文化的传承，对实践经验的总结，也有信息时代多元政治文化交流交融所产生的创新性发展成果，将会重构起集传承、创新、发展为一体的网络政治文化体系。顺应网络政治文化发展的基本趋势，正确应对普遍性与特殊性、契合需求性与发展性的有机统一是构建中国特色网络政治文化、推进网络政治社会化的基本路径之一。概言之，中国特色网络政治文化构建既要关照政治文化建设中的普遍性，也要不断适应政治文化变革与发展的契合需求性。

三、体现开放性，彰显先进性

鉴于网络结构本身以及网络信息传播的开放性等诸多新特征，网络政治文化本身天然地也具有开放性、多样性特征，社会成员的理想、信念、价值取向、价值评价也必然存在着诸多差异，在网络空间存在着各种各样不同的价值体系、价值选择和价值判断，中国特色网络政治文化体系也呈现出开放性、多样化的基本格局。如何正确认识这种开放性、多样性格局对于网络政治社会化具有十分重要的意义。

事实上，开放、多元并非意味着一般意义上的"混沌"或杂乱无章，必然需要在一定规范下实现有序。正如罗尔斯所描述的那样，由于现代社会的多元性特征，价值被规范的社会过程和结果常常表现为"重叠共识"，或者说重叠共识是价值被规范的基本形式。[①] 实施网络政治社会化的基本目标就是使这种规范成为现实。"如果一个社会政治体系不能争取人们信仰某些原则、观点、某些人共同关心的事件，甚至信仰某些联结一个民族的神话，那么这个政治体系就不能巩固它的基础。"[②] 可见，不论网络社会多么开放，网络政治文化如何多元，依然需要达成一个基本的共识，抑或说是统一的共同价值体系（取向），这也是我们通常意义上的先进性价值建构，而这种价值体系建构总是以政治文化的形式（思想的、心理的）存在的，这种统一的共同价值体系实质上就是我们所说的主流价值体系、主流意识形态、主流政治文化，也就是我们前文中提及的"一元主导、多元并存"的网络政治文化格局。一元主导体现的是网络政治文化的先进性、主导性，只有先进的政治文化才是具有强大生命力的。多元并存则体现出网络政治文化发展的开放性、包容性和多样性，这是网络政治文化传承与发展的历史脉络和趋势的反映，也是其存在的客观环境的具体表现。

总之，构建中国特色网络政治文化是顺应网络政治文化健康发展的必然要求，也是网络政治社会化健康发展的本质要求，实现坚持科学性与体现时代性、强调普遍性与契合需求性、体现开放性与凸显先进性的有机统一是构

---

① ［美］约翰·罗尔斯：《政治自由主义》，万俊人译，译林出版社 2000 年版，第 141 页。

② 联合国教科文组织国际教育发展委员会：《学会生存——教育世界的今天和明天》，华东师范大学研究所译，教育科学出版社 1996 年版，第 205 页。

建中国特色网络政治文化的必然选择。

第二节　构建网络政治社会化平台

网络政治社会化需要依托有形乃至无形的载体付诸实施，需要构建主题突出、功能强大的网络政治社会化平台。这是由于网络政治社会化本身就是政治文化的传承过程，在此过程中，政治文化传播主要是依托于网络实现的，网络互动是成就网络政治社会化的重要因素，网络政治实践是政治社会化目标的重要途径，而这一切都离不开网络政治社会化平台。

一、创新新理念，体现规律性

构建网络政治社会化平台，首先需要解决建设理念问题。理念先行、顺应规律是网络政治社会化平台建设的基本原则之一。有鉴于网络政治社会化独特的发展规律，需要不断创新网络政治社会化平台建设理念，从而把握网络政治社会化的基本发展方向，加强网络政治社会化平台建设的顶层设计，最大程度地发挥网络政治社会化平台的优势。创新网络政治社会化平台建设理念，要把握三个根本依据：一是要把握正确的政治方向，也就是坚定中国特色社会主义方向。二是要明确价值目标，充分体现政治认同培育这一政治文化传承的核心价值取向和根本任务。三是要立足于网络的特征，顺应网络政治社会化基本规律，体现网络本身所具有的网络结构的去中心性、网络空间和网络实践的虚拟性、信息传播的便捷性、信息资源的共享性、主体地位的平等性、信息交流的互动性等一系列特征，以及网络政治社会化空间拓展性、信息交互性、过程复杂性、成效非稳定性、互动有效性、方式"在线化"等特征。具体而言，主要包括创新学习理念、价值理念、服务理念、传播理念、教育理念和实践理念。

（一）"泛在式"的学习理念

从一定意义上说，网络政治社会化过程就是社会成员通过网络学习政治文化的过程。在网络时代，学习不但是伴随人们一生的事情，同时也是学习环境、载体、媒介不断发展变化的过程，而"泛在式"学习则是适应网络时代人们学习活动的全新学习理念，网络政治社会化平台建设必须主动适应学习理念的新变化。

"'泛在'是指由于信息技术的发展，使得软硬件、工具、网络、知识、平台、人等要素形成一个无所不在、跨越时空的环境，而在这个环境之中'知识'是其主要生产、传播、利用、更新等操作的原料。"[①] 泛在学习（U-Learning）主要是指任何人在任何时间和任何地点都可以通过泛在网络实现任何知识内容的学习。泛在网络和泛在计算技术为人类实现随时随地的泛在学习提供了技术保障，信息技术和教育技术的融合发展止深刻改变着知识的传播方式和学习方式，不断重构着教育和学习的生态环境。"泛在式"学习是利用信息技术为受教育者提供一个可以跨越时空限制、使用手边可以取得的科技工具来进行学习活动的 4A（Anyone、Anytime、Anywhere、Anydevice）学习。

随着网络技术的不断普及和迅猛发展，"泛在式"学习不但是一种全新的理念，更为网络政治社会化平台建设提供了现实的可能和基础。"泛在式"学习顺应了信息时代"知识爆炸"的特点，顺应了信息传播无处不在的特征，顺应了人类生存空间、生活空间、学习空间不断拓展的境遇。在网络政治社会化平台上，可以根据各自的需要在多样的空间、以多样的方式在多样的终端上进行学习，极大地满足网民多种多样的学习需求。构建网络政治社会化平台的目的就在于充分利用泛在网络使网民随时随地利用网络平台进行政治文化知识的学习和政治信息的交流，进而更有效地实现网络政治社会化的目

[①] 隋晓云：《泛在知识环境下档案工作的问题与对策研究》，《冶金管理》2016 年第 10 期。

标。可见，是否顺应网络政治社会化的规律性，能否实现平台"泛在式"学习的功能，成为平台建设必须考量的问题。

(二)"以人为本"的价值理念

马克思主义关于人的本质理论和人的全面发展理论启示我们，实现人的自由全面发展既是人类社会发展的根本目标，也是网络政治社会化的终极目标。因此，在网络政治社会化平台建设过程中，应该始终体现"以人为本"的价值理念，促进人的主体性、人的能力以及人与社会关系的协调发展。

注重发挥人的主体性。在网络空间中，人的主体性的发挥与现实空间中存在差异，网络政治主体意识不断得到强化，人们可以自主选择相应的网络信息。"在这自由的空间里，主体可以充分发挥自己的才智，可以尽情地在网络时空中遨游，从而体验到从未体验过的自主感和自由感，切实感受到主体性的高扬，使主体意识不断强化。"[1] 网民可以自主选择、判断政治价值取向，网络平台必须主动提供其选择、判断政治价值取向的机会和可能，使其在自主选择与判断中获得政治认知、价值判断、政治认同。

促进人的能力的发展。这就要求网络政治社会化平台能够充分整合各种政治文化资源，运用现代信息技术和丰富的新媒体资源，开展线上线下的政治实践活动，在实践中获得真知，检验价值，形成政治人格，从而提高参与社会政治生活的能力。

促进人与社会关系的协调发展。在网络时代，人与社会的关系内涵更加丰富，既包括人与现实社会的关系，也包括人与网络社会的关系。如前所述，网络社会是现实社会的延伸和拓展，已经成为人类社会生活的重要组成部分。正确处理人与现实社会、网络社会的关系，不但是时代发展的需要，同时也是实现人的全面发展的需要，这是由网络时代社会发展的新特征所决

---

[1]　李超元等：《凝视虚拟世界：网络的社会文化价值》，天津社会科学院出版社 2004 年版，第 30 页。

定的。构建网络政治社会平台的基本目的就在于在人、现实社会和网络社会之间搭建起桥梁，为人与社会协调发展创造条件。

（三）"关照利益"的服务理念

如前所述，利益追求是网络政治社会化的基本动力。按照马斯洛的需求层次理论，人类需求像阶梯一样从低到高按层次分为五种，分别是：生理需求、安全需求、社交需求、尊重需求和自我实现需求。尽管马斯洛的需求层次理论存在着人本主义局限性，过于强调人的需求决定论，其需求归类未必完全准确，具有以自我中心的倾向，但其提出人的需求由一个从低级向高级发展的过程，在某种程度上还是符合人类需要发展的一般规律的。事实上，人的政治社会化过程在某种程度上也反映了人的发展过程中政治方面的利益追求，实质上也是人的利益实现过程。因而，网络政治社会化平台建设必须始终关照不同发展阶段人们的利益诉求，服务于其利益表达和利益实现。例如在青少年阶段，网络政治社会化平台建设需要服务于社会成员身心健康的需要、知识学习的需要；青年时期，要服务于其成长成才的需要、政治实践能力锻炼的需要；成年阶段，要服务于其强化政治认同、完善政治人格、提升参与社会政治生活能力的需要。客观地说，"关注利益""服务需求"既是实现网络政治社会化目标任务的基本要求，也是增强网络政治社会化平台"黏度"的必然要求，我们甚至可以说，没有"关照利益"的服务理念，不能体现有获得感的有效服务，就不可能吸引社会成员，也就不可能充分实现网络政治社会化的功能。因此，"关照利益"的服务理念是网络政治社会化平台建设成败的关键所在。

总之，网络政治社会化平台在内容建设上应该坚持以"用户生活为导向"，以服务利益实现为遵循，突出"全心全意为用户服务"功能，有服务才有回应，有服务才有参与，通过开设针对性栏目，为实现用户利益提供服务，增强网络平台的"黏度"和点击率，进而提升网络政治社会化平台建设的效能。

（四）"分享与共享"的传播理念

实现网络政治社会化功能的前提和基础在于政治认知，而产生政治认知的基本途径在于对政治文化的认知和体验，这种认知和体验是建立在政治文化信息的传播与接受过程中的。网络最大的优势在于网络本身具有极其强大的政治信息承载功能、传播功能，网络最大的便捷在于信息分享，最大的优势和特点在于信息共享，通过政治信息的传播、分享和共享可以有效提升政治文化资源的传播效率，拓展政治文化信息的覆盖面，强化政治文化信息的影响力。因此，网络政治社会化平台建设必须顺应网络本身的特点和优势，充分体现"分享与共享"特征，更大程度地实现主流政治文化信息的分享与共享，使平台成为主流意识形态的传播平台、认同平台、分享平台、共享平台，更大程度地发挥平台的政治社会化功能。

事实上，现有的网络平台及其应用工具已具有强大的分享与共享功能。根据中国互联网络信息中心提供的数据，"截至 2016 年 8 月，交流沟通类应用在网民中拥有较好的使用率，网民即时通信、微博、论坛（BBS）的使用率分别为 98.3%、61.9%、67.1%、30.5%。而在手机网络应用中，青少年的手机即时通信、手机微博、手机论坛（BBS）的使用比例也较高，分别为：90.9%、51.6%、14.2%"①。由此可见，互联网所具备的互动交流功能深受广大网民欢迎，是普及率最高、影响力最为广泛的媒介，也是网络政治社会化功能实现的基本支撑。因此，网络政治社会化平台建设应坚持"分享与共享"的传播理念，开发具有分享和共享网络信息的工具，比如微博、微信等具有共享信息的社交软件。但在"分享与共享"的信息传播过程中，网络政治社会化平台建设要注意解决好以下几个问题。

优化实时监管网络环境，做好网络舆情"把关人"。依据"把关人"理论，我们认为，在网络政治社会化进程中，应从宏观层面和微观层面把好网络政

---

① 中国互联网络信息中心（CNNIC）:《第 38 次中国互联网络发展状况统计报告》，2016 年 8 月 3 日，参见 http://www.cnnic.cn/gywm/xwzx/rdxw/2016/201608/t20160803_54389.htm。

治文化传播的各个关口。从宏观层面来讲，党和政府及有关部门要做好网络宏观环境的"把关人"，这是网络政治信息传播的第一道"关口"。从微观的角度来讲，网络运营商应该做好各个网站平台的"把关人"，根据网站的统一标准，对网站平台上的信息进行适当地筛选、过滤，选择合适的政治信息上传在网络政治社会化平台上。网络思想政治教育工作者要做网络思想政治教育信息的"把关人"，充分发挥政治信息导引功能。要将网民个体培养成为"自律人"，培养他们形成正确的价值标准来衡量网络信息的良莠，并进行取舍，有效遏制不良信息的扩散。

正确引导网络舆论，合理"设置网络议题"。依据传播学中"议程设置理论"，在网络信息的传播过程中，要充分了解网民的利益、兴趣和关注热点所在，贴近社会生活、结合社会热点，合理设置议程，将积极健康的"网络议程"主动推送至受众分享和共享，引导舆论发展方向，促进健康真实的网络信息传播，引导舆论热点，维护信息主体权威。

（五）"实际体验"的实践理念

建设网络政治社会化平台的一个重要功能就是使"网上阵地"与"网下阵地"、"现实实践"与"虚拟实践"有机结合起来，充分发挥两者的优势和特点，实现传统政治社会化与网络政治社会化的深度融合。既有效保持传统思想政治教育的优势，又能应时代发展的需要，充分发挥网络政治社会化特色；既重视展现实政治参与实践，又关注进行网络虚拟实践，不断增强网络政治社会化的互动性、灵活性、时代性和实践性。

构建网络政治社会化平台需要特别关注网络虚拟实践功能。"虚拟实践"，是指使用数字化媒介在虚拟空间中展开"在线化""情境化""参与化"的新型实践形式和活动。"虚拟实践"可以有效突破传统实践活动在时间、空间、环境等方面的局限，拓展实践时空、途径、形式和手段。从一定意义上说，将虚拟实践运用于网络政治社会化赋予了政治社会化鲜明的时代特征、载体特征和形式特征，开拓了政治社会化实践活动的新途径。

虚拟实践在网络政治社会化中的运用主要是基于以下几方面的特点和优势：一是增强了政治社会化过程中的探索性。政治社会化主体和客体可以探索虚拟实践的方式，开展虚拟实践活动，探索虚拟实践对于强化政治社会化效果的新途径、新方法、新效果，进而强化政治社会化效果。二是虚拟实践具有现实超越性。政治社会化主体和客体可以不受时间、空间、载体、形式的制约，在虚拟空间中开展富有实效的实践活动，通过实践获得认同、自信和自觉。例如，现实政治社会化进程中由于受时间、空间、载体、形式等的制约无法实现全方位、全时空、全过程的切身体验，但可以通过建设虚拟实践体验空间、身临其境地切身体验等方式获得，从而成就政治社会化的实效。层出不穷的网上教育基地、博物馆、成就展就是典型案例。

"实际体验"的实践理念主要包含三个方面的内容：一是网络政治社会化平台的建设要注重为用户提供虚拟实践体验，能够使用户突破时间和空间的限制，获得"身临其境"的切实感受。二是要协调"网上与网下""虚拟与现实"的教育资源，协调网络虚拟实践与现实实践的内容，相互吸收和借鉴彼此的优点，相互取长补短，促进网络政治社会化与现实政治社会化的协调发展。三是在虚拟实践过程中，充分发挥网民的主体性作用，促发网民参与"虚拟"和"现实"的政治实践，在实践体验中获得对主流政治文化（包括主流意识形态）的认知与认同，实现内化基础之上的内化与外化自觉。事实上，随着现代信息技术的发展，通过体验式的虚拟实践促进网络政治社会化进程不但是可能的，而且也是可行的，是必然的趋势。

二、占领主阵地，凸显主导性

政治社会化总是依托于一定的载体、媒介实现的，网络政治社会化在社会成员政治社会化进程中的功能与作用日益显现，但也必须借助于常态化的社会化平台才能得以实现。但一个显而易见的问题是，构建什么样的平台、实施怎样的网络政治社会化、是否能够取得具有针对性和实效性的政治社会化成果，就成为摆在我们面前的现实问题。

构建网络政治社会化平台必须首先基于两点考量，一是是否符合网络社会发展的基本规律（发展趋势）；二是是否能够占领主阵地，把握主方向，凸显主导性，充分发挥平台的积极引领作用。相对于前者而言，平台建设必须符合信息时代政治文化传播的规律，充分关照网络政治文化传播的特殊载体和基本特点，也就是顺应网络政治信息传播的普遍性与特殊性有机统一规律，契合于现实社会与网络社会发展的辩证统一性，有利于主流政治文化与多元化异质政治文化间构成"一元主导、多元并存"的现实境况。后者则强调网络政治社会化平台的主导力、凝聚力和影响力。没有主导力、凝聚力、影响力也就无所谓网络政治社会化的针对性和实效性。表面上看，网络本身强大的信息承载力和影响力是显而易见的，但是否具有主导力、凝聚力和影响力，乃至信任感、认同感，不但取决于网络政治社会化的内容体系、价值体系和学理体系，更表现在平台发挥作用的"正向"吸引力和凝聚力。这是因为，任何时候，主导、凝聚、影响力都不可或缺；任何时候离开时代背景、脱离网络特征，都不可能顺势而为。由此可见，无论是合规律性还是凸显的时代性，离开了充分发挥网络政治社会化平台主阵地作用，均是难以实现的。

简言之，网络政治社会化成效显现的前提和基础之一在于构建基础性的平台。平台建设既是网络政治社会化的载体和基本途径，也是创新网络政治社会化手段、方式与方法的有形载体。毋庸置疑，在网络空间中，各式各样的网络平台层出不穷，但真正具有网络政治社会化功能，或者说政治社会化功能相对突出的平台尚不多见。就目前国内网络平台建设（应用）现状看，一般性应用较多，专题化、专业化的应用平台相对匮乏，客观上并未形成"主流""主导""引领"的强大统一格局，或者说尚未引起理论和实践的充分重视。因此，构建"一元主导、多元并存"的网络政治社会化（网络政治文化传播）平台就显得尤为迫切。

构建以"一元主导、多元并存"为导向的网络政治社会化平台，必须坚持"强化主阵地与凸显主导性"有机统一的原则。一方面，凸显主导性是网络政治社会化与顺应时代特征有机统一的必然要求和大势所趋。人类社会正处于由"独享"到"共享"、由"封闭"到"开放"、由"零和"到"共赢"的关键转折时期，这一方面源自网络结构本身的独特性表现；另一方面取决于伴随信息网络技术创新成果的直接且广泛应用。共享不但是网络政治信息互动交流的基本特征，同时也是信息网络技术创新成果的必然结果。关键的问题是共享什么？怎样共享？关于这个问题的回答应当是确定的，那就是"一元主导、多元并存"。离开了"一元"，共享则是"群龙无首""鱼龙混杂"，可能导致主导性乃至方向性缺失和迷失；无视"多元"，共享则可能"脱离实际""闭门造车"，导致全面性和事实性偏废。因此，网络政治社会化平台建设既不能脱离现实而独立存在，也不能忽视主导而放任自流，网络政治社会化的本质规定性就是最好的诠释。从这个意义上说，网络政治社会化平台构建必须坚持顺应主导性、引领性、共享性与多样性、共享性、共赢性的有机统一，在保持主导性中包容多样性，在一元性中涵容多样性，在共享性中融合特殊性。

三、突出安全性，把握主动权

如前所述，网络并非"法外之地"，网络安全涉及信息安全、国家安全、政治文化安全乃至意识形态安全。其中，政治文化安全是国家意识形态安全的重要内容，也是网络时代国家治理体系与治理能力现代化的重要标志，它能够从一个侧面反映出互联网治理水平和绩效，反映出一个国家的政治安全。可以说，没有网络安全、信息安全就没有政治安全和意识形态安全，网络政治社会化平台建设必须突出安全性，维护国家的政治安全。政治安全性关乎会政治稳定与政治发展目标的实现，关乎政治社会化的成效，关乎社会政治合法性根基稳定。因此，必须牢牢把握网络政治社会化平台建设的安全性底线。具体而言，要从以下几方面入手。

提高大数据整合与关联分析能力。信息时代，政治文化信息的传播途径与载体、形式的多样化并不构成必然的无序。信息传播的数量、质量、方向必然呈现出整体上的规律性和趋势性，也必然表现为大数据整合基础之上的规律与关联性。现代信息技术不但呈现出信息数量扩散的巨量化，更蕴含着大数据分析基础之上的规律性。因此，重视并关注大数据技术对于网络政治社会化规律分析基础，充分利用大数据挖掘技术探求基本规律就成为全新选择。具体而言：一是加快信息化建设步伐。加快信息化建设步伐有助于突破信息平台的横向和纵向互联技术瓶颈，形成网络治理各层级之间数据资源共建共享共用共管格局，实现数据整合与关联分析的准确性、关联性分析信度。二是加强法制建设。在依法加强网络信息安全保障和隐私保护的前提下，运用法律手段打破部门之间在数据汇聚整合与关联分析方面的各自为政，进而消除信息孤岛。三是做好"互联网＋思想政治教育"工作，强化思政教育相关部门在数据搜集、整合、分析方面的合作意识。强化各部门之间的合作意识，不仅有助于降低搜集数据的成本，而且有助于提升数据的整合和关联分析能力，消除"信息孤岛"和"信息壁垒"，进而为思政教育和意识形态主管部门获取准确数据分析报告，提升意识形态宣传工作数据分析信度和效度奠定坚实的基础。

加大技术创新力度，构筑网络安全屏障。导致网络安全问题的主要因素无外乎硬件和软件两个方面。一方面网络技术本身发展的局限性可能造成"安全漏洞"，从而引发信息分析利用的"技术拐点"，导致信息数据导引的"误判"；另一方面网络应用软件设计及其管理体系上的不完善也会留下安全隐患，导致"机主人随"的被动局面。可见，不管是硬件还是软件，存在的安全隐患问题都因技术而引发，需要通过不断的技术创新去解决、去完善，需要通过硬件技术创新构筑网络安全的铜墙铁壁，通过软件创新创设文化安全的生态环境。

四、拓展"微途径"，体现渗透性

当前，互联网正在以其强大的信息传播功能影响着社会成员的学习和生活方式，也深刻地影响着社会成员的政治态度、价值取向和行为习惯。特别是"两微一端"的出现，深刻地改变着信息传播方式、人际交往方式和互动交流方式，也深刻地改变着网络政治社会化的载体、形式、方式和手段。因此，网络政治社会化平台建设，必须主动适应这种新的变化，不断拓展"微途径"，体现渗透性，充分发挥"两微一端"在政治社会化进程中的积极作用。

将"两微一端"嵌入网络政治社会化平台。移动互联网是移动网络和PC网络融合的产物，继承了移动网络随时随地随身和互联网分享、开放、互动的优势，也是PC互联网络的"升级版本"，它融合了互联网络信息传播的基本规律，展现了两者之间的无缝对接和整合，因而被称为新一代互联网web3.0。由于移动互联网具备"便捷性和便携性""及时性和精确性""感触性和定向性""拓展性与扩张性"等特点，决定了移动互联网与PC互联网的显著区别，也成就了网络时代信息交互的新机制。尽管移动互联网由于业务与终端、网络的强关联性和业务使用的私密性，以及受到网络及终端能力的限制、无线网络传输环境、技术能力、终端能力等的暂时性限制，但并不能改变其成为新一代互联网信息传播媒介的发展趋势。由此可见，主动适应互联网发展趋势，必须将在移动互联网和PC互联网广泛应用的"两微一端"融入网络政治社会化平台建设之中，充分发挥"两微一端"贴近用户、便捷便携、及时精准、感触定向的特点，通过有线与移动的有机融合将突出的渗透性运用于网络政治社会化的全过程之中。

随着"两微一端"的蓬勃发展，网络空间信息的传播方式和传播效率发生了重大变革。在网络空间，"两微一端"拓宽了信息传播渠道，特别是政治信息传播由传统意义上的信息源单向传播逐渐演变为"两微一端"平台中多向度发布、筛选、转发，而且"两微一端"使用者的评论也已成为实时发布、传播和互动的一种新模式，正在变革着传统政治信息传播模式。多终端移动式传播、点群式互动散播、转发式异步传播、评论式互动传播，使"两微一端"在信息发布上表现出信息来源更为丰富、热点关注更加多样、互动交流更加便捷的特点，客观上强化了信息张力，左右着网络用户的价值选择与判断。因此，强化"两微一端"舆论引导就显得尤为重要了。可以说，网络政治社会化平台建构如果放弃了"两微一端"，也就失去了网络政治文化传播的"半壁江山"，这不仅是完成个体政治社会化的技术发展与时代发展要求，更是顺应网络时代政治信息传播基本规律的必然要求。在党政机构微博数量增多、亮点频现、遍地开花的形势下，完善日常发布和管理规定，进一步推进微博运营规范和制度化建设，无疑更加有利于与谣言及偏激、非理性声音的博弈。做好官方微博建设和管理，一方面需要着眼于提高信息发布速度和质量，以最快的速度澄清传闻和报告事件进展，影响网络舆论趋势变化，多提供"有设计""有营销""有温度"而不是空洞、说教、灌输式的信息，另一方面需要着眼于提高互动性、传播力，主动迅速地回应各种问题和热点关注，及时发布权威信息，掌握舆论话语主导权。实现上述目标，需要具有较高信息素养的精干团队，以及经过实践检验的、规范的管理制度。建设一支高素质、专业化的微博管理员队伍成为趋势和必然要求。优秀的专业化团队不仅仅能够保障微博日常运营的科学、严谨，也能有效地提高应对危机能力。当然，还要注意不断加强"两微一端"信息传播规律研究，加强信息舆论监控，及时把握信息热点及舆论发展方向，主动顺应信息传播规律，因势而导，顺势而为。并且注意方法和细节。要强调实事求是，注重细节，不因事实小节的失误影响整体大局，从而使政府公信力免受质疑。要适度使用"网言网语"，主动拉近信息交互各方的距离，提升与网民沟通的技巧，突出人文关怀色彩，等等。

总之，群众在哪里，宣传阵地就在哪里，在舆论环境不断变化的背景下，只有不断掌握好最新的网络信息传播媒介，才有可能在舆论引导中一直居于主动位置。一个可以预期的前景是，随着更多网络新技术、新应用的不断涌现，制约融合的局限将会不断被突破，网络政治社会化平台建设将会呈现出更为广阔的发展空间，为实现对网民跨越时空的实时或非实时交互式培育，必然实现网络政治社会化功能从有限的现实空间向无限网络空间拓展。

五、应用"大数据"，提升精准性

进入 2012 年，"大数据"（big data）一词越来越多地被提及并在社会生活中得到广泛应用，人们用它来描述和定义信息爆炸时代产生的海量数据，并命名与之相关的技术发展与创新。正如《纽约时报》在 2012 年 2 月的一篇专栏中称，"大数据"时代已经降临，在商业、经济及其他领域中，决策将日益基于数据和分析而作出，而并非基于经验和直觉。哈佛大学社会学教授加里·金认为，大数据技术是一场革命，庞大的数据资源使得各个领域开始了量化进程，无论学术界、商界还是政府，所有领域都将开始这种进程。显然，在大数据时代，大数据技术广泛应用在生活中可以帮助人们获取到更多更为有用的信息价值，这种信息价值不仅体现在经济领域，也体现在社会生活的各个方面。在网络政治社会化进程中的突出表现就在于提升网络政治社会化内容推送和对象兴趣爱好识别与判断的精准性和针对性，能够顺应网络时代个体信息需求的个性化和针对性要求。

应用大数据的基本价值在于更加准确地把握网络政治社会化发展的基本规律。毋庸置疑，社会发展的阶段性特征决定了政治社会化必须主动适应社会发展状况这一规律，在不同的历史发展时期，由于社会发展的目标不同，政治社会化的价值取向存在差异，其表现形式也会有所不同。在人类社会向网络社会发展的历史性变革过程中，政治社会化正在实现由传统到网络的历史性转变，因而网络政治社会化应运而生。按照马克思主义，社会存在决定社会意识基本原理，"物质生活的生产方式制约着整个社会生活、政治生活和精神生活的过程。不是人们的意识决定着人们的存在，相反，是人们的社会存在决定人们的意识"①。网络政治社会化也是在一定的网络社会系统中存在和发展的，是人类的网络社会实践活动在政治社会化领域的延伸和发展，网络政治社会化发展的内生性动力就在于网络社会的发展。而网络社会发展的基础或者说直接表现在于海量的数字化信息资源，没有海量政治信息发展变化的规律性展现也就没有网络政治社会化目标的实现。维克多·迈尔舍·恩伯格在《大数据时代》一书中指出："当数据积累到一定量，群体和个人的生活习惯、个人喜好、行为规律等就能通过数据分析揭示出来。"② 大数据技术对于网络政治社会化带来的直接影响就在于海量政治信息整合和分析所得出的规律性归纳和提炼。

运用大数据技术探寻网络政治社会化价值认同的最大公约数是网络时代政治社会化进程的必然选择。信息时代网络日益成为社会政治生活的重要场域，使得社会成员在网络空间中的学习、工作、生活成为人类生存与发展不可或缺的重要组成部分。在此过程中，一个突出的问题是，是否存在现实与虚拟空间的契合性，如果存在，其中的契合性表现在哪些方面？换言之，是否能够最大限度地汇聚社会化共识，是否能够凝聚共同的价值认同，或者是价值认同的最大公约数就成为提升契合度的关键体现。应当说，大数据技术在探寻网络政治社会化价值认同方面是大有可为的。通过大数据技术可以挖掘社会成员关于社会政治生活的关注热点及其关注度，发掘社会成员与社会政治体系关于政治价值追求的契合度，进而为网络政治社会化实践确定趋势化发展方向及其价值选择。从这个意义上说，在网络政治社会化进程中充分运用大数据技术就是一种必然的选择。

应用大数据技术实施网络政治社会化的突出作用在于提高精准性和针对性。在信息时代，尽管存在着信息超载，人们面对的信息选择越来越多，选择过多可能导致信息选择困难的问题，但并非没有规律可循。海量的信息流

---

① 《马克思恩格斯文集》第 2 卷，人民出版社 2009 年版，第 591 页。

② ［英］维克多·迈尔舍·恩伯格：《大数据时代》，盛阳燕、周涛译，浙江人民出版社 2013 年版，第 82 页。

动和分布一方面与社会成员对社会热点问题的关注度密切相关，另一方面又与社会成员个体的信息接受、传播习惯、兴趣、需求相关联。从目前大数据技术应用于网络传媒的现实情况看，网络信息推送的导向化、精准化和针对性已经实现了。

第三节　创新网络政治文化话语体系

网络政治社会化离不开网络政治文化话语体系的创新和发展，这既是网络政治社会化与网络政治文化内在联系性的必然要求，也是提升网络政治社会化针对性和实效性的客观要求。创新网络政治文化话语体系必须构建符合时代发展特点、网络信息传播规律，具有中国特色、中国风格、中国气派的政治文化话语体系，用广大网民喜闻乐见的"网言网语"将政治社会化内容渗透于网民实践活动之中。

一、坚持正确方向，强化主流引导

话语体系是一定时代经济社会发展状态和文化传统的综合表达。从形式上看，话语体系首先是由各自相互关联的概念、判断和推理所构成的有机整体，从表象上看，话语体系是作为人类交往行为中由交往主体通过语言符号建立起来的表达与接受、解释与理解、评价与认同等多重认知关系。深层地看，话语体系是受经济发展阶段、经济实力所支撑的影响力制约的，是反映民族传统、时代精神的思想理论体系的外在表达形式。[①] 作为政治文化建设的重要内容之一，政治文化的话语体系既是一定时代经济社会发展和文化传统的综合反映，也是直接影响着政治社会化的针对性和实效性的客观因素，

---

① 王莉：《中国话语体系构建的基本维度》，《光明日报》2017 年 9 月 25 日。

对于人的政治社会化进程具有十分重要的意义。

一般而言，政治文化的形成具有显著的历史性和相对稳定性特征，或者说某种政治文化内涵的形成是需要一个历史发展过程的，且一经形成就具有相对的稳定性，但这种稳定并不意味着一成不变，而是随着经济社会发展历程以及一定的时代发展而与时俱进的。特别是相对于以开放、共享、互动为基本特征的网络媒介而言，政治文化的传播范围更为广泛、互动交流更加便捷、信息互动更为频繁，客观上加速了网络政治文化话语体系的变革。网络不但构建了有别于传统社会的虚拟空间，同时也重构了网络政治文化形成与发展的特殊环境，逐步构建起一套有别于传统的，符合时代发展背景的话语体系。网络本身巨大的包容性也为各种政治文化在网络空间中找到了立足之地和传播路径，使得各种政治文化之间的交融更加便捷和频繁，进而推动了全新网络政治话语体系的形成。面对纷繁复杂的政治文化信息交流，如何坚持正确方向，始终保持主流意识形态话语权、主导权，就成为我们必须深入思考的重大理论和现实问题。

坚持正确的政治方向是繁荣中国特色网络政治文化的根本保证，也是构建具有中国特色、中国风格、中国气派的政治文化话语体系的必然选择。坚持正确的政治方向，就是要求必须坚持以马克思主义为指导，坚持党对意识形态建设的绝对领导，坚持中国特色社会主义道路，用社会主义核心价值体系引领网络政治文化的发展，让社会主义先进文化占领网络阵地。如前所述，尽管网络是一个开放的平台，网络空间中政治文化的传播呈现出"一元主导、多元并存"的基本特征，也就是说，在构建网络政治文化时依然需要保证其主流意识形态的主导性和权威性，依然需要向受众传播经过符合社会经济发展趋势、时代发展特征的主流政治文化，以维护社会政治体系的稳定和发展。因为，主流政治文化反映了一定历史阶段、国情实际和社会共同价值取向，是政治文化发展的主流，体现了先进性、生命力和凝聚力。网络政治文化话语体系作为政治文化系统的重要组成部分，自然需要体现政治文化发展的基本规律和发展趋势，这其中核心的问题就在于坚持正确的政治方向，就在于坚持科学的理论指导，形成一套符合中国特色社会主义发展方向的话语体系，掌握马克思主义在社会生活中的话语主导权，就在于坚持社会主义核心价值体观的弘扬和主导，具体来说，就是要不断强化"富强、民主、文明、和谐、自由、平等、公正、法治、爱国、敬业、诚信、友善"的核心价值取向，就是要不断强化"道路自信、制度自信、理论自信、文化自信"，就是要不断强化中华民族伟大复兴中国梦的目标价值追求。

二、顺应网络特点，创新话语体系

网络政治文化是现代信息技术与社会政治实践发展相结合的产物，其形成和发展既离不开网络的基本属性，也离不开伴随社会政治文明发展的政治实践活动；既不能脱离网络时代的基本特征，也不能背离现代信息技术所创设的基本环境。"互联网技术本身属性与政治文明发展的契合是网络政治文化逻辑与历史统一的基础。之于网络政治文化的发展，两者缺一不可。没有互联网技术就无法突破原有政治民主化发展存在的政治技术障碍；没有政治民主化发展的政治要求，互联网技术就无法获得政治支持而快速发展。正是两者互为条件、相互促进才为网络政治文化的产生创造了前提和条件。"[①]网络政治文化形成与发展的基本逻辑，决定了建构网络政治文化话语体系必须顺应网络技术发展和网络信息传播的基本规律，必须服务于网络时代社会政治发展的基本目标。

从网络时代信息传播的基本特征看，网络空间信息传播表现出信息的海量性和开放性、空前的强时效性、多媒体表现性、高度的交互性、传播环境的个性化等显著特征。从已有的网络政治文化产生与发展的环境看，也已突出地显示出显著的空间拓展性、虚实融合性、信息共享性等特点。有鉴于网络时代信息传播明显区别于传统意义上的显著特征，必然要求网络政治文化

---

① 李娟：《网络政治文化的马克思主义发生学解释》，《南京社会科学》2015年第6期。

话语体系的构建必须主动顺应网络时代及其环境变化要求。事实上，政治社会化总是以一定的政治文化话语体系为支撑的，不同时代产生不同话语，不同实践创造不同话语，不同人群使用不同话语，不同载体具有不同的话语语汇和表达方式。创新网络政治文化话语体系已经不是"要不要"的问题，而是"不得不""必须要"的问题。一个可见的事实是，"网言网语"更加易于为网民所认知、认同，网络技术本身创设的平等、自由、自主、互动、共享的信息交流平台即有强化主体意识的意蕴，也有激励主体参与行动的实际效果。换言之，顺应网络特点，创新话语体系，是提升网络政治社会化实效、构建网络政治文化话语体系的必由之路。具体而言，创新话语体系需要构建起中国特色网络政治文化话语体系的基本理论，厘清中国特色网络政治文化话语体系的本质、特征、功能、要素、关系、范畴、目标、价值；系统分析中国特色网络政治文化话语体系形成与发展的主要动因；探析中国特色网络政治文化话语体系建构的基本规律；建构中国特色网络政治文化话语体系的基本架构，主要包括内容体系、表达体系、传播体系、逻辑体系、价值体系，以及话语主体、话语主题、标识概念、话语语汇、表达形式、话语方式、话语载体和话语规则等基本要素。

三、倡导话语转换，提升教育实效

在网络政治社会化实践中，我们常常会不同程度地感受到话语表达难以适应网络话语语境变迁的尴尬。传统的话语体系如果原封不动地搬到网上，就显得较为生硬，出现言者谆谆、听者藐藐的现象，网民往往会不自觉地将传统语汇与网络语汇进行比较，结果可能使其产生抵触甚至反感。表现为：缺灵气——对网民讲官话，呆板枯燥；缺地气——讲的多是概念，与网民生活离得太远；缺底气——不敢面对敏感问题，对错误观念不敢"亮剑"。人们常说，射箭要看靶子，弹琴要看听众，网络政治社会化也是如此。目前，网络政治社会化的有效性仍未达成，究其原因，主要在于尚未实现真正意义上的全新话语体系构建与转换。

网络政治文化话语体系构建与转换必须在主体、客体、环境、载体的相互作用中找寻路径。首先要正确认识网络政治文化话语体系构建的主体。毛泽东曾精辟地指出"人民，只有人民，才是创造世界历史的动力"①。历史是人民创造的，人类历史的文化成果也是人民创造的。人类不但创造了现代信息通信技术，创造了互联网络，同时也创造了与时代发展相伴相随的网络文化，当然也包括新的网络话语体系，其中一个显著的特征就是反映时代发展特点和脉络的"网言网语"，而恰恰是这些"网言网语"又为人们所喜闻乐见并在网络空间中广为传播和应用。事实上，网络中广为流行的"网言网语"就是网民在日常的网络生活实践中创造的，其基本特点就在于热点共同关注、话语共同理解、语言共同应用。由此可见，网络主体既是网络话语体系的建构主体，也是网络话语体系的应用主体，尊重话语主体的建构者、应用者，有利于实现话语体系的转换，也有利于网络政治社会化取得实效。

网络政治文化话语体系构建与转换必须在网络政治、现实政治、网络技术的交互影响中得以体现。"网络政治文化是网络政治、现实政治和网络技术在互联网思维与现实思维相互融合的群体映射。"②话语体系的建构与转化必须主动顺应网络政治信息传播的特质，必须紧密联系网络政治社会化的实际，必须主动应用网络技术发展的最新成果。传统的政治文化话语体系产生于相应的历史时代，在历史发展进程中曾经发挥了不容忽视的重要作用。但是，随着网络时代的到来，时代发展的背景不同，政治发展的环境不同，政治主体的地位不同，政治文化传播的载体不同，政治社会化的途径和手段也在发生着重大的变化，政治文化话语体系自然也需要实现重构，也就是要在现实政治、网络政治、网络技术的发展中实现新的发展，在其交互影响中得到反映。

---

① 《毛泽东选集》第三卷，人民出版社 1991 年版，第 1031 页。
② 杨晶：《网络政治文化的内涵、生成机制与生产逻辑》，《宁夏党校学报》2017 年第2 期。

网络政治文化话语体系构建与转换必须在虚拟与现实社会相统一的语境中寻找方案。网络政治社会化并非独立于现实的政治社会化而孤立的存在，而是在现实与虚拟的交互作用之中实现的。尽管现实与虚拟社会的语境有所差异，但政治社会化目标的统一性规定了两者之间存在着必然的契合性。这也为网络政治文化话语体系构建与转换提供了可能。换言之，两者之间可以实现对接，必须实现对接。具体而言，网络文化在话语体系建设上应做好三个创新转化。一是注重社会主义核心价值观教育话语的创新转化。应将社会主义核心价值观的内涵转化为网民喜闻乐见的内容话语，并以契合网民接受习惯的话语形式进行传播。将社会主义核心价值观延展、细化到网民日常学习、生活中，浸润到其深层意识里。运用现代信息技术把社会主义核心价值观细化、活化、物化、美化到网络媒介之中。二是注重社会化话语表达方式的创新转化。应把文件式话语表达转化为适应网民特点的话语表达，实现官方话语向民间话语、学术话语向网民话语、殿堂话语向网络话语的转化，做到兼容对接。从网民政治生活中提炼新鲜话语，从网络空间中汲取流行话语，增进话语共通、思想共识、心灵共振。三是注重网络政治社会化评价体系的创新转化。转换"灌输"传播方式，营造平等对话环境，使政治文化传播由"单向灌输"向"多向互动"转变，使政治社会化单纯由灌输为主向线上、线下、现实实践、虚拟实践有机结合转变，使单一关注现象向注重提高政治认同转变，并根据这样的要求考核评价网络政治社会化的水平和绩效。

综上所述，网络政治文化是对网络行为主体的价值认知和行为选择有着引导和整合功能的观念的集合，是政治文化的一种新概念、新范畴、新范式，是一种兼具技术属性、社会属性、政治属性的观念形态、价值体系、思想体系，其核心是社会主义核心价值观念体系。中国特色社会主义是网络政治文化话语体系的核心要义、本质特征、力量支撑、独特标志和基本内容。创设科学严谨的话语理论体系是建构中国特色网络意识形态话语体系的基本保障。建构中国特色网络政治文化话语体系是掌控意识形态主导权的必然要求，是实现新时代党的意识形态理论创新发展的必然要求，是中国化马克思主义理论学科体系、学术体系、话语体系创新发展的必然要求，建构中国特色网络政治文化话语体系必须立足中国和世界两个大局，以"两个巩固"为目标，构建起中国化、大众化、时代化的网络政治文化话语体系。建构中国特色网络政治文化话语体系需要实现主流意识形态的网络化转化和创新性发展。

第四节　规制异质网络政治文化传播

政治文化本身具有显著的传播属性，政治文化传播与传承既是政治社会化的基本内核，也是政治社会化的主要目标之一。网络给人类社会带来的主要影响就在于文化传播的广泛性和及时性，其显著表现就在于多元政治文化的共存与交互式影响。由于网络本身的开放性，使得各种异质政治文化相互交织，客观上消弭着主流政治文化的主导地位，影响着主流政治文化的权威性和引领性特征。因此，为充分体现符合一定社会政治体系所期待的主流政治文化得到不断强化的主导地位，就必须规制异质网络政治文化传播。

一、强化主流主导，正视多元并存

主流文化是一个社会、一个时代所倡导的，起着主要影响的文化。在当代中国，以马克思主义为指导的正确的、进步的、先进的思想观念是整个社会思想的主流，构成了文化的主流，发挥着主导作用。一个不容忽视的事实是，无视主流文化存在是极其危险的，它必然造成社会成员思想上的混乱，价值选择上的迷茫，以及行动上的无序。从这个意义上说，任何一个社会政治体系都面临着主流政治文化能否得到不断强化，主流政治文化能够切实发挥主导作用的问题。

　　然而，当人类社会进入信息时代后，一个显见得实事就是，网络成为各种异质文化的集散地，各种政治文化相互激荡，客观上存在着多元文化并存的状况。因此，是否确立主流政治文化的主导地位就显得尤为重要。也就是说，一方面必须牢固树立主流政治文化的主导地位，充分发挥主流政治文化的引领、整合作用；另一方面也不能对多元政治文化的客观存在视而不见，放任自由，必须突出主流政治文化的主导地位。这是因为，政治文化是主观价值范畴，是社会经济基础和政治制度的反映，主流政治文化则是人们对社会政治生活的主流政治价值取向模式，包括了主流政治认知、感情、态度、价值观等政治心理层次诸要素，政治理想、信念、理论、评价标准等政治思想意识是其表现形式，与物质的政治系统是互动平衡的关系。忽视主流政治文化在政治稳定和政治发展方面的重要作用，就会导致政治系统的失衡。

　　强化主流政治文化的主导地位，就是要正确认识主流和支流，分清真理与谬误。在当代中国，以马克思主义为指导的主流意识形态必须成为主流。马克思主义作为科学真理及其对中国特色社会主义伟大实践的正确指导作用构成了政治文化成为主流、主导的理论基础和实践基础，已经并将更加持久地展现出强大的生命活力。越是文化多样，就越需要主导作用突出。

　　当然，强化主流政治文化的主导地位，并不意味着对支流的无视。马克思主义与时俱进的理论品质，决定了其理论体系具有的开放性，能否正确处理"一元主导"与"多元并存"的关系，直接反映主流政治文化的包容性和发展性。主流只有一条，支流不能取代主流。如果动摇了马克思主义的主导地位，动摇了中国特色社会主义的共同理想，就可能导致思想混乱，社会动荡。我们坚持主流政治文化的主导地位，就是要坚持政治文化建设指导思想的一元性，坚决不搞指导思想的多元化。同时也要处理好指导思想的一元主导与政治文化多元并存之间的关系，不断吸收人类社会发展过程中逐渐形成的具有进步意义的政治文化发展成果，并用以促进先进政治文化的自我发展。也就是说，既要坚定地坚持主流政治文化指导思想的一元性，同时又要处理好一元与并存的关系，提倡主流引导多样化，规制异质政治文化对主流政治文化的干扰性，海纳百川、兼容并蓄，促进政治文化建设的发展和创新。

二、强化舆情引导，突出价值导向

网络舆情在很大程度上反映了网络受众的群体性社会心理，是网络言论和行为交互作用的产物。人们在互联网上表达对社会政治生活、政策法规、热点事件、利益诉求等事件的看法和意见，反映和释放出个体的态度和情绪，不同的态度和情绪在表达、交流和传播的过程中相互碰撞，形成了带有一定倾向性和影响力的观点和意见，网络舆情由此而生。实事求是地说，网络舆情所反映的态度和情绪、观点和意见有时是理性的，但也不乏非理性表现。但不论如何，都会对网络政治社会化产生影响，均体现出政治社会化的价值性。其价值性主要体现在社会价值和个体价值两个方面，当然价值表现既可能是正面价值，也可能是负面价值。正面价值体现在对社会政治稳定与政治发展的肯定与支持，负面价值体现在对网络舆情主体的政治社会化活动的阻碍及对社会政治发展制约。实施网络政治社会化的目标和任务就在于使正面价值最大化，使负面价值最小化。因此强化网络舆情引导，突出主流价值导向就显得尤为重要。

网络舆情的政治社会化价值实现需要遵循网络政治社会化的基本规律，在网络实践中不断发现自我、超越自我，因此，必须合理运用网络政治社会化的载体、途径和方法，用主流价值观引导和约束网民的思想和言行，有效控制网络舆情的发生和发展，推进网络政治社会化健康发展。

强化舆情引导，必须牢牢把握主动权。习近平总书记指出，我们必须把意识形态工作的领导权、管理权、话语权牢牢掌握在手中，任何时候都不能旁落。事实上就是要把握舆情引导主动权的具体要求，提出了把握主动权的深刻内涵和现实要求。掌握领导权就是要始终坚持党对意识形态工作的领导；掌握管理权就是要通过政治领导、组织领导实现对意识形态传播阵地和媒介强力的控制；掌握话语权就是要通过构建主流话语体系，主动发声，影响社会思想舆论，掌控意识形态走向，在多元并存的格局中确立主导，在多元并存中谋求共识，着力巩固马克思主义在意识形态领域的指导地位。

深化舆情机制，必须提升监测研判能力。面对网络舆情的挑战，必须在理念上与时俱进，扎扎实实地摸索出一套实用的舆情工作机制，这是做好网络舆论引导的基础。具体而言，就是要不断完善舆情监测方法和技术、舆情危机预警机制、舆情抽样分析体系、舆情研判和会商机制、舆情危机分级管理制度、舆情危机引导和修复制度、自媒体建设制度、舆情工作专业人员培养等机制。加强网络舆情监测的覆盖面。做到舆情问题早发现、快解决。在人人都是报道者的"大众麦克风"时代，任何在监测环节的缺陷都可能导致舆论的危机深化和解决难度的增大。面对纷繁杂乱的网络舆论场，必须先了解网络舆论的主要传播载体，即明确监测范围和对象，特别如微博、微信、客户端等。要聚焦舆情热点，加强危机分级预警。针对舆论的多元化、传播快的特点进行及时聚焦，实现舆情的分级预警和管理，按照一般舆情、重点舆情、重大舆情、特别重大舆情等几个等级相应启动不同的预警机制。同时，必须做好舆情抽样分析和研判工作。现在，任何舆情焦点都会引发全社会的普遍关注，舆情样本的数量会以几何级数递增，做好舆情信息抽样选择，以内涵、外延的综合标准科学地选取分析样本，对于进一步开展研判可以起到事半功倍的效果。科学取样后，就可以对舆情现状有一个比较清晰的把握，再从时空、民意和社会三个主要研判角度进行趋势和规律的科学判断。

强化舆情引导，必须不断增强导向力。网络的发展带来了信息爆发式增长，网络舆情也会随着信息增长而爆发。网络舆论信息中常常充斥着虚假、偏颇、过激的言论，并经过四通八达的网络媒介分享、共享、传播、放大，客观上冲击着主流价值的影响力。因此，必须建立强有力的网络信息资源整合、筛选、过滤机制，充分利用社会主义核心价值观体系的科学性对纷繁复杂的网络信息进行协调、整合，不断强化权威媒体的信息发布力和主流信息的权威性，最大限度地形成思想共识，最大限度地压缩非主流舆论发布空间和生存空间，不断强化主流价值观的导向力，引领网络舆论发展方向。

强化舆情引导，必须不断增强引导力。网络舆情引导实质上也是网络政治社会化的基本功能之一，网络舆情引导的过程就是网络政治社会化的实践过程。因此强化舆情引导既要遵循政治社会化的一般规律，也要结合网络舆情发生与发展的基本特点，融入网络政治事件的特色，不断探索网络舆情引导视域下政治社会化的特殊规律，并遵循规律实施有效的网络政治社会化，有效地控制和引导网络舆论发展。发挥网络的特殊功能，不断拓展网络政治社会化的内容，构建网络政治文化话语体系，注重网络舆情的引导技巧，丰富网络政治社会化的形式，及时分析网络舆情发生发展的基本规律，疏导结合，增强引导力。

三、强化依法治网，规范网络行为

人类社会发展的无数事实雄辩地证明，实现社会治理的法制化是保障社会有序健康发展的必然选择。网络空间作为信息时代人类生存空间的进一步延伸和现实社会的再创性反映，与现实社会之间存在着不可分割的必然联系，现实社会的治理离不开完善的法制，对网络空间的有效治理同样也不能脱离法制的轨道，依法治网是实现网络治理的必然选择，也是以法治国战略的重要组成部分。

习近平总书记指出，"如何加强网络法制建设和舆论引导，确保网络信息传播秩序和国家安全、社会稳定，已经成为摆在我们面前的现实突出问题"[①]。对于互联网上存在的各种违法犯罪行为，习近平总书记反复强调，"互联网不是法外之地。利用网络鼓吹推翻国家政权，煽动宗教极端主义，宣扬

---

① 《十八大以来重要文献选编》，中央文献出版社 2014 年版，第 503 页。

民族分裂思想，教唆暴力恐怖活动，等等，这样的行为要坚决制止和打击，决不能任其大行其道。利用网络进行欺诈活动，散布色情材料，进行人身攻击，兜售非法物品，等等，这样的言行也要坚决管控，决不能任其大行其道"①。针对网络中存在的突出问题，如何管控，还是要靠法治，还是法治靠得住。

以法治网，首先必须有法可依。法律是社会关系的调节器，对于规范人们的行为具有重要的作用。法制建设是保障网络安全、维护网络政治主体权益的重要保证。在网络时代，互联网开放性与平等性的特点，赋予网络政治主体更多的参与政治实践活动的机会和可能，同时，也带来了许多消极影响。一方面表现在互联网本身所存在的安全隐患；另一方面表现为网络政治社会化的生态环境复杂多变。由于网络自身的结构特点和相关规范机制不够健全，加之网络自身的安全漏洞，客观上可能造成网络政治参与无序的问题。网络的发展为社会政治主体提供了一种新的机会和更为广阔的舞台，但是如何保障和维护政治主体权益？如何进一步规范网络政治参与行为，保证网络政治参与的公正和有序？最好的办法就是法治。邓小平同志指出："为了保障人民民主，必须加强法制，必须使民主制度化、法律化，使这种制度和法律不因领导人的看法和注意力的改变而改变。"②习近平同志强调指出"法治是治国理政的基本方式"，"法治是国家治理体系和治理能力的重要依托"。③治国如此，治网亦如此。要实现以法治网，就是要在尊重宪法和法律赋予公民的政治权利和自由的基础上建立必要的法律制度，对公民的网络政治行为进行法律确认和必要的规范，做到有法可依，违法必究，执法必严，使公民的网络政治参与经常化、秩序化。通过法律将公民的网络政治权利以法律条文的形式固定下来，使其得到根本保障，使公民能够参与、愿意参与，并自觉遵守法律，规范自己的网络参政行为，

---

① 《在网络安全和信息化工作座谈会上的讲话》，人民出版社2016年版，第8—9页。
② 《邓小平文选》第二卷，人民出版社1994年版，第146页。
③ 《十八大以来重要文献选编》，中央文献出版社2016年版，第141页。

维护网络空间秩序。

依法治网，规范网络行为。依法治网，就是网络政治主体依照宪法和相关法律规定，通过各种途径和形式参与社会政治生活，保证网络政治参与行为、政治信息传播行为及其治理与调适都依法进行，逐步实现网络政治参与的制度化、法制化，保证这种制度和法律的严肃性、权威性和有效性。

依法治网，必须有法可依、执法必严。习近平同志指出"立善法于天下，则天下治；立善法于一国，则一国治"[①]，法律是社会的基本规则。这就要求，法律应该是对国家发展有益、对社会治理有益的、对网络治理有益的，这样的法才是善法。对于一个国家，所谓的善法，首先要是符合自己国情的法，不可能原样照搬其他国家地区的法律。其次，它要是以人为本的法，要能正确反映和统筹兼顾不同方面群众的利益，着力解决人民最关心最直接最现实的利益问题，切实维护公民合法权益。同时，它还应该是有利于国家发展、社会稳定的法，是有利于维护网络空间秩序的法，能把网络政治参与行为纳入正确轨道，从制度上、法律上解决网络政治发展中带有根本性、全局性、稳定性和长期性的问题。有法可依是实现依法治网的前提条件。立法机关要严格按照立法法制定法律，逐步建立起完备的法律体系，使网络政治行为有法可依。我国在制定网络法规时，要考虑到网络政治参与发展的基本特点和规律，使网络立法既要具有强制性又要具有激励性。在确定否定式的消极性法律后果时，应确定肯定式的积极性法律后果，从而起到网络立法的激励作用。[②] 网络立法应与网络经营方式、管理方式、信息传播方式的发展变化相适应，与网络政治活动的实际相适应。此外，由于我国立法机构因其工作特点在网络立法的速度上会相对滞后，网络立法还必须具有一定的前瞻性，政府在这方面则应该发挥更积极的作用，通过出台一系列的行政法规来弥补这一缺憾。

---

① 《习近平谈治国理政》第二卷，外文出版社 2017 年版，第 119 页。
② 刘精华：《网络空间的政府治理》，上海社会科学院出版社 2006 年版，第 69 页。

依法治网，必须加强行政机关的依法行政。在一定时期内，政府承担着社会发展的领导责任，承担着规范网络发展、监管网络信息传播的职能，全面履行网络时代政府的新职能，要求政府行政机关必须依法行政。依法行政就是要求各级政府及其工作人员严格依法行使其权力，依法处理网络空间中政治主体的各种行为及关系，通过法律手段保护网络政治参与主体的合法权益，规范网络政治参与主体的行为，调节网络空间的各种社会关系。

依法治网，必须加强网络法制队伍建设。网络空间的治理与调适由于空间、技术、主体的特殊性，要求具有一支政治素质高、业务能力强、技术水平精的专业队伍。全面加强国际互联网安全监察专业警察——"网络警察"队伍建设，把它纳入到国家整体公安司法队伍的建设布局之中。网络警察是警察队伍新的重要组成部分，建立网络警察队伍的目标之一，是进行网上行为规范，维护网络空间秩序，防范网络犯罪、追踪网络犯罪行为、保障政治稳定。因此，要求网络警察必须具有强烈的政治意识、精湛的网络专业技术技能，能够紧跟网络技术和网络空间及其政治参与行为的发展趋势，随时掌控网络政治主体的参与行为特点。

依法治网，必须强化网络监管。加强对网络的监管主要包括两个方面的内容。一是对网络行为主体的监管；二是对网络服务商提供网络信息内容的监管。网络空间的治理与调适离不开对网络行为主体行为的日常监控和规治，这种监管既包括对网络信息传播内容的监控与管理，也包含对网络政治主体行为的监管。政治信息的传播是网络政治社会化的基础，政治利益诉求是网络政治行为的基本动力，利益表达在网络政治行为中是以数字化的信息传播形式表现的。因此，强化网络监管，重要的是对网络政治信息内容传播的监控和管制。依法治网，要求依据法律规定，保障合法网络政治信息的传播，杜绝非法政治信息在网络空间中的传播。就网络服务商（Internet Service Provider，即 ISP）和网络内容服务商（Internet Content Provider，即 ICP）而言，首先要依法实行审批制，把好"准入关"。对网络服务商和网络内容服务商的准入资格实施严格的审查，ISP、ICP 从事网络服务，必须报公安机关批准并备案。在法律层面上对其所提供的服务给予明确的规定。其次要在运行中实施严格的审查制度，把好"运行关"。必要时实行定期审查制（如年审制），国家机关要依法对 ISP、ICP 进行严格的年度审查，发现违反法律的，取消其经营资格，并依法惩处。对国外 ISP、ICP 而言，国家应利用防火墙和过滤软件等技术手段拦截国外非法 ISP、ICP 内容的流入。同时还应鼓励广大用户参与网络管理，对 ISP、ICP 的非法活动进行举报，自觉维护国家利益。

应当说，运用法律手段对网络空间实施治理与调适是一种必要的选择。值得注意的是，由于网络社会的虚拟化特征使得传统的法律控制的作用出现了一定的局限性。主要表现在：一是法律制定的滞后性。依法治网的前提是有法可依，但是网络空间政治行为主体的行为和网络空间所独有的特征，使得网络立法存在明显的滞后性。在网络的形成、发展过程中，相关的法律法规体系并不能同步建立，而是随着网络的发展、信息行为的变化而不断发展的。二是行为规治的不确定性。网络政治主体行为的合法性、合理性和有效性并不一定伴随着网络政治主体行为的始终，网络政治主体行为是否规范、是否符合政治体系的期望、是否能够产生积极的效果均有待于实践的检验。三是网络立法与现实社会法规的兼容性和可操作性。网络立法主要是针对网络社会的治理与调适，网络空间与现实社会既有联系又有区别。四是网络政治参与行为的高技术性。网络政治参与行为的基础是现代信息通信技术，信息技术本身是不受法律法规约束的，网络政治参与行为又是依托信息技术的不断发展变化的，从一定意义上说，法律规治对技术发展不具有约束意义。关于网络空间的法律法规是否普适于现实社会仍然是一个值得实践检验的问题。由此可见，依法治网，在一定程度上存在着相对滞后性和局限性的问题。我们不能简单地期望仅仅依靠网络法规解决所有网络政治参与行为的失范问题，而必须综合运用技术、道德规范等多种途径实现有效的网络空间的治理与调适。

四、完善法制体系，保障网络安全

应当说，目前相对于网络飞速发展的状况，我国对于网络空间的法律规范，以及网络政治参与的立法是相对滞后的，亟待建立健全一系列规范网络行为的法律法规体系，以适应网络政治参与健康发展的要求。法律的制定与执行一方面受政治的影响，另一方面又影响着政治的发展。由于网络空间的特殊性，以及网络政治参与行为本身所具有的特质，使得立法工作必须具有针对性，必须确定基本的立法原则。网络政治参与行为治理的立法原则包括以下几个方面。

（一）遵循宪法原则

宪法是一个国家的根本大法，具有最高的法律地位、最高的权威和效力。《中华人民共和国立法法》明确规定"立法应当遵循宪法的基本原则"，"宪法具有最高的法律效力，一切法律、行政法规、地方性法规、自治条例和单行条例、规章都不得同宪法相抵触"。网络空间来源于现实社会，是现实社会的延伸，是对现实空间的再创性反映，不能脱离现实社会而独立存在。因此，现实社会中的宪法依然是网络空间立法的根本依据。宪法中明确规定的"中华人民共和国的一切权力属于人民"，"人民依照法律规定，通过各种途径和形式，管理国家事务，管理经济和文化事业，管理社会事务"，"任何组织或者个人都不得有超越宪法和法律的特权"，"中华人民共和国公民的人身自由不受侵犯"，"中华人民共和国公民的人格尊严不受侵犯。禁止用任何方法对公民进行侮辱、诽谤和诬告陷害"，"中华人民共和国公民在行使自由和权利的时候，不得损害国家的、社会的、集体的利益和其他公民的合法的自由和权利"等一系列法律条文既明确规定了公民的权力和义务，又明确了国家所具有的管理公共事务的权力。网络政治参与作为一种新型的政治参与形式理所当然必须遵循宪法和法律的规范，这是维护社会稳定，保障公民基本权力的根本要求，也是加强网络立法的根本要求。因此，制定网络治理相关法律时必须遵循宪法原则。

（二）发展网络民主原则

加强网络立法的根本目的在于规范网络参政行为，促进网络民主健康发展。我国网络民主尚处于发展与完善阶段，因此，立法的首要任务是促进网络民主的发展。这种网络立法不是要锻造一把封锁通向民主之路的虚拟之剑，不是要建造一堵网络世界里难以穿越的"柏林墙"，而是要既具有强制性，又具有激励性。[①] 显然，网络立法的出发点并不在于限制网络政治信息的传播，也不在于限制公民网络参政的自由和权力，而恰恰在于从法律上保障公民的政治参与权，规范网络政治参与行为，最终达到促进网络民主发展的目的。历史的实事雄辩地证明，只有依靠法律规范的民主才是真正意义上的民主，离开法律规范的民主是没有保证的，必然走向歧途。网络政治参与作为信息时代民主政治发展新形式，正在成为不可回避和阻挡的新趋势，网络民主正在成为民主政治的重要组成部分，发展网络民主是信息时代政治文明建设的题中要义。因此，要建设中国特色社会主义的政治文明，就必须坚持发展网络民主的原则，就必须不断完善发展网络民主的新机制，将依法治网作为发展网络民主，促进政治文明建设的基本原则。

（三）尊重网络发展规律原则

网络时代不同于传统社会，社会结构趋于扁平化，公民的自主意识不断增强，利益诉求更加多元化，立法机关及其所制定的法律法规必须适应时代的变化，充分认识网络以及网络政治参与的特点和时代特征，尊重网络发展的基本规律。网络本身具有无中心、无边界的特殊离散结构特征，不存在严格意义上的中央管理控制。网络政治参与主体又具有虚拟化特点，使得网络

[①] 刘小冰、邱萍：《网络民主中的政府治理及其法律调控》，《南京社会科学》2006年第1期。

时代政治参与的控制变得更加困难。网络政治参与主体平等的主体地位、平等的政治权力、平等的参政机遇、平等的网络权力将引发更为强烈的主体意识，激发网络政治参与主体的参政行为。网络时代政治参与动因更加复杂，物质利益、精神追求、技术突破等因素都可能成为网络政治参与的"导火索"。网络政治参与方式在线化、便捷化，政治信息传播的数字化以及网络政治参与成本的低廉化，均可能导致一触即发的网络政治参与行为。所有这些均与一般意义上的政治参与有所不同，均与网络自身的发展规律有着千丝万缕的联系。因此，如果机械地照搬传统意义上的立法思维和法律规范，就可能难以适应网络政治参与发展的实际，违背网络信息传播规律，从而缺乏针对性和实效性。与此同时，网络技术的发展正在或者即将表现出新的趋势。网络立法应当更加符合网络发展的基本规律，符合网络政治参与和网络政治社会化发展的基本特点，既要有利于规范网络政治参与的行为，又要具有前瞻性和发展性。

（四）明确政府权限范围原则

在现代社会的治理中，政府无疑具有重要的主导作用，居于核心地位。政府对于人民而言始终处于强势地位，在网络社会亦是如此。这是由政府性质、职能所决定的。政府通过严格的法律途径获得了合法性的权力，并应用这些权力对社会实施有效的治理。但现代政府又不是"大而全"，无所不包的"全能政府"，而是具有明确权限范围的"服务型政府"。现代法治强调两个基本原则：对公权力，法无明文规定（授权）不得行之；对私权力，法无明文规定（限制）不得惩之。① 显然，在网络政治参与的治理与调适中，必须通过立法明确政府的权限范围，既保证政府具有强有力的规制权、管理权和处罚权，又必须明确政府权力的行使范围和法定程序，使政府机关及其工作人员在法定的范围内和法定的程序中行使权力。特别是在网络空间，网络

---

① 刘作翔：《迈向民主和法制的国度》，山东人民出版社 1999 年版，第 183 页。

赋予了网民平等的参与机会和参与权力，只要网民的政治参与言行符合宪法和相关法律的规定，都应当得到保护。只有如此，才能最终确保网络政治参与实现真正意义上的法制化。

（五）权利和义务对等原则

权利和义务对等原则是现实社会中立法的基本原则，也是网络政治参与法律法规建设的基本原则。网络为网民、网络共同体参与社会政治生活提供了更为广阔的参与空间、更为通畅的参与途径、更为平等的参与机会和权力，但这并不意味着网民、网络共同体可以在网络中随心所欲、为所欲为，必须实现权利和义务的统一。不能将网络空间视为绝对自由、绝对自主的空间，不能将网络空间当作任意"涂鸦"的大墙。不能简单地认为网络是一个虚拟的空间，人们在虚拟空间的行为也是绝对虚拟的和独立的。事实上，网络空间是现实空间的延伸，网民在网络空间的言行总是与现实社会紧密联系在一起的，网络政治参与行为将直接或间接地影响现实社会的政治生活、政治关系。网络在赋予网民更多自主表达利益诉求、参与政治生活机会和权力的同时，同样要求对其行为负责，同样要求其承担起维护社会政治稳定秩序的义务。因此，网络立法应在保障网络政治参与基本权利的同时，明确设定相应的义务和相应的法律责任，实现权利和义务的对等和统一。

（六）继承、发展与创新相结合原则

就全球来说，网络立法尚处于不断完善阶段。传统的自由与秩序之争成为网络时代立法问题的焦点和热点，网络本身的特点也的确使网络立法存在着诸多困难和争议。网络法规既要达到维持网络空间秩序的目的，又不妨碍公民网络政治参与的自由，的确还有很长的路要走。正确处理继承、发展与创新的关系应当成为网络立法的基本原则。传统的法律规范在社会治理中发挥了不可替代的重要作用，形成和积累了相对完整的法律法规体系，这是一笔宝贵的财富，因此，网络立法必须继承传统法律法规体系的合理内核和行

之有效的法律规范。要进行必要的国际信息立法交流，借鉴别国的经验，制定适合本国国情的网络法规。与此同时，我们必须看到，传统的法律规范已不能完全适应互联网的飞速发展，已难以准确界定网络政治参与行为的性质，规范网络政治参与的行为，必须具有针对性，必须有所发展。网络立法应结合网络空间和网络政治参与的特点，不断发展和创新，不断增强网络立法的针对性、实效性，制定出完全适合我国国情的网络法律法规体系。

第五节　强化"虚""实"政治实践融合

毛泽东曾精辟地指出："实践、认识、再实践、再认识，这种形式，循环往复以至无穷，而实践和认识之每一循环的内容，都比较地进到了高一级的程度。这就是辩证唯物论的全部认识论，这就是辩证唯物论的知行统一观。"① 政治社会化的基本目的在于使社会成员形成政治体系所期待的政治认同，获得政治体系基本的政治合法性，确立符合社会发展需要的政治信仰，而所有这一切均需要从实践出发，并在实践中得以检验、修正和完善。在网络时代，就必须通过现实社会中的政治实践和网络空间中的虚拟政治实践的有机结合不断完善和发展。

一、虚实统一，相得益彰

实践本身具有多重含义，实践原指人们能动地改造和探索现实世界一切客观物质的社会性活动。经典的观点是主观见之于客观，包含客观对于主观的必然及主观对于客观的必然。在恩格斯的自然哲学中揭示人的思想产生于劳动，即人的主观意识产生于人的实践行为，同时人的主观意识反作用于客

---

① 《毛泽东选集》第一卷，人民出版社 1991 年版，第 297 页。

观存在。在马克思那里主要强调实践具有客观性、能动性和社会历史性等基本特征。显然，按照马克思主义关于实践的理论，实践是客观存在的人类社会认识发展的基本源泉和根本动力，也是人类产生科学认识来源的基本源泉，并直接与社会发展的历史进程密切相关。

在网络时代，由于人类生存空间的不断拓展，现实社会（或者说传统意义上的物理空间）正在向网络空间延展；信息技术的发展，又为人类参与社会生活（当然也包括社会政治生活）提供了前所未有的载体、途径与手段，因此，新时代背景下的实践活动又具有全新的内涵。空间拓展给人类社会带来了全新的视域，技术创新为政治实践活动带来了全新的方式。人类社会从未像今天这样面临着新的机遇和挑战。机遇和挑战表现之一为实践的内涵更为丰富，渠道更为广泛，方式更为多样，实践不仅表现为传统意义上的只针对现实社会的"可见可得"，还是现实与虚拟实践的有机融合，也许是"可见可得"的，也许是"可见而无所得""不可见而有所得"，甚至可能是"不可见而无所得"，凡此种种，并不能得出"虚拟非实践"的简单化结论，而更多的是两者的有机结合。机遇与挑战表现之二在于传统现实意义上的实践与现代意义上的虚拟实践并非简单的"此消彼长"，更多地表现为"你中有我、我中有你"的交互影响，现实与虚拟实践的关系（机遇与挑战）体现在两者之间的辩证统一之中，两者不可偏废，互为补充，相得益彰。机遇与挑战表现之三在于两者之间的融合发展。现实社会与虚拟空间的无缝对接已成事实，现实与虚拟实践的交叉融合特征日益凸显，传统意义上的实践活动对人们的政治价值观的形成意义毋庸置疑，网络空间中的虚拟实践活动对人们政治文化认知、对现实社会政治体系的政治认同及其对现实社会政治生活的深刻影响亦不可视而不见，人们的政治认知、政治价值观的形成与发展，已经不简单地来自于参与现实社会政治生活的基本体验，也必然受到网络空间中政治参与活动的知识积累、实践体验和价值内化，这种虚拟政治实践活动所取得的政治认知已不是"虚幻"的，而是现实社会政治生活在虚拟社会中的反映，而这种反应恰恰是现实社会在网络空间的延伸和拓展，这也是由现实与网络空间的基本辩证关系所决定的。简言之，两者的有机统一是可能的、可行的，也是必然的选择。

二、"虚""实"并举，互融共治

如前所述，现实意义上的实践和虚拟意义上的实践并非视同"陌路"，而是网络时代人类社会实践活动的有机统一体，两者共同作用于人们政治社会化的全部过程，共同构成了人们政治认知来源、政治人格塑造、政治文化传承、政治参与实践等活动过程。因此，在信息时代，不断提升政治社会化进程的针对性和实效性，就必须实现现实与虚拟实践的有机结合。

厘清现实与虚拟实践契合点。尽管现实与虚拟实践之间的关系是辩证统一的，两者之间看似是矛盾的，但两者之间并非完全对立，亦非完全一致，它们之间既有联系又有区别。联系在于出发点和落脚点的有机统一，均需立足于通过"实践"获得"认知"，落实于通过"实践"检验"真知"，进而形成稳定的政治价值观，这是由两者之间联系的普遍性所决定的；区别在于实践途径、载体及方式方法的差异性，这是由现实社会与网络社会的结构、媒介、技术等差异性造成的，也是网络本身的特殊性的表现。实际上，"实"与"虚"犹如车之两轮、鸟之双翼，两者相互支撑、不可偏废，两者之间存在着一定的契合性，契合性主要表现在其普遍的联系性之中。

"虚""实"并重并举，互融共治。正确处理虚拟实践与现实实践在人的政治社会化过程中的关系，就必须合理分配"虚"与"实"的要素比例，妥善处理好"虚拟"实践与"现实"实践的关系，寻找到两者之间最佳的平衡点和结合点。唯有如此才能一改传统意义上实践的概念、途径、方法，不断拓展实践内涵，使实践活动进入网络空间，同一主体身份，通过网络媒介，运用网言网语、畅通网上网下，在虚拟与现实的互动中互融共治，在潜移默化的切身体验中认知、认同、内化、外化政治文化，塑造政治人格，形成稳定的政治价值观和政治行为规范。从这个意义上说，开拓"虚""实"实践的融通通道，实现互融共治，就成为信息时代实现全新意义的塑造社会成员政治人格的必经之路。

三、创新载体，取得实效

实践总是依托一定的载体和形式实现的。传统意义上的实践活动需要"身临其境""亲历亲为"，需要借助于有形载体，而且需要必要的物质条件、时间精力做保障，因而其局限性是显而易见的。网络技术的创新发展不但拓展了实践空间、时间的限制，更增添了实践机会的选择和多样的实践形式。具体来说，就是要创新实践载体，以目标为导向，以取得实效为目的，通过虚实结合的实践活动实现网络政治社会化目标。我们可以将现实生活中的实践活动迁移、延伸至网络空间，一方面解决现实实践活动受时间、地域、条件等局限导致实践不到位的问题；另一方面充分利用网络空间能够有效突破时间、空间、物质条件等制约因素，在网络空间打造虚拟政治实践基地，开展虚拟实践活动，解决实践载体的创新问题。事实上此类实践活动已近在网络空间中展开，并取得了实际效果。如利用历史重大节日纪念日开展的实践活动，吸引了网民的广泛参与。目前在我国的许多网站上开辟了网络上虚拟展馆，使更多的观众群体能够在网络平台上真实感受展馆及展品，用在线互动的方式体验"身临其境，畅游无限"的精彩世界。网上虚拟展馆以一种三维互动体验方式，以传统展馆为基础，利用虚拟技术将展馆及其陈列品移植到互联网上进行展示、宣传与教育活动，突破了传统意义上的时间和空间的局限。再比如许多网站利用清明节开展的网上祭奠革命先烈活动，网民纷纷通过中国文明网祭奠英烈版块，献上一束鲜花，写下一段寄语，缅怀革命先烈，表达崇敬之情。这些网络虚拟实践活动看似"虚拟"，实则"实在"，其教育效果不亚于参加一次实地祭奠活动，这是因为网络空间的资源共享性特征能够极大地丰富政治社会化需要的资源配置，网络空间"所见即所得"的体验感有利于增强网络实践活动的获得感，网络空间中"去面具化"的"真情流露"更能反映参与者的思想价值取向，网络空间自主化地"跨越时空"界限使实践活动更加灵活，其优越性是传统实践活动难以企及的。当然，我们在创新虚拟实践载体的同时，并不是要用虚拟实践取代现实实践，或者沉溺于虚拟空间的感受，必须实现两者的有机统一。

第六节　保障网络时代文化安全

　　文化安全是国家安全的重要领域。尤其是在世界多极化、社会信息化、文化多样化，文化信息交流、融合、多元的网络时代背景下，文化安全如何在变与不变中得到守护，又不至于因过于保守的迂腐而走向封闭隔绝的狭隘，是一个颇具挑战性的问题。作为文化安全的重要组成部分，网络政治社会化特别需要保障主流一、高度重视文化安全政治文化安全。

　　政治文化安全的重要性表现在一个国家内部不同群体的政治文化认同。政治文化认同是产生政治认同的前提和基础。没有持久且笃定的政治文化认同，社会政治稳定就会失去文化基础，轻则可能产生政治价值选择迷茫，重则可能导致政治体系合法性缺失，甚至出现冲突和分裂。古往今来，古今中外，许许多多冲突、分裂的事例，背后的原因都在于政治文化认同的缺失。例如，古罗马帝国分裂的重要原因就在于文化认同的差异；成吉思汗的庞大帝国即便都是由蒙古人创立、统治的，最终也因为文化认同的不同取向而貌合神离，各个汗国要么处于独立、半独立状态，要么互相不服而开战；欧洲近代史上，由于宗教改革等多种原因产生文化认同的严重分歧，导致了长期的宗教战争以及民族国家的残酷战争，奥斯曼土耳其帝国的瓦解、印巴分治，背后都是文化认同的冲突和对立。2000 多年来，自秦始皇统一后，中国最了不起的成就之一就是建立了高度一致的中华民族文化认同，这种文化认同的同一性是世界上任何一种文明都未曾达到过的，它也成为中国能够以不间断的连续文明长期屹立于世界的重要基础。在当今中国，我们也面临着多种分裂势力的挑战，根本原因就在于当我们的文化自信受到了多种文化的干扰，从而导致对中国国家统一公开或潜在威胁的出现。由此我们也就能够充分理解文化安全对于当今中国的重要性。

如果说文化认同是文化安全的内容，涉及核心价值观、核心利益等根本所在，那么，对于文化安全的内容层面造成威胁的，一方面是各种具有进攻性、扩张性的异质政治文化，另一方面也与政治文化的传播载体和手段密切相关。关于文化交流、融合的说法我们已经听了很多，它必不可少地包含着思想自由、新闻自由、言论自由等一系列冠冕堂皇的说辞。近几十年来，互联网自由也成为上述口号的紧密伴随者。互联网作为当今文化传播最重要的手段，其所谓的自由度仿佛已经成为检验所谓"普世主义"的试金石。因而，我们就不得不重新思考基于互联网自由的一切漂亮说辞，文化安全所面对的也不再只是想象中的自然交流，更是一场没有硝烟的战争。这场没有硝烟的战争本质上就是一场文化战争，而网络则是这场文化战争最为重要的手段和载体，其基本价值目标就在于保证主流政治文化的安全、主流意识形态安全，乃至国家安全。

我国的文化安全面临着诸多挑战和威胁。新中国成立以来，以美国为代表的西方国家对我国的意识形态渗透一直没有停止，并且在近年来趋于加强。西方采取多种手段、方式在我国宣扬其错误思潮并攻击中国共产党的领导和社会主义制度，严重冲击我国主流意识形态，危害我国文化安全。

首先，改革开放以来，国内外敌对势力一直实施"西化"战略图谋，在旗帜、道路、价值观等重大问题上威胁我国文化安全。其实施的主要体现，一是针对我国现状，不断向国际社会发出"中国崩溃"的预言和"中国威胁"的警报，竭力将中国形象"妖魔化"，妄图阻挠中国和平发展、与国际合作。二是针对中国共产党和新中国的历史，掀起一股历史虚无主义思潮。这股思潮策动于西方，在我国思想文化界反复出现，持续多年，流毒至今。在资产阶级自由化思潮泛滥成灾之时，它曾赤膊上阵。此后，又变换策略，以学术面孔"重写"历史，以创作为名"恶搞"历史，以披露"秘闻"抹黑历史。

三是在贩卖西方政治制度的同时，极力鼓吹西方资本主义价值观，诋毁社会主义核心价值观，腐蚀人们心灵，动摇理想信念。反共反华势力乘我国对外开放、发展市场经济之机，竭力向我国渗透拜金主义、享乐主义和极端个人主义等腐朽思想，把西方包含特定内容的"民主、自由"等虚伪口号美化为"普世价值"，把"新自由主义"吹捧为治世良方，把"华盛顿共识"神化为国家发展的唯一模式。

其次，国内外敌对势力挖空心思顽固推行"分化"中国的战略图谋，利用历史遗留问题，或借势国际乱局，利用民族、宗教问题威胁我国文化安全。中国近代国弱民穷，备受帝国主义列强欺凌和宰割，遗留下不少历史问题。这类历史遗留问题，正在被"分化"中国的战略图谋所利用。如利用我国国内战争遗留的台湾问题，美国某些政治势力多方干涉我国内政，妄图使海峡两岸长期分裂；"台独"势力则挟洋自重，猖狂进行分裂活动。又如利用香港长达百年殖民统治残留的洋奴心态和反共反社会主义思想，敌对势力煽动"港独"情绪，破坏香港政治稳定和经济繁荣。我国是一个多民族的统一国家，国内外敌对势力还一直利用民族、宗教问题，实施其"分化"图谋。"藏独""疆独"始终有外国敌对势力的黑手在支撑。"疆独"早已成为国际恐怖势力的一部分，内外勾结，挑拨民族关系，培植宗教极端势力，公然进行恐怖活动，破坏我国家统一和民族团结。西方标榜反恐，却对中国的反恐行动实行"双重标准"，妄图利用恐怖势力搞乱并"分化"中国。

再次，在信息技术迅猛发展的条件下，网络霸权与双重标准滥用，民粹主义与"颜色革命"结盟，威胁我国文化安全。信息技术正在迅猛发展，互联网已融入社会生产、生活，为国家发展和安全提供了新的广阔前景及科技手段，也提出了新的时代挑战。我国已成为网络大国，网民数量世界第一，但还不是网络强国，亟须加强技术自主创新，加强信息基础设施建设质量。同时，互联网传播信息快捷海量，各种虚假有害信息也借机诈骗牟利、破坏社会稳定、危害国家安全，各种腐朽思想也借机败坏社会风气、腐蚀人们灵魂，成为文化安全的重要隐患，迫切需要加强网络监管，维护网络安全，建设健康向上的网络文化，保护和发展人民群众的根本利益。网络信息跨国界流动，控制着核心技术的美国利用网络霸权监听全球，侵害各国人民权益，践踏各国网络主权，却指责别国特别是指责我国应加强网络管理的法规建设。这种"双重标准"正暴露其利用互联网煽动民粹主义、制造"颜色革命"、对我国"西化""分化"的真实意图。[①]

正如习近平在中央网络安全和信息化领导小组第一次会议上讲话中所指出的"没有网络安全就没有国家安全，没有信息化就没有现代化。建设网络强国，要有自己的技术，有过硬的技术；要有丰富全面的信息服务，繁荣发展的网络文化"[②]。显然，习近平总书记所谈及的网络安全已不是单纯技术层面的安全，更深层意义上则是文化安全意义上的安全和国家的整体安全。文化安全体现一个国家的文化软实力，更是国家安全的应有要义。因此，我们必须高度重视文化安全，牢固树立国家文化安全意识，始终保持清醒的文化自觉和文化自信，主动应对外来文化挑战。

二、牢固树立"四个自信"

牢固树立中国特色社会主义道路自信、理论自信、制度自信、文化自信是我们应对文化安全挑战和威胁的必然要求，也是打赢文化保卫战的根本保证。道路自信是对发展方向和未来命运的自信。坚持道路自信，就是要全党和全国人民坚定"中国特色社会主义道路是实现社会主义现代化的必由之路，是创造人民美好生活的必由之路"的信念。理论自信是对中国特色社会主义理论体系的科学性、真理性、正确性的自信。坚持理论自信就是要全党和全国人民坚定对马克思主义基本理论、中国特色社会主义理论体系的正确性、真理性的信念。制度自信是对中国特色社会主义制度具有制度优势的自信。

---

① 严昭柱：《文化安全面临的挑战与应对之道》，《国家治理》2016年第14期。
② 《习近平关于全面建成小康社会论述摘编》，中央文献出版社2016年版，第141页。

近代以来的历史证明，中国特色社会主义制度，是最适应中国社会主义现代化建设需要、保证各项事业顺利开展的制度体系。文化自信是对中国特色社会主义先进性的自信。坚持文化自信就是要激发党和人民对中华优秀文化传统的历史自豪感，坚定对党领导人民建设社会主义现代化强国，实现中华民族伟大复兴事业的坚定信念，在全社会形成对社会主义核心价值观的普遍共识和坚定信念。"四个自信"本非主观臆造、闭门造车而来，"四个自信"是中国革命、建设和改革的伟大实践，来源于人民群众的伟大创造，来源于中华民族对真理的不懈追求，是历史和时代赋予我们应有的精神状态，源于中国特色社会主义理论体系的科学性、人民性和开放性。实践是检验真理的唯一标准，中国特色社会主义理论体系的科学性，不仅在于它和马克思列宁主义、毛泽东思想一脉相承，是当代中国的马克思主义，马克思主义的真理性决定了中国特色社会主义理论体系的科学性，更在于它作为改革开放以来中国社会主义建设实践的经验总结和理论指导，已经被中国改革开放和社会主义现代化建设的辉煌成就所证明。只有牢固树立"四个自信"我们才能保持"不畏浮云遮望眼"清醒头脑，才能保持"任尔东西南北风""我自岿然不动"的政治定力，不为各种扭曲思潮和歪理邪说所俘获。

对待文化安全问题，既要有忧患意识，充分认识各种威胁和挑战的危害性，文化安全斗争的隐蔽性、复杂性和长期性，见微知著、防微杜渐，不断提高马克思主义的思想文化辨别力；又要始终坚定"四个自信"，始终保持战略定力，顺应时代潮流、回答时代课题，占领世界思想文化制高点，以坚定的自信炼就"金刚不坏之身，百毒不侵之体"，把握主动权，打好主动仗。

三、加强网络文化建设

网络社会的到来不可避免，网络政治时代的到来不容忽视，互联网络改变着人类社会的生产方式、生活方式、生存方式，当然也改变着人类参与政治的行为方式，改变着人类的政治思维方式，也改变着社会的政治生态，更使得政治思想获得极大解放，网络政治文化也应运而生，网络政治文化及其源于的网络社会的存在成为已然的事实，网络对社会政治生活的影响全面而深刻。但不论如何，网络政治文化的形成与发展总是离不开人类社会政治发展的一般规律，总是遵循着辩证唯物主义与历史唯物主义所揭示的总体发展规律。

马克思主义的世界观和方法论告诉我们，任何历史事件的产生与发展总是遵循着一定的历史与逻辑规律。加强网络政治文化建设需要首先需要探寻和研究网络政治文化产生的逻辑起点和历史起点问题。生产力不断提高引发的生产力要素的创新是网络政治文化产生的逻辑起点，国际政治格局和经济规律是网络政治文化产生的历史起点，网络技术本身属性与政治文明发展的契合是网络政治文化逻辑与历史统一的基础。① 作为第一生产力的科学技术催生了生产力的新发展，特别是在网络时代，现代信息技术的迅猛发展和广泛应用，构成了网络政治文化产生的逻辑起点。国际政治格局和经济发展需要是网络政治文化产生的历史契机。互联网技术本身属性与政治文明发展的契合是网络政治文化逻辑与历史统一的基础。换言之，加强网络政治文化建设，必须在网络技术与政治文明发展的契合点上入手。具体来说，就是要在网络技术与社会政治实践的有机结合中找寻突破口，在国际政治格局和经济发展于网络空间的重大影响中探寻路径。前者主要表现为网络政治参与的实践活动，后者则主要表现为网络政治文化的解构与重构。

回顾网络技术普及及其在社会政治生活中广泛应用的发展历程，我们不难发现，网络技术的每一次进步都促进了网络政治文化的深度发展。最开始产生的虚拟社交社区、BBS 和博客等，大多限于知识分子范围，虽然普及程度有限，但是已经展露出知识分子借助网络影响和引导社会评价与价值的功能；之后腾讯 QQ、MSN、人人网等发展朋友关系圈的网络技术的开发吸纳了更多的、不同层次的人群参与到网络活动中，网络文化开始发育，但是

---

① 李娟：《网络政治文化的马克思主义发生学解释》，《南京社会科学》2015 年第 6 期。

网络政治文化真正勃兴于"两微一端"的广泛使用，尤其是移动终端、智能手机的普及。随走随拍、即时联网大大丰富了网络资源，极大地促进了网上政治讨论和网络政治文化繁荣。随着互联网技术和网络媒介平台升级换代，网络政治文化也随之复杂和多元化。网络政治的繁荣不仅产生了多元自由民主的政治文化，而且也伴随着网络文化糟粕与网络文化杂芜。① 客观上也给网络政治文化安全带来新的挑战和威胁。网络本身的开放性、网络主体的匿名性、网络行为的随机性导致网络关系复杂，责任追究难，容易诱发别有用心者利用网络牟取私利和恶意攻击他人，因而网络秩序更加难以控制和维持，加之其扩散速度快、范围广，造成的社会破坏也更大，而且网络立法相对滞后，使得网络治理更为困难。因而更加需要构建起主流政治文化安全体系，以应对政治文化安全挑战。

构建以社会主义核心价值体系为主导的网络政治文化。越是复杂多变的网络文化环境，就越需要主流和主导。这个主流和主导必须体现文化发展的先进性、凝聚力和引导力。这是由于先进的文化能够凝聚和整合一切精神资源与道德力量，极大地提升人的全面素质和激发人的进取心与创造力，是国家和民族的根基与魂魄，决定着社会和时代的性质与走向。所以，这种力量一旦削弱或丧失，都将危及民族和国家的存亡与兴衰。由于文化的功能主要体现在人们对社会主义核心价值体系的认同上，因此，在全方位文化安全战略的实施中，就必须始终以维护国家意识形态的安全为枢机，以文化信息资源和基因安全为前提，以文化产业的安全为基础，以全面提升国民素质为根本，以弘扬和培育民族精神为动力。当前，网络政治文化发展面临着社会思想文化意识的多元化与多样化并存的境遇。面对各种思想文化的相互碰撞与博弈，我们在文化安全防范中就必须以建设社会主义核心价值体系为根本，强化核心价值观教育，把社会主义核心价值体系融入网络政治文化建设的全过程之中，体现到网络精神文化产品创作、生产、传播的各个方面，积极有

---

① 李娟：《网络政治文化的马克思主义发生学解释》，《南京社会科学》2015 年第 6 期。

效地运用中国特色社会主义共同理想凝聚社会正能量，坚持以社会主义核心价值体系引领社会思潮，切实在全社会形成统一指导思想、共同理想信念、强大精神力量和基本道德规范。只有坚持社会主义核心价值体系，铸牢这一文化建设之魂，才能统一思想、凝神聚力，不断夯实全国人民团结奋斗的共同思想道德基础，真正建立起中华民族的共有精神家园，从而有效地维护国家文化安全。

汲取中华优秀传统文化营养，实现优秀传统文化与网络文化的有机融合。中华传统文化源远流长、博大精深，这是中华民族长期营造的精神家园，是中华民族生生不息、团结奋进的文明根基与不竭动力。作为世界上唯一延续至今的优秀文化，中华文化在长期的时代选择和历史积淀中已形成了它所特有的文明粹质，并深为世人所钟爱和倾倒，具有强大的生命力。事实上，它不仅是一种璀璨的文化结晶，更是中华民族的精神宝库与历史坐标，也是中华民族得以形成和发展的基本条件，更是网络政治文化建设宝贵的精神财富。中华优秀传统文化与网络文化建设具有良好的契合性，并不会随着时代的发展而泯灭。即使在网络时代，优秀传统文化对于规范人们在网络空间中的一言一行依然具有极其重要的作用，如公而忘私的"天下为公"精神，以义制利的"守诚秉廉"精神，虚怀若谷的"厚德载物"精神，艰苦奋斗的"自强不息"精神，等等。维护国家文化安全，最重要和最直接的举措之一，就是要高度自觉而有效地继承和弘扬中华文化的优秀传统和精华内容。为此，我们务必要全面认识祖国传统文化，取其精华，去其糟粕，保持民族性，体现时代性。在这个过程中，更要充分运用现代网络技术手段，科学开发利用优秀传统文化的丰厚资源，使中华传统文化在新的历史条件下焕发出新的时代光彩，进一步推动中华文化走进网络、走向世界，在网络空间、全球范围内形成弘扬中华文化的大气场和好环境，使中华文化在开展多渠道多形式多层次对外交流中，更加广泛地参与世界文明对话，增进外部世界对中国国情和发展道路的全面了解与客观评价，在更大范围和更高层次上提高世界对中国核心利益和核心价值观的尊重与认识，增强对中国优秀传统文化的理解与认同，促进文化相互借鉴，增强中华文化的感召力和影响力。

在开放和交融中全力守护中华民族的文化基因。在全球化、网络化背景下文化的差异与碰撞中，如何保持和延续、丰富和发展、强化和壮大中华文化，是文化安全的旨要和国家文化安全的本质所在。要安全，首先就必须求得生存与发展。而生存与发展的前提条件，则是在不被异质文化排斥、弱化乃至吞并的情况下，吸收有益文化为养料而不断壮大自己，形成强势。这正是我们进行文化安全防范的总目标与大前提。在世界古老文明中，中华文明是迄今为止历史传承最为完整也最具自我更新力的文明。中华民族以自己非凡的智慧和创造力，为人类文明进步作出了不可磨灭的重大贡献。在历史长河和全球格局中，中华文明虽然并不是世界文明的肇始，但却是世界文明中唯一能够完整地保留和延宕至今的。这是由于中华文化的基因延绵不断。中华民族之所以成为中华民族，正是由它的文化基因所增殖、所决定的。它所生存的人文地理环境、所经过的社会历史变迁等，都会在基因传承与嬗变中共同提升和积淀成最基本的民族文化性格和社会文明风貌。显然，正是文化基因决定着一个民族的文化性状、文化品格、文化特点与文化精神。文化基因是存活在文化传统、文化肌理与文化版图之中的。文化的个性、特色和优势，在很大程度上正是由其基因造成的。因此，对文化基因加以保持和延续的最佳途径，就是坚持历史唯物主义真理，充分尊重民族传统文化，并采取有效措施对之加以传承、丰富和发展，不断地输入现实内容和时代精神，使之永葆激情与活力。因为只有守住了文化的"根"和"源"，才能赋予文化以基因图谱，保证一个国家与民族的文化的连续性。5000多年以来，中华文化始终是在相对稳定的社会人文环境中，以本体文化的特质和主体文化的定位而选择性地接纳与汲取着外来优秀文化，并将之变为有益营养，合理融入自身，从而使自身更丰富、更强大，而决不是丢开本体、失却主体，一任外来文化所吞噬与同化。在文化开放的过程中，我们必须始终以高度的自觉性和强烈的责任心，全力秉持、守护我们的文化主权与核心价值，悉心护卫我们的文化基因、文化特性和文化传统，在确保国家文化安全的前提下，正确处理文化的民族性、先进性与文化的世界性、多样性的关系，特别是要对外来文化进行选择性的汲取与包容性的吸纳，既尊重不同文化价值的历史渊源和多样性文化存在的合理性，促进不同文化实现共同繁荣发展，又以高度的警觉和得力的措施确保我们的文化在不因交融而失却本体和不因创新而改换门庭前提下，得以自主自强、游刃有余地投入全球性的文化交流、交融与交锋之中，并以其活力、实力与魅力而快速凸显中华文化在世界文化之林中的强势地位与强大阵容。

在与时俱进中创新网络政治文化。在文化全球性交流日益频繁的网络时代，维护文化安全已成为各国文化发展战略的重要内容。而最有力的维护，始终都是自强不息和开拓创新。文化的先进性是国家文化安全的基本前提与根本保障，而强大的文化创新能力和优质的文化创新成果，则是保持文化先进性的基础。一个国家的文化创新能力越强大，文化精神越先进，文化品质越优秀，其遭受外来文化冲击和倾轧的风险就越小，反之则会越大。由经济全球化所导致的文化竞争的不断加剧，必然会使创新意识和创新能力日益成为一个国家的文化能否在激烈角逐中掌握主动权的关键性因素。尤其是当西方发达国家对发展中国家蓄意进行文化扩张与意识渗透时，创新能力就随之而越来越成了这些国家文化安全的关键阀门。因此，提高文化创新能力，全面推进我国国家文化创新能力系统建设，也就自然成为我国构筑文化发展战略和国家文化安全战略的必然选择。只有不断地进行开拓创新，才是使网络文化获得活力与魅力、产生价值与意义、发挥功能与作用的最佳途径和最优选择。

不断增强国家文化软实力，充分满足人民群众不断增长的精神文化需求。文化直接影响人的精神和灵魂，广泛渗透于社会生活的各个方面，对国家和社会的作用力极为久远而深刻。由此决定了国家文化安全必定是一个民族得以传承、一个国家得以存续、一个社会得以文明、一个族群得以维系的基本保障，更是国家治权、社会制度得以建立和支撑的重要基础。民族精神乃是民族共同体中所有成员相互联系的纽带，是一个民族赖以生存和发展的精神砥石，更是民族凝聚力和向心力的不竭源泉。故此，全民族共有的精神家园一旦丧失，就必然会导致民族引力的削弱、国家意志的瓦解、国民心理的崩溃，以至于会造成民族和国家的存续与消亡危机。增强国家文化软实力，要始终坚持一手抓公益性文化事业、一手抓经营性文化产业，全面搞好文化设施建设，充分满足人民群众不断增长的精神文化需求。应当看到，在国家不断满足人民群众文化权益的同时，人民群众也有选择文化消费的自由。他们会越来越多地通过市场选择与消费文化产品。只有真正被人民群众所认同的文化产品，他们才会予以选择和接受。从这个意义上讲，网络文化产品的审美属性、意识形态属性与产业属性紧密相连，正是由它们共同构成了同时占领网络空间和占领意识形态阵地的有机组合体。这就要求在网络文化创造和网络文化生产中，做到经济效益和社会效益的紧密结合与有机统一。正因为如此，我们就必须有一种高度的文化自觉，那就是坚决做到先进意识与市场规律相一致，社会效益与经济效益相统一。只有这样，才能更好地服务于人民群众和引领我国文化向着更加安全的目标前进，进一步扩大中华文化的影响力，繁荣和发展具有中国特色、中国风格、中国气派的优秀文化，不断增强中华文化的吸引力与生命力，为维护和保障我国国家文化安全作出卓越成绩和积极贡献。

参考文献

一、专著类

[1]《马克思恩格斯选集》第1—4卷，人民出版社1995年版。

[2]《毛泽东选集》第一至三卷，人民出版社1991年版。

[3]《邓小平文选》第一至三卷，人民出版社1994年版。

[4]《江泽民文选》第一至三卷，人民出版社2006年版。

[5]《胡锦涛文选》第一至三卷，人民出版社2016年版。

[6]《习近平谈治国理政》，外文出版社2014年版。

[7]《习近平谈治国理政》第二卷，外文出版社2017年版。

[8]《十六大以来重要文献选编》（上、中、下），中央文献出版社2006年版。

[9]《十七大以来重要文献选编》（上、中、下），中央文献出版社2013年版。

[10]《十七大以来重要文献选编》（上、中、下），中央文献出版2018年版。

[11] 王浦劬：《政治学基础》，北京大学出版社1995年版。

[12] 李元书：《政治发展导论》，商务印书馆2001年版。

[13] 肖前：《马克思主义哲学原理》，中国人民大学出版社2006年版。

[14] 陈锡喜：《马克思主义：意识形态和话语体系》，华东师范大学出版社2011年版。

[15] 陈伟军：《社会思潮传播与核心价值引领》，人民出版社2015年版。

[16] 黄丹：《马克思政治社会化思想的当代价值》，复旦大学出版社2014年版。

[17] 刘精华：《网络空间的政府治理》，上海社会科学院出版社2006年版。

[18] 刘作翔：《迈向民主和法制的国度》，山东人民出版社1999年版。

[19] 李斌：《网络政治学导论》，社会科学出版社2010年版。

[20] 李斌：《网络参政》，社会科学出版社2016年版。

[21] 李超元等:《凝视虚拟世界:网络的社会文化价值》,天津社会科学院出版社 2004 年版。

[22] [美] 西摩·马丁·李普塞特:《政治人——政治社会的基础》,张绍宗译,上海人民出版社 1997 年版。

[23] 普列汉诺夫:《普列汉诺夫哲学著作选集》第 3 卷,三联书店 1962 年版。

[24] [美] 塞缪尔·P. 亨延顿、琼·纳尔逊:《难以抉择——发展中国家的政治参与》,华夏出版社 1989 年版。

[25] [美] 塞缪尔·P. 亨廷顿:《变化社会中的政治秩序》,李盛平等译,华夏出版社 1988 年版。

[26] [美] 加布里埃尔·A. 阿尔蒙德、小 G. 宾厄姆·鲍威尔:《比较政治学——体系、过程和政策》,曹沛霖等译,东方出版社 2007 年版。

[27] [美] 露丝·本尼迪克特:《文化模式》,华夏出版社 1987 年版。

[28] [美] 加布里埃尔·A. 阿尔蒙德:《比较政治学:体系、过程和对策》,上海译文出版社 1987 年版。

[29] [美] 特里·克拉克,文森特·霍夫曼-马丁诺:《新政治文化》,甘荣坤译,社会科学文献出版社 2006 年版。

[30] [美] 约翰·罗尔斯:《政治自由主义》,万俊人译,译林出版社 2000 年版。

[31] 联合国教科文组织国际教育发展委员会:《学会生存——教育世界的今天和明天》,华东师范大学研究所译,教育科学出版社 1996 年版。

[32] [美] 马尔库塞:《单向度的人:发达工业社会意识形态研究》,刘继译,上海译文出版社 1989 年版。

[33] [美] 曼纽尔·卡斯特:《网络社会——跨文化的视角》,周凯译,社会科学文献出版社 2009 年版。

[34] [美] 曼纽尔·卡斯特:《网络社会的崛起》,夏铸九、王志弘等译,社会科学文献出版社 2006 年版。

二、期刊类

[1] 刘文富:《国外学者对网络政治的研究》,《政治学研究》2001 年第 2 期。

[2] 田作高:《国外网络政治研究现状》,《上海社会科学院学术季刊》2002 年第

1 期。

[3] 田作高：《网络时代的政治学和网络政治学》，《学海》2000 年第 2 期。

[4] 韩冬雪：《政治观革新：理论结构与自主建构》，《人民论坛》2012 年。

[5] 许耀桐：《政治观革新的六个方面》，《人民论坛》2012 年。

[6] 张喜阳：《求实精神的恢复与我国的政治思维转型》，《天津师范大学学报》（社会科学版）2002 年。

[7] 许振洲：《两种民主理论之辩——对一段历史的重新审视》，《国际政治研究》2005 年。

[8] 刘松涛：《社会化媒体概述与发展趋势》，《科技信息》2014 年第 3 期。

[9] 马丽英：《论政府的政治社会化能力群》，《辽宁行政学院学报》2006 年第 8 期。

[10] 李斌：《网络共同体：网络时代新型的政治参与主体》，《中共福建省委党校学报》2006 年第 41 期。

[11] 余才忠、熊峰、陈慧芳：《情民意与司法公正——网络环境下司法舆情的特点及应对》，《法制社会》2011 年第 12 期。

[12] 李斌：《网络政治社会化涵义、特点及影响因素》，《理论导刊》2014 年。

[13] 孙海悦：《"两微一端"呈现五大特点》，《中国报业》2016 年第 7 期。

[14] 程爽、袁振辉：《数字化网络的涌现与人类新的主体生成》，《江南大学学报》2008 年第 7 期。

[15] 许占鲁：《论朋辈教育制度在大学新生适应性教育中的实践》，《江西教育学院学报》2009 年第 5 期。

[16] 李娟：《网络政治文化的马克思主义发生学解释》，《南京社会科学》2015 年第 6 期。

[17] 杨晶：《网络政治文化的内涵、生成机制与生产逻辑》，《宁夏党校学报》2017 年第 19 期。

[18] 刘小冰、邱萍：《网络民主中的政府治理及其法律调控》，《南京社会科学》2006 年第 1 期。

[19] 严昭柱：《文化安全面临的挑战与应对之道》，《国家治理》2016 年第 14 期。

[20] 王全印：《网络社会的青年政治社会化新范式》，《中国青年研究》2007 年第 5 期。

[21] Mesthene E G.Technology Change: *Its Impact on Man and Society Harvard University Press*，1970.

三、学位论文

[1] 张楠：《微博对政治传播的影响与价值》，华中师范大学 2011 年。

四、报纸类

[1] 徐翔：《网络文化软实力的内涵与构成要素》，《中国社会科学报》2012 年 6 月 27 日第 8 版。

[2] 孙海悦：《"两微一端"呈现五大特点》，《中国新闻出版广电报》2016 年 6 月 28 日第 2 版。

[3] 罗茜、王春盛、焦晓洁：《"两微一端"的点与面》，《中国新闻出版广电报》2015 年 12 月 22 日第 6 版。

[4] 安南：《共同努力建设信息社会》，《人民邮电报》2003 年 5 月 16 日。

[5] 王莉：《中国话语体系构建的基本维度》，《光明日报》2017 年 9 月 25 日。

后 记

　　本书是在我承担的国家社科基金项目"基于网络的政治社会化问题研究"（13BZZ040）结项成果基础上修改完成的，也是多年来关注网络政治现象的又一研究心得，也是继《网络政治学导论》（中国社会科学出版社 2006 年版）、《网络参政》（中国社会科学出版社 2009 年版）之后我出版的第三本关于网络政治问题研究的拙作。自 2002 年起，网络政治问题进入了本人的研究视野，此后就给予了持续关注，无奈于繁杂的行政和教学工作困扰，距离上一次国家社科基金青年项目完成至今已整整十年，内心深感不安，按照通俗的说法就是"起了个大早，赶了个晚集"，好在心有所念，从未放弃，才有了本书的完成，并且在完成第二项国家社科基金结项的同时，又荣幸获批了国家社科基金重点项目"中国特色网络意识形态话语体系建构研究"，为今后持续关注该领域研究增添的信心。

　　回顾走过的学术研究之路，内心五味杂陈，有一点"窃喜"和庆幸，庆幸的是在国内较早地关注了信息时代政治发展的新问题、新现象，选择了网络政治问题研究作为主攻方向，也有一些"后怕"，"后怕"拼尽全力"小马拉大车"而无进展，但更多地是"感恩"，感谢国家社科基金项目给予我三次成功申报国基金的支持和帮助，激励我坚定"咬定青山不放松"的勇气，无怨无悔地坚持下来。实事求是地说，选择网络政治问题作为研究领域是十分困难的。这是因为，信息技术发展日新月异，网络对于社会政治生活的影响持续变化，正如有人感言：写因特网发展方面的书，有点像用弓箭去射高速飞行的子弹，正当你用手指敲击键盘时，又有了新的发展。要研究网络政治问题是十分困难的。困难之一是自身的知识结构方面的欠缺，驾驭困难；

困难之二是网络政治现象及其规律的准确把握更是难上加难，难于把握。好在随着国内外学者对网络政治问题研究的不断深入，使我有机会学习借鉴学界优秀的研究成果，对我开展相关研究提供了大量的直接帮助，本书中的许多观点借鉴了学者们的观点和成果，在此一并表示最诚挚的感谢。应当说，由于自己学识水平有限，把握网络政治学这门新兴学科常感举步为艰，尽管在编写中竭尽全力，但错误和失误在所难免，有许多不尽人意之处，还望各位专家和读者给予指正和批评。

在本书撰写过程中，得到了宁夏大学的领导和同事们的大力支持和帮助，为我开展科研工作创造的良好的条件，学校科技处的史小娟老师为项目顺利结题付出了心血，我的几位硕士研究生井卫鹏、杨婷、沈艳雁、王晓静、吴玉洁、王红果、蒋静、暴文婷、张晓等在项目完成中做了许多具体工作，使我们在教学相长中共同成长。人民出版社的编辑赵圣涛老师在此书的编辑出版过程中给予了许多指导和帮助。在此，我要向他们表示衷心的感谢。

最后，我要向我年迈的老父亲、我的妻子张轶炳、女儿李雨佳致谢！应当说，在我日常的工作与学习中，身兼数职，可唯独没有兼好作儿子、丈夫、父亲的责任。老父亲总是教育我踏实做事，从不因自己的事情打扰我，妻子经常和我一起讨论学术问题，关心我的身体健康、生活起居，女儿远在千里之外工作我也少有顾及。没有他们的付出和牺牲，我难以想象能够坚持下来。每念及此，心中的感激之情油然而生。

过去的任务完成了，新的更大的任务和挑战又摆在面前，拙作《基于网络的政治社会化问题研究》即将付梓。对于我来说，一个全新的课题将要开始，"路漫漫其修远兮，吾将上下而求索"。我将坚持学习，继续探索，永不停息。

李斌谨识

2019 年 8 月 29 日

责任编辑：赵圣涛
封面设计：胡欣欣
责任校对：吕 飞

图书在版编目（CIP）数据

基于网络的政治社会化问题研究／李斌 著 . — 北京：人民出版社，2019.9
ISBN 978－7－01－021088－9

I.①基… II.①李… III.①政治社会学－研究－中国 IV.① D6

中国版本图书馆 CIP 数据核字（2019）第 155572 号

基于网络的政治社会化问题研究

JIYU WANGLUO DE ZHENGZHI SHEHUIHUA WENTI YANJIU

李 斌 著

人民出版社 出版发行
（100706 北京市东城区隆福寺街 99 号）

北京中科印刷有限公司印刷 新华书店经销

2019 年 9 月第 1 版 2019 年 9 月北京第 1 次印刷
开本：710 毫米 ×1000 毫米 1/16 印张：14.5
字数：260 千字

ISBN 978－7－01－021088－9 定价：59.80 元

邮购地址 100706 北京市东城区隆福寺街 99 号
人民东方图书销售中心 电话（010）65250042 65289539